Bauwelt Fundamente 177

Herausgegeben von

Elisabeth Blum
Jesko Fezer
Günther Fischer
Kaye Geipel
Angelika Schnell

Achim Reese

**Orte für das Selbst
Die Architektur von Charles W. Moore**

Bauverlag
Gütersloh · Berlin

Birkhäuser
Basel

Die Reihe Bauwelt Fundamente wurde von Ulrich Conrads 1963 gegründet und seit Anfang der 1980er-Jahre gemeinsam mit Peter Neitzke herausgegeben.

Verantwortliche Herausgeberin für diesen Band:
Angelika Schnell

Gestaltung der Reihe seit 2017 von Matthias Görlich unter Verwendung eines Entwurfs von Helmuth Lortz, 1963

Vordere Umschlagseite: Charles W. Moore: Moore House, New Haven CT (1966–1971), Foto: John Hill © John T. Hill

Hintere Umschlagseite: MLTW: Condominium #1, Sea Ranch CA (1963–1965), Foto: Achim Reese

Library of Congress Control Number: 2024943914

Bibliografische Information der Deutschen Nationalbibliothek
Die Deutsche Nationalbibliothek verzeichnet diese Publikation in der Deutschen Nationalbibliografie; detaillierte bibliografische Daten sind im Internet über http://dnb.dnb.de abrufbar. Dieses Werk ist urheberrechtlich geschützt. Die dadurch begründeten Rechte, insbesondere die der Übersetzung, des Nachdrucks, des Vortrags, der Entnahme von Abbildungen und Tabellen, der Funksendung, der Mikroverfilmung oder der Vervielfältigung auf anderen Wegen und der Speicherung in Datenverarbeitungsanlagen, bleiben, auch bei nur auszugsweiser Verwertung, vorbehalten. Eine Vervielfältigung dieses Werkes oder von Teilen dieses Werkes ist auch im Einzelfall nur in den Grenzen der gesetzlichen Bestimmungen des Urheberrechtsgesetzes in der jeweils geltenden Fassung zulässig. Sie ist grundsätzlich vergütungspflichtig. Zuwiderhandlungen unterliegen den Strafbestimmungen des Urheberrechts.

Dieses Buch ist auch als E-Book (ISBN 978-3-0356-2876-0) erschienen.

Der Vertrieb über den Buchhandel erfolgt ausschließlich über den Birkhäuser Verlag.

© 2025 Birkhäuser Verlag GmbH, Basel, Postfach 44, 4009 Basel, Schweiz, ein Unternehmen von Walter de Gruyter GmbH, Berlin/Boston; und Bauverlag BV GmbH, Gütersloh, Berlin

Gedruckt auf säurefreiem Papier, hergestellt aus chlorfrei gebleichtem Zellstoff. TCF ∞

Printed in Germany

ISBN 978-3-0356-2875-3

9 8 7 6 5 4 3 2 1   www.birkhauser.com

MIX
Papier | Fördert gute Waldnutzung
FSC® C089473

Inhalt

Einführung 7

1. Mittelpunkte der Welt 25

2. Das Haus als Gegenüber des Selbst 47

3. Wohnen in Bewegung 67

4. Moore und die Moderne 89

5. Eine Architektur der Gegenkultur 111

6. Der Weg zur Ganzheit 133

7. Platz statt Straße 153

8. Stadt als Haus, Haus als Stadt 177

9. Göttergleich 195

Zusammenfassung und Ausblick 210

Literatur 218
Personenverzeichnis 226
Bildnachweis 229

Einführung

Als Charles Moore 1965 Chairman der Architekturabteilung der Yale School of Art and Architecture wurde, mietete er in New Haven einen modernen Wohnbau an, den einer seiner neuen Fakultätskollegen entworfen hatte. Unzufrieden mit der Unterkunft, die er als „definitely not me"[1] bezeichnete, kaufte Moore im Folgejahr in der Elm Street, unweit des Campus, ein kleines Holzhaus aus den 1860er-Jahren. Zunächst bewohnte er das Haus für einige Monate, ohne größere Änderungen vorzunehmen. Da die Innenräume allerdings klein und dunkel waren, erwog Moore bald, alle Einbauten zu entfernen. Aufgrund der bescheidenen Abmessungen ließ sich dadurch aber kaum Platz gewinnen, sodass er schließlich den Entschluss fasste, die Geschossdecken an drei Stellen zu öffnen, um in die Durchbrüche sperrhölzerne Türme einzupassen. Auf diese Weise entstanden im Inneren vielfältige, einander durchdringende Räume, die sich durch historische Versatzstücke ebenso wie durch illusionistische Spielereien auszeichneten. In ihnen fand eine eklektische, offenbar subjektiv zusammengestellte Sammlung unterschiedlichster Objekte ihren Platz. Das Äußere des Hauses hingegen blieb bis auf wenige Änderungen – darunter eine Bretterwand, die den Garten umschloss – weitgehend unverändert.

Wurde 403 Elm Street den Angehörigen der Fakultät als Schauplatz zahlreicher Partys bekannt,[2] fand der Umbau zugleich eine mediale Verbreitung, die jenseits der verschiedensten Fachmedien auch die Veröffentlichung im *Playboy* einschloss. Dadurch, dass Moore das Haus auf vielfältige Weise publik machte, knüpfte er an eine Tradition an, die ins 19. Jahrhundert zurückreicht: Im Angesicht einer gesteigerten Bedeutung des bürgerlichen Wohnhauses ist die Architektenresidenz seither immer wieder als „gebaute Visitenkarte" bemüht worden. Indem sie das selbst gestaltete Wohnhaus genutzt haben, um „Aussagen zu treffen, Signale zu geben, Ideen mitzuteilen"[3], stellten Architekt:innen zugleich spezifische Berufsauffassungen vor. In seinem Buch *Architekten wohnen* zeigt Jörg Stabenow diesen Aspekt auch anhand

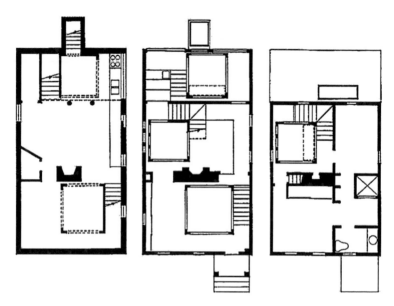

Charles W. Moore: Moore House, New Haven CT (1966–1971)

des Dessauer Direktorenhauses auf, dem ein Entwurf von Walter Gropius zugrunde lag. Hinter der Beobachtung, dass der Architekt weniger danach gestrebt habe, im eigenen Wohnhaus „den Horizont des Neuen weiter hinauszuschieben [als] unter den fortschrittlichen Architekturströmungen den Hauptstrom zu ermitteln"[4], lässt sich das Ansinnen vermuten, eine konsensfähige Essenz der architektonischen Moderne zu präsentieren. Wenn Gropius als Bauhaus-Direktor wie auch als Mitglied der Architektengruppe The Architects Collaborative die Arbeit im Team anstelle eines solistischen Schaffens befürwortete, fand diese Auffassung der Moderne als einer kollektiven Anstrengung im Dessauer Direktorenhaus einen baulichen Ausdruck.

Just in dem Jahr aber, da Moore den Umbau von 403 Elm Street begann, machten Robert Venturis Publikation *Complexity and Contradiction* und Aldo Rossis Buch *L'architettura della città* deutlich,[5] dass eine jüngere Architektengeneration sich von ebendieser, nur mehr als dogmatisch empfundenen Moderne zu distanzieren suchte. Indem die Architekt:innen es wieder

8

wagten, in ihren Entwürfen historische Formen zu zitieren oder tradierte Typologien aufzugreifen, ließen sie auch eine Berufsauffassung, wie Gropius sie vertreten hatte, hinter sich. Im Gegensatz zum gemeinsamen Wirken in einer modernen „Bewegung" erklärte Venturi zu Beginn seines Manifests, dass er sich als Künstler verstehe, der seinen eigenen Präferenzen folge: „As an artist I frankly write about what I like in architecture: complexity and contradiction."[6]

Postmoderne Baukunst?

Dieses veränderte Berufsverständnis beschreibt Sylvia Lavin als entscheidenden Zug der Architekturpostmoderne. In dem von ihr 2020 herausgegebenen Buch *Architecture Itself and Other Postmodernization Effects* konstatiert sie, dass die Postmoderne als Reaktion auf eine veränderte Organisation architektonischer Produktion zur Mitte des 20. Jahrhunderts zu verstehen sei. Statt selbstständig zu agieren, fand sich ein großer Teil der Architektenschaft einer institutionellen Disziplin unterworfen.[7] Gegenüber jener „group of bureaucrats, mostly anonymous workers operating collectively in ways designed to suppress personal expression in favour of expeditious results"[8], hätten die Architekt:innen der Postmoderne versucht, sich als kreativ begabte Individuen hervorzutun. In der Folge sollte sich die Auffassung durchsetzen, dass jeder Entwurf als persönlicher Ausdruck eines baukünstlerischen Genies zu verstehen sei:

> „[P]ostmodernism" first began to appear in the mid-1960s to refer to the critique of modernism as a dogma but eventually became a catch-all for the heterogeneous formal and stylistic attributes that were held together by the notion that architectural work expressed the unique imagination of a single architect.[9]

Bereits siebenunddreißig Jahre zuvor hatte Ada Louise Huxtable diese Entwicklung in scharfem Ton verurteilt. In ihrer 1983 veröffentlichten Rezension mit dem Titel „After Modern Architecture" spottete die Kritikerin, dass man an den Architekt:innen der Postmoderne nur zu kratzen brauche, um Apostel einer *architecture pour l'art* zum Vorschein zu bringen.[10] Verglichen mit einem gesellschaftlichen Anspruch, wie er der Moderne eigen gewesen sei, habe sich das Selbstverständnis der Architektenschaft grundlegend geändert:

With the renunciation of traditional social responsibilities as beyond his capacities or control, the architect has been freed to pursue style exclusively and openly. This is now architecture's most aggressive theme, pursued without apology or disguise. Like so much else today, the emphasis is on the self and the senses, with „design" an increasingly hermetic and narcissistic process, serving as often to short-circuit purpose and accessibility as to expand the horizons of constructive vision.[11]

Nicht zuletzt dürfte die Autorin dabei auch Moore im Sinn gehabt haben, der durch seine Mitarbeit an der Piazza d'Italia in New Orleans eines der Lehrbuchbeispiele postmoderner Architektur geschaffen hat. Eine Berufsauffassung, die sich von Huxtables Einschätzung deutlich unterscheidet, legt allerdings schon das 1967 in Yale ins Leben gerufene First-year Building Project nahe. Von Moore gemeinsam mit seinem Fakultätskollegen, dem Bildhauer Kent Bloomer, eingeführt, dienen die Kurse bis heute dem Ziel, die Studierenden mit der Wirklichkeit jenseits des Zeichentisches zu konfrontieren. Sosehr man diese Form der Architekturausbildung kritisieren kann, die die akademische Lehre mit sozialen Zielsetzungen zu verbinden sucht, entspricht sie doch keineswegs der Vorstellung von Baukünstler:innen, die allein in ihrem Atelier genialische Entwürfe erschaffen. Lässt dieser Widerspruch es wünschenswert erscheinen, zu einer genaueren Vorstellung von Moores professionellem Selbstverständnis zu gelangen, kann auch das Haus in New Haven einen Hinweis liefern.

Berufsbild und Architektenhaus

Kaum überraschend wurde 403 Elm Street mit dem Bau verglichen, den sich der britische Architekt John Soane an der Schwelle zum 19. Jahrhundert in

John Soane: Soane House, London (1792–1825)

den Lincoln's Inn Fields in London errichten ließ:[12] Immerhin soll Moore geurteilt haben, dass dieses Architektenhaus auch von ihm stammen könnte, wenn er nur mehr Geschmack besäße.[13] Beiden Wohnbauten, zwischen denen immerhin ein Ozean und anderthalb Jahrhunderte liegen, waren dabei die vielfältigen Räumlichkeiten und die visuellen Tricksereien gemein, die nicht anders als die außergewöhnlichen Sammlungen ihrer Hausherren hinter bürgerlichen Fassaden verborgen blieben. Eine weitere Gemeinsamkeit stellen die fortwährenden Umbauten dar. Während Moore unablässig und zum Teil sogar vor den Augen seiner Gäste Änderungen an dem Haus vorgenommen haben soll,[14] war auch das Soane House über Jahrzehnte hinweg Gegenstand baulicher Transformationen. Nach Einschätzung des Kunsthistorikers Carsten Ruhl stand dahinter das Ansinnen, „dem Betrachter ein[en] raumgreifende[n] Akt der Selbstmusealisierung"[15] zu präsentieren. Nicht zuletzt korrespondierten diese Umbauten mit den Erfordernissen einer immer wieder neu arrangierten Sammlung, zu der antike Werke oder deren Kopien ebenso gehören wie die Arbeiten befreundeter Maler, eine Locke Napoleons sowie ein Porträt des Schoßhundes Fanny.

Gemäß dem Anspruch des Architekten, zugleich sein „raumgestalterisches Genie"[16] unter Beweis zu stellen, sei die Aufstellung von Soanes Porträtbüste zu begreifen, die durch ein Oberlicht illuminiert und in Beziehung zu einem Abguss des Apollo von Belvedere gesetzt ist. Ruhl zufolge präsentiert sich der Hausherr damit als „,Heaven-Born Architect' […] dessen Genie nun im Glanze Apolls, des Gottes des Lichts und der Führer der Musen, hell erstrahlte".[17] Wenn das Architektenhaus in New Haven diesem Vorbild folgte, würde es vom Selbstverständnis einer Profession künden, die nicht nur stolz auf ihre eigene Tradition blickt, sondern auch auf die Prägung durch die einzigartige Künstlerpersönlichkeit verweist. Im Unterschied zum Soane House fällt allerdings die Minderwertigkeit der Materialien ins Auge, deren Moore sich beim Umbau bediente. Anders auch als sein britischer Kollege unternahm Moore keine Bemühungen, per Parlamentsbeschluss festschreiben zu lassen, dass die Sammlung über sein Ableben hinaus erhalten und das Haus als Museum der Öffentlichkeit zugänglich gemacht werden sollte.[18] Zudem erfolgten die baulichen Veränderungen, die Moore in New Haven vornahm, nicht nach kuratorischen Gesichtspunkten. In einem Interview mit Heinrich Klotz und John Cook sagte Moore vielmehr, dass er das Haus ohne vorherigen Plan umgebaut habe und dabei allein seiner Intuition gefolgt sei:

> When I did the first layer of remodeling—moving the bathrooms and putting in the stairs and cutting the holes—I still didn't know what I was going to do with the plywood. […] it was done piece by piece. When I started in the entrance hall, I had no idea what the rest would be like.[19]

Moores Schilderung der publikumswirksamen Transformation von 403 Elm Street erinnert dabei an die Entstehungsgeschichte des Wohnhauses, das Carl Gustav Jung sich in einem jahrzehntewährenden Bauprozess am Ufer des Obersees in Bollingen errichtet hat. In seinen erstmals 1962 erschienenen und im Folgejahr bereits in englischer Sprache veröffentlichten Memoiren *Erinnerungen, Träume, Gedanken* erläutert der Schweizer Psychiater, dass er dieses „Turm" genannte Wohnhaus „in einer Art Traum"[20] gebaut habe. In dem Wunsch, „meine innersten Gedanken und mein eigenes Wissen gewissermaßen in Stein zur Darstellung [zu] bringen"[21], sei er „immer nur den jeweiligen konkreten Bedürfnissen"[22] gefolgt. Entsprechend beschreibt Jung, dass er zunächst eine Art Hütte errichten wollte. Noch bevor diese vollendet war, habe

Carl Gustav Jung: Turm am Obersee, Bollingen (1923–1955)

er sich aber dazu entschlossen, stattdessen ein rundes, zweistöckiges Haus zu bauen, das 1923 fertiggestellt wurde. In den darauffolgenden Jahren kam ein „Mittelbau mit einem turmartigen Annex"[23] hinzu, der im nächsten Schritt zu einem Turm erweitert wurde. 1935 habe er, schreibt Jung, „den Wunsch nach einem Stück umhegter Erde"[24] verspürt und den Bau sowohl um eine Loggia als auch einen Hof ergänzt. Schließlich stockte er den mittleren Bauteil nach dem Tod seiner Frau im Jahr 1955 um ein zusätzliches Geschoss auf, sodass dieser zu einem dritten Turm wurde. Am Ende des Umbauprozesses, den Moore in dem gemeinsam mit Gerald Allen und Donlyn Lyndon verfassten und 1974 veröffentlichten Buch *The Place of Houses* geschildert hat,[25] stehen also, ganz wie in New Haven, drei Türme und ein umschlossener Garten. Dass sich allerdings neben Planzeichnungen zu 403 Elm Street, die auf den 5. April 1966 datiert sind,[26] auch Rechnungen erhalten haben, die von größeren Materiallieferungen zwischen Mitte April und Juli desselben Jahres künden,[27] gibt Anlass, an der Erzählung vom allein intuitiven Umbau zu zweifeln. Eher als das Bemühen um eine architektonische Selbstverwirklichung dürfte in Moores Transformation des Hauses der Versuch zu erkennen sein, eine Berufsauffassung vorzustellen, nach der der Architekt einem Psychologen gleichkommt. Das würde aufs Genaueste den Schilderungen entsprechen, die etwa Moores Biograf Kevin Keim von der Arbeitsweise des Architekten gegeben hat:

> Moore listened. He had the ability to convey to others that what they were saying was important. Like an architect-psychologist, he absorbed what they did, where they enjoyed going, what they liked to collect–turning an interaction into a process of self-realization for the clients.[28]

Diese Einschätzung steht in erkennbarem Gegensatz zu einer Betrachtung, wonach den postmodernen Architekt:innen abseits aller gesellschaftlichen Zielsetzungen vor allem an der Durchsetzung eines unverkennbaren Stils gelegen wäre. Auch der Verweis auf den Turm in Bollingen legt nahe, dass Moore nicht beabsichtigte, wie von Huxtable beschrieben, das eigene Selbst zur Darstellung zu bringen. Dass der Architekt Bezug auf die Residenz eines Psychiaters nahm, der die Werdung zum Selbst als Ziel der psychischen Entwicklung beschrieben hatte,[29] lässt sich vielmehr gemäß dem Bestreben Moores verstehen, den Nutzer:innen der von ihm geschaffenen Orte Aufschluss darüber zu geben, wer *sie* sind[30] – ihnen also *ihr* Selbst zu vergegenwärtigen. Darin aber lässt sich jenseits des bloß professionellen Kalküls sehr wohl ein gesellschaftspolitischer Anspruch erkennen.

Ausgehend von Moore

Dass dieser Anspruch des Architekten noch kaum Berücksichtigung gefunden hat, dürfte auch der bislang zurückhaltenden wissenschaftlichen Auseinandersetzung mit der Arbeit Moores zuzuschreiben sein. Neben Einzeluntersuchungen, die etwa Moores Italienrezeption oder den Veröffentlichungen in der Zeitschrift *Perspecta* galten,[31] ist sein Schaffen, sofern es im Rahmen umfassenderer Untersuchungen betrachtet wurde, immer nur aus sehr spezifischen Blickwinkeln erforscht worden. So hat Jorge Otero-Pailos das Beispiel Moores in seinem Buch *Architecture's Historical Turn* herangezogen,[32] um den Einfluss der Phänomenologie auf die US-amerikanische Architektur aufzuzeigen. Hingegen folgte Christoph Ehrlich in der Absicht, eine Symboltheorie der Architektur zu formulieren, in seiner Dissertation *Architektur als symbolische Form* der Annahme,[33] dass dem Symbolischen gerade in der amerikanischen Postmoderne eine besondere Bedeutung zugekommen sei. Deshalb stellte er einen Vergleich zwischen den Bauten und Entwürfen Moores sowie dem Œuvre Venturis an. Diese Herangehensweisen bedingen, dass beide Autoren einer konventionellen Betrachtung der Architekturpostmoderne verhaftet bleiben mussten. Werden demgegenüber Moore und sein Werk in den Mittelpunkt gestellt, können nicht nur die vielfältigen und mitunter widersprüchlichen Ansätze freigelegt werden, die unter dem Begriff der „Architekturpostmoderne" begraben liegen. Auch wird einmal mehr deutlich, dass die postmoderne Architektur in Nordamerika keineswegs isoliert von europäischen Entwicklungen zu betrachten ist.

Ein weiterer Grund dafür, dass der gesellschaftspolitische Anspruch hinter Moores Architektur bislang wenig Beachtung fand, mag darin liegen, dass sich dieses Ansinnen in seinem Schaffen ganz anders manifestiert hat als im Fall der europäischen Avantgarden. So folgte etwa der Siedlungsbau nach dem Ersten Weltkrieg, durch öffentliche Einrichtungen wie durch private Unternehmen betrieben, dem Ziel einer Wohnraumversorgung im großen Maßstab. Durchaus auch von dem Anspruch begleitet, einen Neuen Menschen auszubilden,[34] fußte die Schaffung neuer Wohnumgebungen dabei auf der Überzeugung, dass eine Emanzipation von historischen Architekturformen ebenso wünschenswert wie möglich sei. Folglich strebte man unter Hinzuziehung von technokratischer Expertise nach optimierten Lösungen, die dann hundert- oder gar tausendfache Anwendung finden sollten. Im deutlichsten Kontrast dazu zielte Moores Arbeit auf das je individuelle Haus, das den Bewohner:innen unter Berücksichtigung ihrer Träume und Erinnerungen, aber auch unter Einbeziehung überlieferter Formen, zur Vergegenwärtigung ihrer selbst verhelfen sollte.

Der Bruch, der die beiden architektonischen Ansätze voneinander trennt, lässt sich anhand der Unterscheidung zwischen einer „*organisierten* oder *industriellen* Moderne"[35] und einer Spätmoderne nachvollziehen, die durch eine „soziale Logik des Besonderen"[36] bestimmt ist. Die Siedlungen des Neuen Bauens im Kontext der organisierten Moderne zu betrachten, liegt nahe, wenn man der Beschreibung folgt, die Andreas Reckwitz in seinem Buch *Die Gesellschaft der Singularitäten* anbietet:

> Ob im Ökonomischen, im Technologischen, im Politischen oder im Räumlichen – überall lässt sich die organisierte Moderne von einer starken Semantik des Sozialen leiten – verstanden als das regulierte Kollektive. [...] Die organisierte Moderne ist im Kern eine Gesellschaft der Gleichen, der rechtlichen Egalität und sozialen Gleichförmigkeit.[37]

Wenngleich diese organisierte Moderne nach Reckwitz' Einschätzung bis in die 1970er-Jahre währte, weist er auf Kalifornien als Ausgangspunkt des gesellschaftlichen Umbruchs hin.[38] An der amerikanischen Westküste bereitete sich schon in den 1960er-Jahren vor,[39] was als Spätmoderne bis heute fortdauert. Genau dieser Wandel gelangte im Werk Moores, der von 1959 bis 1965 in Berkeley lehrte und Kalifornien auch darüber hinaus verbunden blieb, frühzeitig zum Ausdruck. Dabei zeigt sich allerdings auch, dass Moore diesen Übergang zu einer Logik des Besonderen noch nicht in jeder Hinsicht vollzogen hat.

Neue Politiken

Weist Reckwitz auf die spätmoderne Ausbildung von „*Neogemeinschaften*"[40] hin, konstatieren auch Lea Susemichel und Jens Kastner, dass sich „[d]ie Neue Linke und die Protestbewegungen der 1960er Jahre [...] als Beginn einer neuen Phase von Identitätspolitiken"[41] verstehen lassen. Indem sich der Klassenkompromiss eines Fordismus, den Reckwitz als bestimmend für die organisierte Moderne beschreibt,[42] mit einer schon „stärker werdende[n] Arbeitsteilung und [einer] Ausdifferenzierung der Arbeit"[43] überlagerte, musste die Idee eines vermeintlich homogenen Proletariats ihr Mobilisierungspotenzial einbüßen. Eine Neue Linke, die sich in den 1960er-Jahren insbesondere in akademischen Milieus formierte,[44] konnte den Widerspruch zwischen Arbeit und Kapital folglich nicht länger als zentralen Angriffspunkt ihrer politischen Bestrebungen verstehen. Indem sie sich weitergehenden gesellschaftlichen Fragestellungen öffnete, wandte sie sich verstärkt auch gegen die Benachteiligungen, die in Rassismus, Sexismus oder Klassismus gründen. Um der Diskriminierung zu begegnen, die auf der Zuordnung einer Person zu einer bestimmten Gruppe beruht und zur Zuschreibung bestimmter Eigenschaften führt, setzen diese Identitätspolitiken seither auf eine Aneignung „der Attribute[, die] zu einer nun selbstgewählten und selbstermächtigenden, positiv konnotierten Kollektividentität"[45] werden sollen.

Obwohl Moore sich insbesondere zu Beginn seiner Karriere Benachteiligungen aufgrund der eigenen Homosexualität ausgesetzt sah,[46] finden identitätspolitische Themen in seinen Schriften keine Erwähnung. Vielmehr von traditionalistischen Vorstellungen ist etwa das von Moore gemeinsam mit Bloomer verfasste Buch *Body, Memory, and Architecture* geprägt. Wenngleich Moore, zeitlebens kinderlos und unverheiratet, nicht weniger als acht Residenzen für sich selbst plante, weisen die Autoren auf die architektonischen Erfordernisse hin, die im Interesse eines funktionierenden Familienlebens bei der Planung von Wohnhäusern unbedingt zu berücksichtigen seien.[47] Sowenig aber der Architekt seine sexuelle Identität thematisierte, beurteilt auch Keim die Frage nach Moores Privatleben in seinem biografischen Werk *An Architectural Life* als unbedeutend: „Like no one else, Charles dedicated his life *entirely* to architecture."[48] Auf diese Weise zeichnet Keim allerdings jenes „Bild des einsamen Genies"[49], wie es nach Auffassung von Wolfgang Voigt und Uwe Bresan in der Vergangenheit immer wieder bemüht wurde, um die sexuelle Identität schwuler Architekten zu verheimlichen. Als möglichen Grund nennen die Herausgeber des Buches *Schwule Architekten/Gay Architects* das Klischee eines schwulen Hedonisten, das sich kaum mit dem Wunsch nach Planungssicherheit vereinbaren ließe, wie ihn die auf Wertschöpfung bedachten Bauherr:innen hegten.

Demgegenüber finden sich allerdings auch Versuche, Moores Werk auf Grundlage der sexuellen Identität des Architekten zu erklären: Für Moore, den der Konservatismus der amerikanischen Nachkriegsgesellschaft zur Geheimhaltung seiner Homosexualität gezwungen habe, so wird in einer Publikation nahegelegt, sei die minimalistische Strenge der Moderne gleichbedeutend mit einer Verneinung von körperlicher Lust und zwischenmenschlichem Kontakt gewesen.[50] Damit aber könnte der Eindruck entstehen, dass die ganz andersartige, auf das sinnliche Erleben abzielende Architektur Moores ihren Urgrund in der Homosexualität des Entwerfers gehabt habe. Es ist genau diese Vorstellung eines „schwulen Entwurfsstil[s]"[51], von der sich Voigt und Bresan entschieden distanzieren: Die Annahme, „man könne einem Gebäude oder einem Interieur ansehen, welche sexuelle oder bloß geschlechtliche Identität sein Entwerfer besitzt oder besaß"[52], beurteilen sie als naiv.

So fragwürdig es erscheint, wenn die Kategorien der Identitätspolitik in vorgeblich emanzipatorischem Interesse als wesentliche Erklärung für das Leben und Werk von Architekt:innen angeführt werden, weisen auch Susemichel und Kastner auf die Gefahren des Essenzialismus hin und merken an, dass die Betonung vermeintlicher Wesensunterschiede wiederum ausschließend wirken könne. Weiterhin schreiben sie, dass eine Fokussierung auf das Kollektiv, durch die die gleichwohl bestehenden Unterschiede zwischen seinen Mitgliedern zwangsläufig zurückgestellt werden, das Risiko der Vereinheitlichung berge. Eine solche Homogenisierung, der nicht nur Aspekte der Intersektionalität, sondern auch persönliche Eigenheiten zum Opfer fallen können, liefe einer Identitätspolitik zuwider, deren Ziel in der Schaffung einer Gesellschaft liegt, in der ein jeder Mensch sich frei entfalten kann – und sich weder aufgrund von Hautfarbe noch von Sexualität oder Klassenzugehörigkeit einer Vorverurteilung ausgesetzt sieht.

Identität und Individualität

Es liegt die Vermutung nahe, dass es gerade die erlittenen Diskriminierungen waren, die Moore davon abhielten, seine sexuelle Identität zu thematisieren. Es fällt allerdings auf, dass auch andere identitätspolitische Diskurse ohne Einfluss auf seine Arbeit geblieben sind.[53] Indem Bloomer und Moore in *Body, Memory, and Architecture* die Physis als Ausgangspunkt einer architektonischen Universalsprache vorstellen, folgen sie der Annahme, dass alle Menschen den gleich strukturierten Körper teilen. Allein unter dieser Prämisse können sie davon ausgehen, dass eine körpergemäße Architektur allgemeines Gefallen finden müsse. Allerdings steht eine solche Auffassung in deutlichem Kontrast zu feministischen, aber auch postkolonialen Positionen. Bereits seit dem 19. Jahrhundert, so erklärt Kathleen Lennon in einem Beitrag zur *Stanford Encyclopedia of Philosophy*, habe sich die Frauenbewegung mit der Herrschaft über den weiblichen Körper auseinandergesetzt.[54] Dabei stellt die Autorin einen Zusammenhang zwischen gynäkologischen Zwangsuntersuchungen in Großbritannien und – unter Verweis auf die Autorin Barbara Omolade – der doppelten Ausbeutung her, denen Sklavinnen ausgesetzt waren, insofern sie zur Feldarbeit genauso wie zur Prostitution gezwungen wurden. Zum zentralen Topos des feministischen Diskurses sei der Körper schließlich durch Simone de Beauvoirs 1949 erschienene Schrift *Le Deuxième Sexe* avanciert.[55] Im Einklang mit den Phänomenolog:innen ihrer Zeit, darunter Maurice Merleau-Ponty, habe de Beauvoir die Ansicht vertreten, dass eine menschliche Identität nicht vom Körper zu trennen sei:

> This body, however, is not simply what biology offers us an account of. The body which gained their attention was the body *as lived*, as yielding the sensory experiences and lived intentionality of a subject negotiating its world. It is also a body which is encountered by others whose response to it mediates our own sense of being. What is central to Beauvoir's account is that such bodily existence, the point of view it provides, and the response it garners, is different for men and women.[56]

Nicht allein, dass die Tänzerin und Choreografin Anna Halprin, die Moores Auffassung des Verhältnisses von architektonischem Raum und ganzkörperlicher Wahrnehmung maßgeblich beeinflusst haben dürfte, in *Body, Memory, and Architecture* keine Erwähnung findet; ebenso bleiben die Überlegungen de Beauvoirs in der Publikation, die fast dreißig Jahre nach *Le Deuxième Sexe* veröffentlicht wurde, ohne Berücksichtigung.

Persönlich werden

Aber auch wenn eine Orientierung entlang identitätspolitischer Linien für Moore keine Rolle gespielt haben mag, ist seine Arbeit durch das Bestreben geprägt, die uniformierenden Tendenzen einer organisierten Moderne zugunsten einer größeren Vielfalt zu überwinden. Ungeachtet der zuvor bemerkten Unterschiede wird gerade darin, dass er den persönlichen Bedürfnissen der künftigen Nutzer:innen besondere Bedeutung einräumte, eine Verwandtschaft zu den Überlegungen der Neuen Linken erkennbar. Deutlich zeigt sich etwa die Nähe zu den Forderungen eines Feminismus, der in der zweiten Hälfte des 20. Jahrhunderts die persönliche Lebenswelt zum Schauplatz der Befreiungsbestrebungen erklärte. In aller Klarheit spricht diese Auffassung aus einem Text der Aktivistin Carol Hanisch, der 1970 unter der Überschrift „The Personal is Political" publiziert wurde. Indem sie Stellung zu den Konflikten innerhalb der Neuen Linken bezieht, konstatiert Hanisch, dass eine Zusammenkunft nicht nur politisch genannt werden könne, wenn sie sich einer Auslegung der Texte von „Marx, Lenin, Engels, Mao, and Ho"[57] widme. Für nicht minder politisch erachtet sie eine Versammlung, in der Frauen sich über ihre persönlichen Erfahrungen austauschen. Dementsprechend verwahrt Hanisch sich auch gegen eine Dichotomisierung von „Politik" und „Therapie". So ginge es keineswegs darum, die Frauen mittels psychologischer Behandlung einer als defizitär empfundenen Gesellschaft anzupassen:

> I believe at this point, and maybe for a long time to come, that these analytical sessions are a form of political action. [...] One of the first things we discover in these groups is that personal problems are political problems.[58]

Dass Hanisch als Aktivistin auf den politischen Charakter persönlicher Probleme hinweist, entspricht jenem komplizierten Verhältnis „marked by ambivalence and confusion, but also by self-consciousness and strategic thought"[59], das nach Einschätzung Doug Rossinows in den 1960er- und 1970er-Jahren zwischen einer Neuen Linken und der sogenannten *counterculture* bestand. Dazu führt der Historiker aus, dass sich *counterculture* und Neue Linke je nach Betrachtungsweise entweder als voneinander verschiedene Phänomene oder aber als unterschiedliche Ausprägungen einer einzigen Jugendbewegung verstehen ließen. Wenn auch beide in ihrer besonderen Berücksichtigung persönlicher Aspekte geeint waren, sollen die gegenkulturellen Ansätze weniger nach außen denn nach innen zielen:[60] Während die Neue Linke am Vorrang der politischen Aktivität festhielt, setzte die *counterculture* demnach auf eine persönliche Befreiung, die einen kulturellen Wandel mittelbar herbeiführen sollte.[61] Es ist dies der Hintergrund, vor dem die Entwürfe und Schriften Moores zu verstehen sind. Insbesondere durch die Berücksichtigung persönlicher Wohnwünsche, so ausgefallen sie auch sein mögen, wandte Moore sich nicht nur gegen die Architektur, sondern auch gegen die soziale Gleichförmigkeit einer organisierten Moderne. Dass die industriellen Gesellschaften in den Dekaden nach dem Zweiten Weltkrieg mit einer Deformation der Individuen in Verbindung gebracht wurden, die sich immer wieder in Kriegen Bahn gebrochen habe,[62] lässt schließlich den gesellschaftspolitischen Anspruch hinter Moores Arbeit erkennen.

Folglich wäre es falsch, Moores Architektur, und insbesondere die auf ihr eigenes Zentrum orientierten Einfamilienhäuser, vorschnell als Einladung zum Rückzug ins Private abzutun. Im Gegenteil wird deutlich, dass Wohnbauten und Stadträume im Werk des Architekten aufeinander bezogen sind. Somit finden die durch Hannah Arendt in *The Human Condition* angestellten Überlegungen, wonach der *oikos* neben den materiellen auch die psychischen Voraussetzungen für ein Wirken in der öffentlichen Sphäre schafft,[63] das maßgeblich auf der Vielfalt und Verschiedenheit der Stimmen beruht,[64] in Moores Arbeit ihre Entsprechung. Ebenso kommt Jungs Feststellung, wonach eine als „Individuation" beschriebene Selbstverwirklichung die Menschheit nicht ausschließe, sondern im Gegenteil einbeziehe,[65] in dieser Architektur zum Ausdruck. Demgemäß verfolgte Moore die Absicht, die Nutzer:innen jenseits der Vergegenwärtigung ihrer individuellen Persönlichkeit auch eines kulturellen Hintergrundes sowie ihrer Rolle als menschliche Gattungswesen zu erinnern.

Zeitenwende

Die Hoffnungen, die sich mit dieser Entfaltung des Selbst verbanden, haben sich allerdings ebenso wenig erfüllt wie die gleichfalls aus dem gegenkulturellen Kalifornien erwachsene Vorstellung, die Welt durch eine kybernetische Einigung gerechter und friedlicher zu machen.[66] Indessen erscheint nicht nur die Auffassung, wonach der persönlichen Befreiung eine gesellschaftspolitische Relevanz zukommen sollte, aus heutiger Sicht befremdlich. Zwar mag die *counterculture* das politische Schema von „links" und „rechts" unterlaufen haben;[67] in ihrer Ablehnung von Festanstellung und Karriere, Industrie und Militär, Ehe und Familie opponierte sie aber erkennbar gegen bürgerliche Institutionen. In direktem Gegensatz zu dieser progressiv gestimmten Emanzipation von gesellschaftlichen Konventionen kann sich eine fortschrittliche Gesinnung dieser Tage, im Angesicht von gesundheitlichen Gefahren, sozialen Spannungen und ökologischen Herausforderungen, gerade im Plädoyer für einen Konsens beweisen. Dass die Forderung nach verpflichtenden Regelungen auch persönliche Einschränkungen oder individuellen Verzicht bedeuten mag, bleibt dabei unbestritten; die persönliche Freiheit, etwa in Fragen des Konsums, wird hingegen betonen, wer sich als konservativ zu profilieren versucht.

Dass zwischenzeitlich eine so tiefgreifende Umkehrung der Verhältnisse stattgefunden hat, kann eine Beschäftigung mit der Architektur von Charles Moore nur auf den ersten Blick unzeitgemäß erscheinen lassen. Vielmehr muss das Festhalten am Individualismus auch anhand der Entwicklungen verstanden werden, die in den 1960er-Jahren nicht zuletzt von Kalifornien ausgingen. Genau deshalb vermag eine Auseinandersetzung mit Moores Bauten und Projekten, ebenso wie mit seinen Vorträgen und Schriften, einen Einblick in die Entstehung der Gegenwart geben – mitsamt ihren Widersprüchen und Problemen.

Anmerkungen

1. Zitiert nach Littlejohn 1984, 77.
2. Vgl. ebd.
3. Stabenow 2000, 9.
4. Ebd., 141.
5. Vgl. Venturi 1966; vgl. Rossi 2018.
6. Venturi 1966, 19.
7. Neben der Anstellung in behördlichen oder unternehmenseigenen Planungsabteilungen ist in diesem Zusammenhang auch die Anstellung in den neu entstandenen Architekturfirmen zu berücksichtigen, die insbesondere nach dem Zweiten Weltkrieg erwuchsen. Alan Colquhoun hat dabei auf die besondere Rolle des bereits 1933 gegründeten Büros Skidmore, Owings, and Merrill (SOM) hingewiesen, das vor allem durch das 1952 fertiggestellte Lever House bekannt wurde, vgl. Colquhoun 2002, 237–246. Moore hat das New Yorker Hochhaus in seiner Dissertation *Water and Architecture* kritisch kommentiert, vgl. Otero-Pailos 2010, 103.
8. Lavin 2020, 19.
9. Ebd., 21.
10. Vgl. Huxtable 1983, 34.
11. Ebd.
12. Vgl. Littlejohn 1984, 79–80.
13. Vgl. Moore/Allen/Lyndon 2000, 296.
14. Vgl. Littlejohn 1984, 77.
15. Ruhl 2014, 135.
16. Ebd., 137.
17. Ebd., 147.
18. Nachdem der Architekt seinen Wohnsitz wie auch sein Büro 1971 von New Haven nach Essex, Connecticut, verlegt hatte, wurden Moores Umbauten durch den Nachbesitzer des Hauses weitgehend rückgängig gemacht, vgl. Littlejohn 1984, 81.
19. Klotz/Cook 1973, 245.
20. Jung 1984, 229.
21. Ebd., 227.
22. Ebd., 229.
23. Ebd., 228.
24. Ebd.
25. Vgl. Moore/Allen/Lyndon 2000, 129.
26. Vgl. Moore, Charles W.: Grundrisse der Moore Residence in New Haven, 5. April 1966. University of Texas in Austin, Alexander Architectural Archives, Charles W. Moores Archives.
27. Vgl. Batter Lumber Co., Inc.: Rechnungen über Holzlieferungen an Charles W. Moore, 1966. University of Texas in Austin, Alexander Architectural Archives, Charles W. Moores Archives, E21.
28. Keim 1996, 129. Ganz ähnlich nimmt sich David Littlejohns Einschätzung aus, siehe Littlejohn 1984, 19: „Moore can listen to clients—at least to those he likes—remarkably well, rather like a good psychiatrist."
29. Vgl. Jung 1984, 200.
30. Vgl. Moore 1967, 34. In abgeänderter Form ist diese Idee Moores Aufsatz „Participation, California Style" vorangestellt, siehe Moore 1982b, 54: „One of the prime urges of human beings is to be *somewhere* and possibly, therefore, *someone*." In wiederum ähnlicher Weise findet sich diese Überlegung auch zu Beginn des Buches *Chambers for a Memory Palace*, von Moore gemeinsam mit Donlyn London verfasst, siehe Lyndon/Moore 1994, xii: „Places that are memorable are necessary to the good conduct of our lives; we need to think about where we are and what is unique and special about our surroundings so that we can better understand ourselves and how we relate to others."
31. Vgl. Morton 2018; vgl. Erben 2019.
32. Vgl. Otero-Pailos 2010, 100–145.
33. Vgl. Ehrlich 2015.
34. Vgl. Voigt/Deschermeier/Cachola Schmal 2019.
35. Reckwitz 2017, 42.
36. Ebd., 27.
37. Ebd., 44–45.
38. Vgl. ebd., 286.
39. Vgl. Diederichsen/Franke 2013.
40. Reckwitz 2017, 10.
41. Susemichel/Kastner 2018, 25.
42. Vgl. Reckwitz 2017, 43–44.
43. Susemichel/Kastner 2018, 26.
44. Vgl. Rossinow 2002, 99.
45. Ebd., 8.
46. Vgl. Otero-Pailos 2010, 108.
47. Bloomer/Moore 1977, 47.
48. Keim 1996, 12.
49. Voigt/Bresan 2022, 28.
50. Vgl. Otero-Pailos 2010, xxxii.
51. Voigt/Bresan 2022, 26.
52. Ebd.
53. Dass Moore diese Debatten gleichwohl zur Kenntnis genommen hat, verrät beispielsweise das Interview mit Klotz und Cook. Darin erklärt der Architekt, dass

die Studierenden seine Beschäftigung mit Einfamilienhäusern als „antiurban, and, therefore, antiblack and antipoor" (Klotz/Cook 1973, 227) kritisiert hätten. Dem entgegnet er durch den Hinweis, dass Ein- und Zweifamilienhäuser in den USA vielfach die einzig bezahlbare Option darstellten.

54 Lennon 2019, o. S.
55 Vgl. de Beauvoir 1999.
56 Lennon 2019, o. S.
57 Hanisch 1970, 77.
58 Ebd., 76.
59 Rossinow 2002, 100.
60 Vgl. Turner 2006, 31.
61 Vgl. Braunstein/Doyle 2002, 10-11.
62 Vgl. Laing 1967, 28.
63 Vgl. Arendt 2018, 71.
64 Vgl. ebd., 57-58.
65 Zitiert nach Jung 1984, 412.
66 Vgl. Turner 2013, 48.
67 Vgl. Roszak 1969, 8-9.

1
Mittelpunkte der Welt

Vier kleine Holzhäuser, die, von Charles Moore entworfen oder mitgestaltet, zu Beginn der 1960er-Jahre an den Buchten von Monterey und San Francisco entstanden sind, markieren eine Zäsur im Werk des Architekten. Dass auch Moore diese einfachen Bauten als Wendepunkt erachtete, legen die Bücher und Aufsätze nahe, die er als Autor oder Koautor verfasst hat. Während die Gebäude, die er in den vorhergehenden anderthalb Dekaden geplant hatte, in der Folge nur noch wenig Berücksichtigung fanden,[1] werden die Häuser, wie sie für die Familie Jobson, die Lehrerin Marylin Bonham, den Ingenieur Wilkie Talbert oder auch den Architekten selbst entstanden sind, immer wieder erwähnt. Diese Bauten lassen den frühen Versuch erkennen, einem Anspruch gerecht zu werden, den der Architekt von dieser Zeit an bis zum Ende seines Lebens immer wieder betont hat: Sie folgen einem Bestreben, das der Architekturhistoriker Erik Ghenoiu als „struggle to satisfy a deep yearning for place in a modern society that seemed to institutionalize placelessness"[2] beschrieben hat.

Dabei unterscheiden sich die Häuser, die binnen weniger Jahre in Kalifornien entstanden sind, sehr grundlegend von früheren Arbeiten Moores. So weist der Architekturhistoriker Eugene Johnson darauf hin, dass die Ansichten des auf das Jahr 1949 datierten Entwurfs für das Jones House in Eugene, Oregon, den Einfluss einer Architekturmoderne erkennen lassen, wie sie insbesondere nach der Migration der vormaligen Bauhauslehrer Marcel Breuer, Walter Gropius und Mies van der Rohe in den USA Verbreitung gefunden hatte.[3] Zudem ist dem Grundriss das Bemühen abzulesen, an die „Zweizellenhäuser" anzuschließen, die Breuer, angefangen mit dem Geller House auf Long Island, für seine amerikanischen Auftraggeber:innen entworfen hatte. Obwohl Moore dabei die Idee übernimmt, Wohn- und Schlafbereich in verschiedenen Trakten unterzubringen, mutet die Anlage der beiden Baukörper in seinem Entwurf weitaus weniger raffiniert als in den Bauten Breuers an. Statt verschiedenartige Volumen durch einen Verbindungstrakt miteinander zu verknüpfen, sieht der Entwurf zwei nahezu identische Baukörper auf rechteckiger Grundfläche vor, die um die Mittelachse gespiegelt und gegeneinander verschoben sind. Zugleich nimmt sich die innere Gliederung ausgesprochen spröde aus. In jedem der beiden Baukörper werden die Räume durch einen Korridor erschlossen, der parallel zur Mittelachse verläuft und sich am Ende zu einem größeren Raum weitet. Dieses pragmatische Grundrisskonzept weist eine weitreichende Ähnlichkeit zu einem anderen Entwurf Breuers auf: Der Plan des ersten Hauses, das Breuer sich nach seiner Migration in New Canaan, Connecticut, errichten ließ, findet sich in Moores Projekt lediglich dupliziert.

Die Architektur der Bay Region

Der Residenz Breuers entsprechend gegliedert, ist auch noch das Haus, das Mitte der 1950er-Jahre für Moore und seine Mutter im kalifornischen Pebble Beach entstanden ist.[4] In deutlicher Abkehr vom Internationalen Stil aber lässt der hölzerne Wohnbau, der von einem Fußwalmdach bekrönt ist, bereits den Einfluss der moderaten Moderne Kaliforniens erkennen. Da er sich zu jener Architektur hingezogen fühlte, die der Architekturkritiker und Autor Lewis Mumford als *Bay Region style* charakterisierte, hatte Moore im Anschluss an seine Studienzeit an der University of Michigan in verschiedenen Büros in San Francisco hospitiert, um erste Berufserfahrungen zu sammeln.[5] Maßgeblich durch den schottischen Biologen und Stadtplaner Patrick Geddes geprägt, war Mumford seit jungen Jahren für Alternativen zur ausufernden und zugleich durch innere Dichte bestimmten Großstadt eingetreten, wie sie infolge der industriellen Revolution zunächst in Europa und Nordamerika erwachsen war. Weiterhin beeinflusst durch Ebenezer Howard, der in seinem 1898 veröffentlichten Buch *To-morrow: A Peaceful Path to Real Reform* die Idee einer Gartenstadt propagiert hatte,[6] verfolgte Mumford die Idee einer städtischen Form, die den Anforderungen ihrer Zeit Rechnung trägt, ohne sich dabei der Landschaft zu verschließen. Entsprechend begeisterte sich der New Yorker Autor in den 1920er-Jahren auch für die Frankfurter Siedlungen, die unter Leitung des Architekten Ernst May entstanden waren.[7] Die weitläufigen Wohnanlagen am Rand der hessischen Großstadt boten eine Fortführung der Gartenstadtidee in modernem Gewand.

Indem er den Anspruch teilte, auf die technischen Neuerungen durch eine veränderte künstlerische Form zu reagieren, stand Mumford dem Deutschen

Werkbund nahe, dem zu Beginn des 20. Jahrhunderts die bedeutendsten Vertreter:innen des Neuen Bauens in Deutschland, darunter Walter Gropius und Mies van der Rohe, angehörten. Dass Mumford überdies der Verbandszeitschrift *Die Form* als New Yorker Korrespondent zuarbeitete, führt der Kunsthistoriker David Samson darauf zurück, dass Mumford zumindest vorübergehend annahm, die europäisch geprägte Architekturmoderne könne das Verhältnis zwischen Mensch und Maschine in ein Gleichgewicht bringen.[8] Erläutert hat Mumford dieses Ideal in dem erstmals 1930 veröffentlichten Aufsatz „Towards an Organic Humanism":

> The real problem of life, both for men and societies, is to keep the organism and the environment, the inner world and the outer, the personality and its creative sources, in the state of tension wherein growth and renewal may continually take place. That balance is always a precarious one; and it was badly upset for the western world by the industrial revolution. It is for us to restore it. An organic humanism attitude towards life can truly be called humanism; for it will reconcile by its superior comprehension the one-sided philosophies which men have formulated out of a raw and imperfect experience. In our new bed, Romanticist and Classicist, „Humanist" and Mechanist, naturalist and idealist will lie down happily together; but they must cast off, before they do so, the soiled and tattered philosophical clothes in which they now parade.[9]

Dass Mumford sich in der Folge aber zunehmend kritisch gegenüber der sachlichen europäischen Architektur äußerte, begründete er mit dem universalistischen Anspruch des Neuen Bauens. Den deutlichsten Ausdruck hat das nämliche Bestreben im Titel des Katalogs *The International Style* gefunden, der anlässlich der 1932 in New York gezeigten Ausstellung *Modern Architecture* erschienen war.[10] Weiterhin nahm Mumford Anstoß an einem ideologischen Zug, den er der Moderne attestierte. Da ihre Vertreter:innen auch nach Jahren, in denen zahlreiche moderne Bauten entstanden waren, in den Entwürfen eine manifestartige Strenge zur Schau stellten, urteilte er 1947 in seiner Kolumne „Skyline", die in der Wochenzeitschrift *New Yorker* erschien, dass die neue Architektur in einem Zustand fortwährender Adoleszenz verharre. In der vorrangigen Absicht, von der Eigenständigkeit wie Neuartigkeit der Moderne zu künden, würden die spezifischen Anforderungen der jeweiligen Bauaufgaben und damit auch die Bedürfnisse der Nutzer:innen in den Hintergrund treten.

Die Planungen zum UN Headquarter, das Ende der 1940er-Jahre nach dem Entwurf eines Komitees, dem auch Le Corbusier angehörte, am Hudson River errichtet wurde, bewogen Mumford dazu, eine architektonische Alternative aufzuzeigen. Den Bauten des Internationalen Stils stellte er dazu die Architektur gegenüber, die von der Jahrhundertwende an in der Umgebung von San Francisco entstanden war. Von einer ersten Generation dieser Bay-Region-Architektur, der er die Werke von Bernard Maybeck oder Julia Morgan zurechnete, unterschied Mumford in seinem Artikel eine zweite, als deren Vertreter er den Architekten William Wurster vorstellte. Frei von jenem jugendlichen Rigorismus, der das europäische Neue Bauen wie auch das Werk Frank Lloyd Wrights bestimme, präsentierte Mumford die Bay-Region-Architektur als reifere Moderne. Statt allein den entschlossenen Bruch mit der Vergangenheit zu zeigen, ließe die Westküstenarchitektur eine Berücksichtigung des Kontexts wie auch der Anforderungen der Bewohner:innen erkennen.[11] Deutlich wird der Abschied vom modernistischen Dogma dabei auch in einer veränderten Haltung zum Eklektizismus. Ohne eine solche Kombination verschiedener Stilelemente als Selbstzweck anzuerkennen, so hatte Wurster kurz zuvor in dem Artikel „The Twentieth-Century Architect" erklärt, könne sich die kalifornische Architektur, wo es die Bedürfnisse der Bewohner:innen oder der bauliche Kontext erforderlich machten, ihrer nicht verschließen:

> If there is a *blend* it is the result of forces, materials, and decisions which are related to basic factors, and is not a matter of choice. […] It was fortunate that the climate, the new taste for outdoor living, and an informal society freed clients from rigid preconceptions. It was sensible to base the design on the kind of life people wanted, and *not* on the basis of theoretical modernism.[12]

Ebendieses Zusammenspiel von architektonischen Elementen verschiedenster Provenienz ist von der Mitte der 1950er-Jahre an auch den Entwürfen Moores anzusehen. Von ihm entworfen, nachdem er 1953 als GI in Korea stationiert gewesen war und im Anschluss Japan bereist hatte, lässt das Haus in Pebble Beach asiatische Einflüsse erkennen. Sowohl das behutsam geneigte Dach als auch die Gartengestaltung und die Schiebeläden (die an die *shoji* genannten Raumteiler erinnern) weisen eine Nähe zu japanischen Vorbildern auf. Dass Moore sich überdies an andersartigen Grundrissen versuchte, zeigt der zeitgleich entstandene Entwurf des Arnold House, das unweit von Pebble Beach in Carmel errichtet werden sollte. Wie auch bei der Residenz der Familie Matterson, die Ende der 1950er-Jahre in derselben Gegend erbaut wurde, handelt es sich beim Arnold House um ein Pavillonhaus. An die Stelle der linearen Organisation treten dabei drei oder vier fußwalmbedachte Baukörper auf zumeist quadratischem Grundriss, die ein lockeres Ensemble bilden. Mitunter wird dabei die gleiche asiatische Prägung deutlich, die auch das Haus in Pebble Beach auszeichnet.[13] Obgleich verschieden von den vorhergehenden Entwürfen, lassen diese Projekte gleichfalls den Versuch erkennen, etablierte Typologien zu adaptieren, wie David Littlejohn in seinem 1984 veröffentlichten Buch *Architect. The Life and Work of Charles W. Moore* betonte: „Every house Charles Moore had worked on before 1960, however ‚Japanese' oder ‚Californian,' fit comfortably into the American domestic norm, evolved over three hundred years."[14] Stattdessen aber entstehen zu Beginn der 1960er-Jahre ganz in der Nähe der vorgenannten Häuser jene Wohnbauten, die nach Auffassung Littlejohns „total rethinkings of what domestic space might be"[15] darstellen. Im Versuch, deren Besonderheit in Worte zu fassen, weist der Autor auf den unregelmäßigen Zuschnitt der Satteldächer ebenso wie auf die Anordnung der Fenster hin, die vollkommen unerwartete Ausblicke in die Wolken oder auf den Mond oder in den Wald böten. Dass zugleich auch die Räume dieser kleinen Häuser so unerhört anmuten, führt er darauf zurück, dass die Decken vielfach durchbrochen sind und das Innere, wie in vormodernen Wohnbauten, nicht durch Wände gegliedert ist. Im Vergleich zu Moores früheren Bauten fällt zudem auf, dass diese Häuser weder linear konzipiert noch als Cluster angelegt sind, um stattdessen ein Zentrum erkennen zu lassen. Bestimmt wird diese Mitte durch ein weiteres Charakteristikum, das all diesen Häusern, wenngleich in unterschiedlicher Weise, gemein ist.

Ädikula und *saddlebag*

Als „Ädikula" versteht Moore entgegen der gängigen Definition nicht die Ausschmückung einer Vertiefung oder Öffnung durch vertikale Glieder und Giebel,[16] sondern vier im Quadrat angeordnete Stützen, die ein kleines Dach tragen und somit ein Häuschen im Hause bilden. Nirgends tritt diese Idee deutlicher zutage als in Moores eigenem Haus, das 1962 unweit von Berkeley in Orinda entstand. Das Dach der pavillonartigen Residenz wird von acht tuskischen Säulen aus Holz getragen. Zu zwei Quartetten angeordnet, stützen sie je einen trichterartigen Holzbaldachin; der ihnen aufgelegte Fachwerkträger stemmt das schindelgedeckte äußere Dach. Während einzig das Badezimmer in einem abgeschlossenen Raum untergebracht ist, wird das ansonsten ungeteilte Innere lediglich durch diese Ädikulä gegliedert. Dabei beschreiben vier Stützen den Sitzbereich, während das andere, kleinere Säulenquartett eine in den Boden eingelassene Badewanne umschließt.

Bei den hölzernen Säulen handelt es sich um Spolien, die zuvor ein Hotel in San Francisco zierten. Nachdem die Herberge einem Feuer zum Opfer gefallen war, das die Stützglieder gleichwohl überstanden hatten, gelangten diese zum Stückpreis von zwei Dollar in Moores Besitz.[17] Diese Schilderung, nach der die beiden Ädikulä in Orinda einem Gelegenheitskauf zu verdanken sind, entspricht der Einschätzung, wonach dem Architekten nicht in erster Linie am Einsatz klassisch gegliederter Bauelemente lag. Dass Moore weniger danach trachtete, die Architektur einer vergangenen Epoche bildhaft wiederaufleben zu lassen, denn vielmehr gesonderte Bereiche inmitten der Wohnstätte zu schaffen, wird anhand des ersten Ädikulahauses deutlich,[18] das bereits im Vorjahr für die Familie Jobson entstanden war. Auch hier wird ein einziger hoher Raum, der in seiner Vielgestalt auf den ersten Blick kaum begreiflich ist, da er abwechselnd von Risaliten geweitet und durch Rücksprünge beschnitten wird, allein durch die hölzernen Stützen geordnet. Nebst der Schmucklosigkeit derselben mag es auch der unerwartet monumentalen Treppe zuzuschreiben sein, die in der Mitte des Stützenquadrats zu einer Galerie ansteigt, dass sich die vier Pfosten weniger augenfällig als die Säulen des Architektenhauses ausnehmen. Dass sie gleichwohl nicht allein konstruktive

31

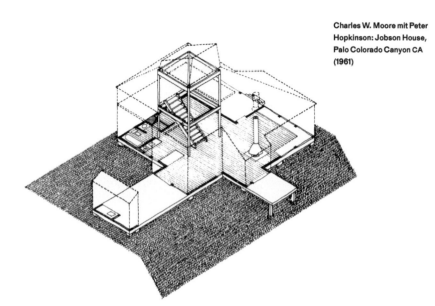

Charles W. Moore mit Peter Hopkinson: Jobson House, Palo Colorado Canyon CA (1961)

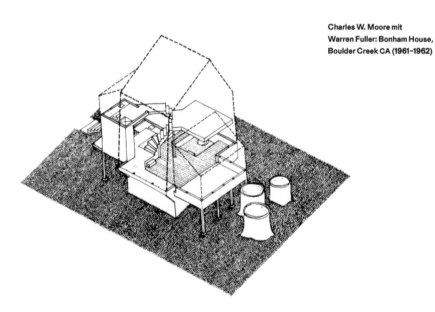

Charles W. Moore mit Warren Fuller: Bonham House, Boulder Creek CA (1961–1962)

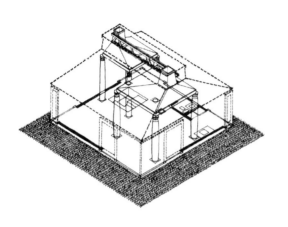

Charles W. Moore: Moore House, Orinda CA (1962)

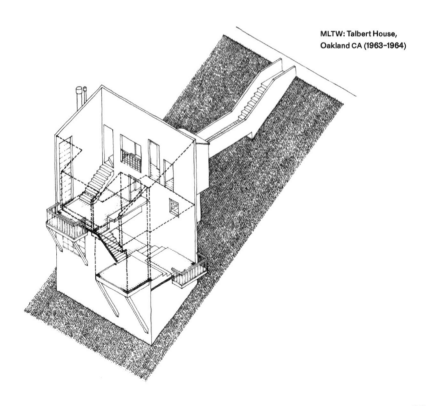

MLTW: Talbert House, Oakland CA (1963-1964)

Bedeutung haben, verrät ihre Drehung, die der Geometrie des Hauses zuwiderläuft. Für den Innenraum des Hauses, das nur wenig später in Boulder Creek, nördlich von Santa Cruz, für Marylin Bonham entstanden ist, sah der von Moore gemeinsam mit dem Architekturstudenten Warren Fuller erarbeitete Entwurf vier ausgediente Telefonmasten vor, die eine Schlafempore tragen sollten. Da die Idee jedoch aufgrund behördlicher Bedenken aufgegeben werden musste,[19] vertrauten die Architekten darauf, dass zur Gliederung des Hauses allein die Scheidung in ein hoch aufragendes Volumen und die erkerartig aufgesetzten Anbauten genügt, in denen Küche, Bad und Loggia untergebracht sind. Ebenso ist der Hauptbaukörper des Talbert House in Oakland, von Moore und seinen Partnern des Büros MLTW entworfen,[20] hang- wie straßenseitig mit solchen Anbauten besetzt, die die Architekten als „saddlebags"[21] bezeichneten. Wie ältere Planstände erkennen lassen, sollte auch diesem Haus zunächst ein *four poster* eingeschrieben werden.[22] Diesem Austausch der einen Konzeption gegen die andere entsprechend, erklärte Moore, dass es sich bei *saddlebag* und Ädikula um zwei Ideen handele, die eigentlich ein und dieselbe seien.[23] Damit stellt sich allerdings die Frage, worin diese Idee besteht: Was bewog Moore und seine Mitstreiter dazu, die kleinen kalifornischen Häuser mit hölzernen Einbauten auszustatten? Warum gliederten sie die bescheidenen Residenzen in der Weise eines sakralen Zentralbaus, der von Kapellen umschlossen ist?

Ohne Weiteres lässt sich feststellen, dass der ungewöhnliche Gebrauch des Begriffs „Ädikula" auf John Summersons 1949 publizierten Vortrag „Heavenly Mansions" zurückgeht.[24] Der britische Architekturhistoriker beschreibt darin den besonderen Reiz, den miniaturisierte Häuser auf den Menschen ausübten. Während die Anziehungskraft, die solchen Mikroarchitekturen eignete, in einem Bedürfnis nach Behaglichkeit gründe, seien sie zugleich geeignet, zeremonielle Rahmen zu schaffen und symbolische Bereiche zu nobilitieren. Dabei kommt der Ädikula Summerson zufolge eine Übersetzungsfunktion zu. Einerseits biete sie die Möglichkeit, Bauten im menschlichen Maßstab mit einer Miniaturarchitektur in Einklang zu bringen; andererseits gestatte es die Ädikula, ein Körpermaß in Architekturen zu vergegenwärtigen, die als religiöse Bauten übermenschliche Dimensionen annehmen. So wie er auf die Rolle hinweist, die diese kleinen Häuser in der indischen Architektur spielten, betont er weiterhin die besondere Bedeutung, die der Ädikula in der griechischen wie römischen Antike zugekommen sei. Im Mittelpunkt von Summersons Interesse steht indessen die Architektur der Gotik, die, so seine Folgerung, nicht länger als der klassischen Tradition entgegengesetzt betrachtet werden könne. Um demgegenüber deren Verwandtschaft zu belegen, führt er das Portal der Kathedrale von Chartres an, das mit seinen überdachten Nischen, in denen Heiligenfiguren zu finden sind, wie die getreue Umsetzung eines pompejanischen Wandbildes anmute. Die Ähnlichkeit beider Architekturen sei dabei nicht etwa auf einen historischen Zusammenhang zurückzuführen. Vielmehr beruhe sie darauf, dass es ein überzeitliches Bedürfnis nach miniaturisierten Häusern, den Ädikulä, gebe.

Aber obwohl sich Moore ausdrücklich auf Summersons Aufsatz bezogen hat,[25] ist Littlejohns Einschätzung zuzustimmen, wonach diese Referenz allein noch nicht weiterführe.[26] Im nämlichen Jahr 1949 hatte indessen auch Rudolf Wittkower mit dem Buch *Architectural Principles in the Age of Humanism* eine architekturhistorische Untersuchung vorgelegt, in der der *four poster* als architektonisches Element Berücksichtigung findet. Dabei zeigte der Autor auf, dass Andrea Palladio das *tetrastylum* nicht nur dem Palazzo Porto-Colleoni in Vicenza beigab,[27] sondern auch für einen Kirchenraum im nordöstlicher gelegenen Maser in Erwägung gezogen hatte.[28] Während Summerson urteilte, dass die Ädikula für die Architektur irrelevant geworden sei,[29] ist Wittkowers Studie zu den Maßbeziehungen im Werk Leon Battista Albertis und Andrea Palladios als Ausweg aus einer funktionalistischen Selbstzüchtigung begrüßt worden. So erklärte der Architekturhistoriker Reyner Banham, dass Wittkower allein durch sein Buch eine ganze Generation von Architekt:innen geprägt habe.[30] Dass auch Moore, dem Wittkowers Werk vertraut gewesen sein dürfte, in seinen Entwürfen die Auseinandersetzung mit der Architekturgeschichte suchte, ist allerdings nicht ohne die Prägung nachzuvollziehen, die er im Zuge seines Graduiertstudiums in Princeton erfuhr.[31]

Prägung in Princeton

Nach Beendigung seines Wehrdienstes hatte Moore sich an den Architekturfakultäten der renommiertesten amerikanischen Hochschulen beworben, unter anderem an der Harvard Graduate School of Design.[32] Maßgeblich durch den vormaligen Bauhaus-Direktor Walter Gropius geprägt, der von 1937 an die dortige Architekturabteilung geleitet hatte, gingen von der Universität in Massachusetts entscheidende Impulse für die amerikanische Architekturausbildung aus, die sich zunehmend an den Konzepten der Moderne orientierte. Wenngleich sich auf diesem Wege das Neue Bauen in den Vereinigten Staaten durchsetzen konnte, sind wesentliche Unterschiede zu den Zielsetzungen der Avantgarden nicht zu übersehen: Dass das Baugewerbe die moderne Architektur, ihrer sozialen Ansprüche entkleidet, als Mittel der Profitmaximierung in Anspruch nahm, veranlasste Heinrich Klotz dazu, den Begriff des „Bauwirtschaftsfunktionalismus"[33] zu verwenden. Zudem sind die Möglichkeiten, die das Neue Bauen bot, zu Beginn der zweiten Jahrhunderthälfte in den Dienst einer nicht selten brachialen Stadterneuerung gestellt worden, in deren Zuge ganze Viertel niedergerissen und, oftmals allein einem banalen Schematismus folgend, neu errichtet wurden. Klotz zufolge habe man erkennen müssen, „daß die Ratio, die den Entwurf Mies van der Rohes bestimmt, rigoros und lebensfeindlich wird, sobald sie absolut gesetzt wird."[34]
Indessen erhielt Moore eine Absage aus Harvard. Ebenso wenig ließen ihn die Universitäten Yale und Columbia zum Studium zu.[35] Zugesprochen wurde ihm allerdings ein Platz an der Princeton University, die gleichsam als Antipodin der Graduate School of Design gelten konnte. Dem Lehrkörper der Hochschule in New Jersey gehörten in den 1950er- und 1960er-Jahren zahlreiche Dozenten an, die der Moderne schon frühzeitig mit kritischer Distanz begegneten. Zu ihnen zählte etwa Jean Labatut, der seinerseits nach den Prinzipien der École des Beaux-Arts ausgebildet worden war. Durch den katholischen Philosophen Jacques Maritain geprägt, führte Labatut eine theologisch fundierte Phänomenologie in die Lehre ein, die den Architekturhistoriker Jorge Otero-Pailos veranlasste, in seiner Untersuchung *Architecture's*

Historical Turn von einer „spiritualization of architectural education"[36] zu schreiben. Gemäß den Zweifeln an einem kartesischen Rationalismus, der als Grundlage des modernen Denkens nach vatikanischer Auffassung die Ursache aller neuzeitlichen Ziellosigkeit sei, suchte Labatut die Abkehr von einer rein abstrakten Moderne. In seinem Bemühen um eine neue Kirchenarchitektur war er nicht nur bestrebt, die neutestamentarische Heilsbotschaft durch farbiges Licht und figurative Glasmalereien erfahrbar zu machen. Den Überlegungen des Architekten Rudolf Schwarz entsprechend, habe Labatut in der Überzeugung, dass der Leib einen Zugang zur Seele eröffne, auch das Ziel verfolgt, die Sakralarchitektur körperlich erlebbar zu machen. Dabei legt Otero-Pailos nahe, dass diese architektonische Berücksichtigung der physischen Erfahrung nicht allein bei gläubigen Katholik:innen Anklang gefunden habe. Auf ein positives Echo sei sie auch bei jenen gestoßen, die eine humanere Alternative zu einer oftmals als unmenschlich empfundenen Moderne suchten.

Labatuts Bemühen, dem Erlebnisgehalt der Architektur den Vorzug vor allen Zahlen und Figuren zu geben, lässt die Emanzipation von einer allein zweckgerichteten Moderne dabei ebenso erkennen wie der Torre Velasca, der nach Plänen des Büros BBPR in Mailand entstanden war. Mit Enrico Peressutti gehörte auch einer der Architekten dieses Hochhauses, das durch seine Bezugnahme auf die mittelalterlichen Bauten der Lombardei nicht anders denn als provokativer Bruch mit den Prinzipien der Moderne aufgefasst werden konnte,[37] zu Moores Lehrern in Princeton. Dass die kritische Auseinandersetzung mit dem historischen Kontext, die die Form des Mailänder Turms bestimmt, auch Peressuttis Lehre prägt, lässt eine seiner Entwurfsaufgaben erahnen: Indem er die Planung eines Museums an der archäologischen Stätte Chichén Itzá im Südosten Mexikos aufgab, sollten die Studierenden Bezug auf die baulichen Überreste nehmen. Wie Moore sich erinnerte, galt es, die Ruinen dabei weder zu kopieren noch durch den Neubau in den Schatten zu stellen.[38]

Der Einfluss Louis Kahns

Als „the most powerful influence of all"[39] hat Moore allerdings weder Labatut noch Peressutti, sondern den Architekten Louis Kahn bezeichnet, an dessen Seite er Ende der 1950er-Jahre, nach abgeschlossenem Studium und verteidigter Dissertation, in Princeton unterrichten sollte. Wenige Jahre zuvor war nach Plänen Kahns und seiner Mitarbeiterin Anne Tyng in Ewing, New Jersey, das Trenton Bath House entstanden.[40] Dass der bescheidene Bau, der als Badehaus eines Jüdischen Gemeindezentrums dient, zu den bedeutendsten Werken im Schaffen Kahns zählt, verdankt sich dem erstmals umgesetzten Konzept dienender und bedienter Räume, das in der Folge zum Erkennungszeichen von Kahns Architektur geworden ist. An die Stelle einer allein funktionalen Grundrissgestaltung tritt dabei eine räumliche Hierarchisierung. Nebenräume, die einem vorbestimmten Programm dienen, ermöglichen andere, nämlich bediente Räume, die frei von einer spezifischen Aufgabe gestaltet werden können. Entsprechend setzt sich der Grundriss aus fünf Quadraten gleicher Größe zusammen, die in Form eines griechischen Kreuzes angeordnet sind. Während sich über den vier Armen Zeltdächer erheben, wird das zentrale Feld durch einen offenen Hof eingenommen, der die räumliche Hierarchie anleitet. Dabei erinnert der Grundriss in seiner vierflügeligen Strenge an den Plan der palladianischen Villa Capra bei Vicenza.

Allen augenfälligen Unterschieden zum Trotz liegt ebendiese Idee auch den Wohnhäusern zugrunde, die Moore nach seinem Fortgang aus Princeton an der Pazifikküste plante. Dabei konnte der Architekt die Entscheidung, anstelle des quadratischen Hofes, der sich im Trenton Bath House auftut, einen *four poster* im Zentrum des Jobson House zu platzieren, durch die Ausführungen Wittkowers legitimiert wissen. Der nämlich hatte in *Architectural Principles in the Age of Humanism* ausgeführt, dass schon Palladio einen mit vier Säulen ausgestatteten Saal vorsah, wo er dem antiken Modell nicht folgen und seinen Stadtpalästen keinen Hof einschreiben konnte:

> The ancient atrium had an open roof; as this could hardly be built by a modern Architect, Palladio turned the tetrastyle hall into an atrium. But he

had good authority for this, for amongst the five types of atria mentioned by Vitruvius is one supported by four columns, i.e. a tetrastyle."[41]

Kurzerhand ließe sich folgern, dass Moore abermals den Ansatz eines prominenten Kollegen aufgegriffen habe, um diesen allein entsprechend den äußeren Erfordernissen zu modifizieren. Demgemäß hat der Architekt erklärt, dass die Häuser, die Anfang der 1960er-Jahre an der Westküste entstanden sind, die „diagrammatic strength"[42] der Entwürfe Kahns widerspiegelten. Zugleich aber merkte er an, dass die Rigidität, die die Bauten seines Mentors bestimme, in den nordkalifornischen Häusern auf die legere Architektur der Bay-Region-Schule treffe.[43] Somit wird die Strenge der Architektur Kahns entschärft: Anders als das strikt symmetrische und am Raster ausgerichtete Trenton Bath House lässt der Grundriss der Wochenendresidenz in Palo Colorado Canyon kein übergeordnetes System erkennen. Ebenso scheinen auch die Häuser Bonham und Talbert von den *saddlebags* zunächst ohne jede erkennbare Logik besetzt. Dennoch zeugen sowohl der *four poster* als auch die klar geometrischen Hauptbaukörper der *saddlebag*-Häuser von dem Bemühen, einen Zusammenhang zwischen den verschiedenartigen Teilen des Baus zu stiften. Das Streben nach architektonischer Ganzheit gibt Moore dabei keineswegs auf. Vielmehr zeigte sich der Architekt in seinen Entwürfen um jene „difficult unity of inclusion"[44] bemüht, die der ebenfalls durch Kahn beeinflusste Robert Venturi in *Complexity and Contradiction* beschreiben sollte.

Als Quadrat unter Quadraten ist der Hof des Trenton Bath House allerdings ein *primus inter pares*, sodass sich von jedem Teil des Umkleidegebäudes auf die Gesamtheit des Baus schließen lässt. Im Jobson House hingegen nimmt sich der großzügige Wohnbereich im Süden ganz anders aus als der schmale Essbereich, der sich westlich der Ädikula auftut. Die einzelnen Teile geben keineswegs Auskunft über die anderen noch über das Ganze. Vielmehr beruht jede Ordnungsbeziehung allein auf dem Verhältnis zur Mitte. Erfährt das Zentrum schon dadurch eine Aufwertung, kommt hinzu, dass die Figur des griechischen Kreuzes, auf der der Grundriss des Trenton Bath House beruht, die Grenzen aufzeigt, die der ordnenden Wirkung des zentralen Hofes gesetzt

sind. Wie weit aber strahlt das Zentrum aus, wenn es einmal den Wänden ganz nahe ist und dann wieder auf Distanz steht? Eine Grenze ist hier kaum bestimmt, sodass seine Wirkung sich auch jenseits des Innenraumes und über das Grundstück hinweg entfalten mag, um sich ins Unendliche fortzusetzen. Folgerichtig erklärte Moore gemeinsam mit seinem einstigen Studenten und Büropartner Donlyn Lyndon in dem Buch *Chambers for a Memory Palace*, dass die Ädikula weit mehr als nur das Zentrum des Hauses markieren könne. Stattdessen betonen die Autoren, die in Übereinstimmung mit Summerson auf den symbolischen Wert verweisen, der dem *four poster* seit Menschengedenken zukomme, dass diese Mikroarchitektur auch ein Zentrum der Welt zu konstituieren vermag. Und das sogar auf dem eigenen Grundstück: *„We believe that an aedicular four-poster is one of the best forms to create the center of the world, even for a family on their own premises."*[45]
Als fiktiver Briefwechsel verfasst, der 1994, erst wenige Wochen nach Moores Tod, erschienen ist, findet sich die Bedeutung der Ädikula in *Chambers for a Memory Palace* somit in seltener Klarheit erläutert. Offen bleibt allerdings, weshalb der Architekt und seine Entwurfspartner es für wesentlich erachteten, ihre Bauten zu solchen Weltmittelpunkten zu erheben. Einen Hinweis bietet dabei nicht nur die Einschätzung Otero-Pailos', wonach Moore die eucharistischen Überlegungen seines Lehrers Jean Labatut einer Säkularisierung unterzogen und damit für sein eigenes Schaffen fruchtbar gemacht habe.[46] Indem er die Eindrücke anführte, die Donlyn Lyndon im Zuge eines Aufenthalts in Indien sammeln konnte, hat auch Littlejohn den Einfluss sakraler Architektur auf Moores Arbeit betont. Gemäß Summersons Feststellung, dass der Ädikula in der indischen Architektur eine besondere Relevanz zugekommen sei, habe Lyndon, wie Littlejohn erklärt, auf die Eindrücke eines hinduistischen Ortsverständnisses hingewiesen:

> Donlyn Lyndon spent a year in India in 1960–61, a trip he feels was profoundly important both for him and the partnership. He sees the influence of the Hindu sense of „special places," of temple porches, bays and layered walls in almost everything he did thereafter. Directly he returned, Charles—by then chairman of the department of architecture at Berkeley—

concocted a new course that the two of them, a pair of passionate but unscholarly amateurs, would teach together on Asian architecture.[47]

Dass sakrale Architekturformen in Wohnhäusern Anwendung finden, um in ihrem Zentrum einen Mittelpunkt der Welt auszuzeichnen, mag zunächst unverständlich erscheinen. Allerdings zeigen die Überlegungen Mircea Eliades, dass ein derartiger Ansatz in den Jahren nach dem Zweiten Weltkrieg keineswegs alleine steht. Auch wenn der rumänische Religionsphilosoph erst in späteren Texten Moores namentliche Erwähnung gefunden hat,[48] erscheint es angesichts der Ausbildung, die dem Architekten in Princeton zuteilwurde, naheliegend, dass er schon frühzeitig mit seinen Schriften bekannt wurde. Dabei ist es die durch Eliade konstatierte Bedeutung einer modernen Heiligkeit, die zu einem besseren Verständnis der genannten kalifornischen Häuser beitragen kann.

Heilige Räume

Wenn Lyndon und Moore in *Chambers for a Memory Palace* konstatieren, dass eine Ädikula die Möglichkeit eröffne, einen Weltmittelpunkt auf dem eigenen Grundstück zu markieren, wirft das auch logische Fragen auf: Selbst wenn man von der Kugelform des Planeten absieht, nach der das geometrische Zentrum tief im Erdinneren liegen müsste, bereitet die Vorstellung, wonach es unzählige Mittelpunkte gibt, die sich endlos aneinanderreihen oder in Orinda sogar unter einem Dach versammelt sind, Kopfzerbrechen. Durch die inflationäre Vielzahl findet sich jede Hierarchisierung ad absurdum geführt. Umso hilfreicher erscheinen die Beobachtungen, die Eliade in dem 1957 veröffentlichten Buch *Das Heilige und das Profane* angestellt hat. So erklärt er, dass die Fülle oder gar Unendlichkeit der Weltmittelpunkte kein Problem darstelle, solange man nicht von einem geometrischen, sondern einem heiligen Raum ausgehe.[49]

Eliades Argumentation nimmt ihren Ausgang in der Unterscheidung zweier Arten des In-der-Welt-Seins. Er weist darauf hin, dass der religiöse Mensch den Raum nicht entsprechend wissenschaftlicher Vorstellung als homogen und grenzenlos erlebe, sondern bestimmt durch den „Gegensatz zwischen dem heiligen, d. h. dem allein *wirklichen, wirklich existierenden* Raum und allem übrigen, was ihn als formlose Weite umgibt"[50]. Erst durch die Hierophanie, also das Aufscheinen des Heiligen im Profanen, werde ein Fixpunkt aufgezeigt. Entsprechend habe man auch die Wohnung traditionell als heilige Stätte verstanden. Zwar akzentuiere die Kirchentüre den Übertritt von dem einen in den anderen Raum und verdeutliche, dass der Sakralbau an einer ganz anderen Sphäre Anteil habe als die Siedlung, die ihn umgibt. Gleichwohl käme der Schwelle des Wohnhauses eine ähnliche rituelle Funktion zu,[51] da der Mensch der vormodernen Gesellschaften, in dem Streben, „so nahe wie möglich am Zentrum der Welt zu leben"[52], ein Haus zu bewohnen begehrt habe, das nicht anders als das Heiligtum einer „ganzen geordneten Welt, […] einem Kosmos"[53] gleichkommt.

Der Architekturmoderne samt ihrer Auffassung des Hauses als einer Maschine, die von der „langsamen Entsakralisierung der menschlichen Wohnung"[54] zeuge, steht Eliade kritisch gegenüber. Er geht nämlich davon aus, dass die Differenz zwischen „heilig" und „profan" auch für den nichtreligiösen modernen Menschen relevant bleibe. Indem dieser moderne Mensch bestimmte Punkte mit persönlichen Erfahrungen, zumal von biografischer Bedeutung, in Verbindung bringe, würden sie gleichsam zu den Heiligtümern des persönlichen Kosmos:

> [A]uch innerhalb dieser Erfahrung des profanen Raums tauchen noch Werte auf, die mehr oder weniger an die dem religiösen Raumerlebnis eigene Inhomogenität erinnern. So gibt es zum Beispiel noch Gegenden, die von den übrigen qualitativ verschieden sind: die Heimat, die Landschaft der ersten Liebe, eine bestimmte Straße oder Ecke in der ersten fremden Stadt, die man in der Jugend besucht hat. Alle diese Orte behalten selbst für den völlig unreligiösen Menschen eine außergewöhnliche, „einzigartige" Bedeutung; sie sind die „heiligen Stätten" seines privaten Universums, so als habe sich diesem unreligiösen Menschen eine Realität offenbart, die *anderer* Art ist als die Realität seiner Alltagsexistenz.[55]

Indem Moore und seine Mitstreiter beim Entwurf von Wohnbauten auf sakrale Architekturformen zurückgriffen, trugen sie Eliades Auffassung Rechnung, wonach die Differenz zwischen profaner Sphäre und heiligem Bezirk auch weiterhin die Gestaltung der Wohnung bestimmen müsse.[56] Demnach wäre Moores Auffassung des Ortes allerdings durch die Konzeption eines Autors bestimmt, in dessen Schriften der Medientheoretiker Stephan Günzel den „latente[n] Antisemitismus eines christlich-orthodox voreingestellten Ortsdenkens"[57] entdecken konnte. Eine derartige Einschätzung kann allein deshalb nicht überraschen, weil der in Bukarest geborene Eliade von 1936 an der klerikalfaschistischen Eisernen Garde nahestand, die, rumänisch-orthodox geprägt, gleichermaßen völkisch wie antisemitisch agierte. Dass die Ädikula aber zumindest nach dem Verständnis Moores und Lyndons keineswegs mit einer dezidiert christlichen oder antisemitischen Vorstellung des Ortes korrespondiert, machen die Autoren in *Chambers for a Memory Palace* deutlich. Sie führen aus, dass diese *„delicate pavilions with four columns and a canopy above"*[58] nicht allein, wie an den Fassaden gotischer Kirchen, die Figuren christlicher Heiliger beschirmten – ebenso hätten sie *„Hindu gods, Jewish newlyweds, Egyptian pharaohs"*[59] beherbergt. Der Reiz, den Eliades Überlegungen auf Moore ausübten, dürfte weniger in den religionshistorischen Ausführungen bestanden haben. Wichtiger erscheint, dass der Autor ein naturwissenschaftlich-abstraktes System hierarchiefreier Koordinaten mit der Auffassung einer Welt konfrontierte, die durch Orte und die ihnen von Menschen beigemessenen Werte gegliedert ist.

Wenn Moore die Bedeutung solcher Orte bis an sein Lebensende immer wieder betont hat, entspricht das nicht allein dem Anspruch der Bay-Region-Architektur, die dem von Mumford konstatierten Rigorismus des Internationalen Stils die Berücksichtigung individueller Bedürfnisse entgegenzusetzen suchte. Die Hinwendung zum Ort kann vielmehr auch als Absage an die modernen Bauvorhaben der Nachkriegsjahre mit ihren großflächigen und nivellierenden Stadterneuerungsprojekten verstanden werden. Allerdings stellt sich die Frage, wie aussichtsreich der Versuch ist, Wohnhäuser durch den bloßen Rückgriff auf Ädikula oder *saddlebag* zu Orten zu erheben. Ungeachtet der räumlichen Qualitäten, die diese Bauten bieten, melden sich Zweifel an, ob allein die architektonische Markierung der Mitte zur Schaffung eines Ortes genügen kann. Obschon Ädikula und Zentralraum unbestreitbar einen Bezugspunkt schaffen und damit nicht nur dem Haus eine Ordnung geben, sind sie doch weder mit einem Kult noch mit einer persönlichen Erinnerung verknüpft. Es fehlt an diesem Punkt noch an einer deutlichen Vergegenwärtigung der „*imago mundi*"[60], die Eliade zufolge eine heilige Stätte ausmacht, indem sie die gesamte Welt „repräsentiert und zugleich umfaßt"[61]. In den 1960er-Jahren allerdings begibt Moore sich nicht allein auf die Suche nach architektonischen Mitteln, die es ihm gestatten, Orte zu konstituieren. Zugleich beginnt er, sich dem Thema theoretisch zu nähern. Indem er dabei an eine umfassende Debatte über den Ort anknüpft, die von der vorhergehenden Dekade an längst nicht nur Eliade beschäftigte,[62] verfolgt der Architekt den Anspruch, das Weltbild und damit die Werte, die einer Gesellschaft oder auch nur einer einzelnen Person eignen, an einem Punkt zu konzentrieren und erfahrbar zu machen.

Anmerkungen

1. So bleiben etwa in dem gemeinsam mit Gerald Allen und Donlyn Lyndon verfassten und erstmals 1974 publizierten Buch *The Place of Houses* alle Bauten, die vor dem Jobson House entstanden sind, unberücksichtigt. Das Gleiche gilt für Moores Aufsatz „The End of Arcadia", der in dem von Sally Woodbridge herausgegebenen Band *Bay Area Houses* erschienen ist, vgl. Moore 1976b.
2. Vgl. Ghenoiu 2014, 91.
3. Vgl. Johnson 1986, 55.
4. Bereits Moores erster ausgeführter Wohnhausentwurf, der ebenfalls für die Familie Jones in Michigan realisiert wurde, lässt diese Konzeption erkennen. Auf die Verwandtschaft zum Haus in Pebble Beach hat der Architekt dabei ausdrücklich hingewiesen, vgl. Moore 1986b, 16.
5. Vgl. Littlejohn 1984, 108–109.
6. Vgl. Howard 2010.
7. Vgl. Wojtowicz 1996, 12.
8. Vgl. Samson 1996.
9. Mumford 1930, 358–359.
10. Vgl. Wojtowicz 1996, 95.
11. Vgl. Mumford 1948, 2.
12. Wurster 1995, 230.
13. Vgl. Littlejohn 1984, 187.
14. Ebd., 189.
15. Ebd., 190.
16. Vgl. Koepf 1974, 5.
17. Vgl. Littlejohn 1984, 61; vgl. Moore 1986b, 16.
18. Vgl. Moore/Allen/Lyndon 2000, 53.
19. Vgl. Littlejohn 1984, 196.
20. Gemeinsam mit Donlyn Lyndon und William Turnbull, deren Abschlussarbeiten Moore in seiner Funktion als *teaching assistant* Louis Kahns betreut hatte, sowie den Architekten Richard Whitaker, der ebenfalls an der University of California in Berkeley unterrichtete, leitete Moore das Büro Moore, Lyndon, Turnbull and Whitaker (MLTW). Als herausragendes Werk kann das 1965 fertiggestellte Sea Ranch Condominium #1 gelten. Nach der Auflösung des Büros im selben Jahr arbeiteten Moore und Turnbull bis 1969 unter dem Namen MLTW/Moore-Turnbull zusammen, vgl. ebd., 138–140.
21. Moore 1976b, 280; Moore/Allen/Lyndon 2000, 55.
22. Vgl. MLTW: Grundrissskizze des Talbert House, 19. Juli 1965. University of California in Berkeley, Environmental Design Archives, Turnbull/MLTW Collection, T415.
23. Vgl. Keim 1996, 73.
24. Vgl. Summerson 1963, 3.
25. Vgl. Moore 1976b, 281; vgl. Bloomer/Moore 1977, 139 Anm. 6.
26. Vgl. Littlejohn 1984, 191.
27. Vgl. Wittkower 1952, 70–71.
28. Vgl. ebd., Tafel 44b.
29. Vgl. Keim 1996, 118.
30. Vgl. Banham 2011, 26.
31. Vgl. Littlejohn 1984, 117–127; vgl. Otero-Pailos 2010, 100–145.
32. Vgl. Littlejohn 1984, 118.
33. Klotz 1984a, 34.
34. Ebd.
35. Vgl. Littlejohn 1984, 118.
36. Otero-Pailos 2010, 60.
37. Vgl. Klotz 1984a, 106–107.
38. Vgl. Littlejohn 1984, 122.
39. Zitiert nach Keim 1996, 273.
40. Vgl. Moore 1976b, 267.
41. Wittkower 1952, 71.
42. Moore 1976b, 266.
43. Vgl. Wurster 1995, 130.
44. Venturi 1966, 23.
45. Lyndon/Moore 1994, 125.
46. Vgl. Otero-Pailos 2010, 104.
47. Littlejohn 1984, 131.
48. Eliade wird beispielsweise in dem von Moore gemeinsam mit Kent Bloomer verfassten Buch *Body, Memory, and Architecture* erwähnt, vgl. Bloomer/Moore 1977, 5. Auch in dem Aufsatz „The Temple, the Cabin, and the Trailer" nimmt Moore Bezug auf Eliades Ausführungen, indem er die architektonische Vergegenwärtigung einer *axis mundi* anführt, siehe Moore 1985, 133: „A roof can be placed over a porch of two or more of these suspended logs, suitably decorated, and then we have, presto, a temple, a symbol, some say, of the upright position of the human body, unique among creatures of this planet (except maybe the penguin); it is certainly a visualization of the vertical axis, the axis mundi, the connection between earth and heaven, between humankind's base nature and our spiritual aspirations."
49. Vgl. Eliade 1998, 53.
50. Ebd., 23.

51 Vgl. ebd., 26.
52 Ebd., 41.
53 Ebd., 42.
54 Ebd., 47.
55 Ebd., 25.
56 Wiederholt haben Moore und seine Koautoren das Jobson House als hölzernes Zelt vorgestellt, vgl. Moore 1976b, 287; vgl. Moore/Allen/Lyndon 2000, 53. Dass das Dachfenster dabei dem Rauchloch eines Tipis gleichkommt, lässt ebenfalls an die Ausführungen Eliades denken, siehe Eliade 1998, 49–50: „So weist die Wohnstatt der primitiven Völker der Arktis, Nordamerikas und Nordasiens einen Mittelpfosten auf, welcher der *axis mundi*, d. h. der Weltsäule oder dem Weltenbaum, die, wie wir sahen, Erde und Himmel verbinden, gleichgesetzt wird. […] Derselbe Symbolismus hat sich bei den Hirten und Viehzüchtern Zentralasiens erhalten, nur ist hier die Wohnstatt mit dem konischen Dach und Mittelpfeiler durch die Jurte abgelöst worden und die mythischrituelle Funktion des Pfeilers an die oberste Öffnung, das Rauchloch, übergegangen."
57 Günzel 2017, 105.
58 Lyndon/Moore 1994, 125.
59 Ebd.
60 Eliade 1998, 55.
61 Ebd.
62 Vgl. Günzel 2017, 104.

2
Das Haus als Gegenüber des Selbst

Der Entstehung der vier erwähnten Holzhäuser war Moores Rückkehr nach Kalifornien vorausgegangen. Nachdem sein Vertrag in Princeton unter Verweis auf seine Homosexualität nicht verlängert worden war,[1] hatte er ein Angebot William Wursters angenommen, an der University of California in Berkeley als *associate professor* zu unterrichten. An dem von Wurster geleiteten College of Environmental Design beschränkte man sich nicht allein auf die Lehre und Erforschung der Architektur, sondern widmete sich gleichfalls der Landschaftsgestaltung sowie der Stadt- und Regionalplanung. Entsprechend gehörte dem Lehrkörper auch der Humangeograf John Brinckerhoff Jackson an, der zugleich als Herausgeber der Zeitschrift *Landscape* wirkte. Das Magazin fußte, wie Jackson erklärte, auf der Überzeugung, dass Landschaften die Anschauungen ihrer Bewohner:innen widerspiegeln:

> [I]t was to see the landscape made by men as a symbol of social and religious beliefs and to try to understand blunders as well as triumphs as expressions of a persistent desire to make the earth over in the image of some heaven.[2]

Wenn aber, wie von Jackson beschrieben, alle Versuche, die Umwelt zu gestalten (selbst dort, wo sie fehlgehen) von dem Bemühen zeugen, ein Himmelreich auf Erden zu schaffen, muss dies im Umkehrschluss bedeuten, dass jede Kulturlandschaft Aufschluss über die Lebens- und Gedankenwelt, die Bedürfnisse und Sehnsüchte der Bewohner:innen geben kann. Entsprechend schickte Jackson sich an, die vernakuläre Architektur der Vereinigten Staaten bar allen Dünkels und frei von jeder Besserungsabsicht zu betrachten. Dabei erachtete er auch die billigen und bisweilen geschmacklosen, aber nicht selten extravaganten Bauten, die mit der Verbreitung des Automobils an den Straßenrändern der *roadtowns* erwuchsen, einer publizistischen Behandlung für würdig.[3] Auf den Einfluss, den Jacksons Arbeiten auf eine ganze Architektengeneration ausgeübt haben, hat Martino Stierli hingewiesen. Dem Architekturhistoriker zufolge ist die Auseinandersetzung mit der Vergnügungsarchitektur, die Robert Venturi und Denise Scott Brown gemeinsam mit Steven Izenour in der Veröffentlichung *Learning from Las Vegas* geschildert haben, ohne Jacksons Vorarbeit undenkbar.[4]

Auch Moore erhielt während seiner Zeit in Berkeley Gelegenheit, in *Landscape* zu publizieren.[5] So erschienen in der Herbstausgabe des Jahres 1962 zwölf Beiträge unter dem Titel „Toward Making Places", die Moore und seine Kollegen Donlyn Lyndon, Patrick Quinn und Sim Van der Ryn verfasst hatten. Dem Titel gemäß lassen die drei Artikel Moores, die den Reigen eröffnen, ein erstes emphatisches Bekenntnis zum Ort erkennen. Allerdings wird das Verständnis der kurzen Texte nicht nur dadurch erschwert, dass Moore abwechselnd von menschengemachten Orten und „places of the natural world"[6] schreibt. Zugleich verzichtet er darauf, die theoretischen wie architektonischen Referenzen, die er anführt, zu erläutern. Für die Hinweise auf ein japanisches Teehaus und die Ortsdefinition der Philosophin Susanne Langer gilt das ebenso wie für die Erwähnung des kurz zuvor nach Plänen von Aldo van Eyck fertiggestellten Amsterdamer Kinderheimes, das Moore als einziges Beispiel einer zeitgenössischen ortsspezifischen Architektur benennt.

Indem sie wiederum jene Auseinandersetzung mit der amerikanischen Alltagsarchitektur erkennen lassen, die so bestimmend für die Arbeit Jacksons gewesen ist, vermitteln Moores nachfolgende Publikationen eine weitaus klarere Auffassung des Ortes. Nachdem der Architekt in dem 1965 veröffentlichten Aufsatz „You Have to Pay for the Public Life" die Urbanität Kaliforniens untersucht und dabei Disneyland ebenso wie die *freeways* in Augenschein genommen hatte, widmete er sich in dem zwei Jahre später publizierten Text „Plug It In, Rameses, and See if It Lights Up, Because We Aren't Going to Keep It Unless It Works"[7] auch der vermeintlich banalen Architektur der Autobahnraststätte. In dem Essay erkennt er unter anderem im Madonna Inn, das den kalifornischen Cabrillo Highway im Südosten von San Luis Obispo säumt, einen architektonischen Ausdruck der amerikanischen Wohlstandsgesellschaft, in der neue Verkehrsmittel wie Kommunikationskanäle dem Menschen zu nicht weniger als der Allgegenwart verholfen hätten. Der Autor kann sich dabei auf eigene Erfahrungen berufen: Nachdem er 1965 zum Chairman an der Yale School of Art and Architecture berufen worden war, führte Moore als Hochschullehrer an der Ostküste und Mitinhaber eines Büros an der San Francisco Bay ein Doppelleben, das ohne Flugzeug und Telefon undenkbar gewesen wäre. Indem diese technischen Neuerungen die bekannten räumlichen Beziehungen infrage stellten, gingen sie allerdings mit einer Auflösung der tradierten Hierarchien einher, wie Moore in „Plug It In, Rameses, ..." erläutert. Diese Entwicklung finde schließlich auch im Landschaftsbild ihren Ausdruck – „Los Angeles for instance has poured itself unhierarchically across the landscape"[8]. Darin, einer solchen Umwelt neue Orte zu stiften, liegt Moore zufolge die Aufgabe der Architektur:

> If architects are to continue to do useful work on this planet, then surely their proper concern must be, as it has always been, the creation of place, the ordered extension of man's idea about himself in specific locations on the face of the earth to make what Susanne Langer has called „ethnic domain." This, supposedly, will be useful to help people know where they are, which will aid, by extension, in helping people know who they are.[9]

Genau so wird Moore die Wichtigkeit des für ihn so bedeutsamen architektonischen Ortes in den folgenden Jahren immer wieder damit begründen, dass er dem Menschen nicht nur Aufschluss geben könne, wo er sich befinde, sondern auch, wer er sei. Dem Architekten zufolge braucht der Mensch Orte, um überhaupt „jemand" zu sein und sich selbst wie auch das Verhältnis zu anderen zu verstehen.[10] Dabei hat Moore sich wiederholt auf Susanne Langers Konzept der *ethnic domain* berufen,[11] das er bereits fünf Jahre zuvor in „Toward Making Places" erwähnt hatte.

Eine symbolische Ortsauffassung

Als Tochter eines aus Leipzig stammenden Juristen und Bankiers 1895 in New York zur Welt gekommen, hatte Langer, geborene Knauth, bei dem Logiker Henry Sheffer wie auch bei Alfred North Whitehead studiert. Dieser Prägung gemäß, so erklärt Adrienne Dengerink Chaplin in ihrem Buch *The Philosophy of Susanne Langer*, habe sich die Philosophin zunächst auf Fragen der Logik und Erkenntnistheorie konzentriert, um in der Folge die philosophische Auseinandersetzung mit Wissenschaft, Kunst und Kultur zu suchen. Als Werke dieser zweiten Schaffensperiode nennt die Autorin neben der populärsten

Veröffentlichung Langers, der 1941 erschienenen Schrift *Philosophy in a New Key*, auch die von Moore vielfach zitierte Publikation *Feeling and Form* aus dem Jahr 1953 sowie die vier Jahre später veröffentlichte Arbeit *Problems of Art*.[12] Auch wenn Langer sich in der Folge abermals neu orientiert habe, um zur „philosophy of mind, feeling and embodied cognition"[13] zu arbeiten, betont Dengerink Chaplin den Zusammenhang, der zwischen allen Untersuchungen der Philosophin bestehe:

> Throughout these very diverse works runs one unifying theme: the way humans make sense of the world, or what Langer calls their „pursuit of meaning", whether in science, language, art, myth, even dreams. The „new key" in philosophy is the recognition that the basic „sense-data" and „facts" that make up human experience and knowledge of the world are inherently symbolic. Facts, on Langer's terms, are formulated events rooted in the perceptions of patterns and forms highlighting particular aspects of the world. The pursuit of meaning and its articulation in communicable forms is, so Langer argues, a deeply embodied fundamental human need.[14]

Dengerink Chaplin weist auf den Einfluss hin, den nebst ihren Lehrern insbesondere Ludwig Wittgenstein und Ernst Cassirer durch ihre Schriften auf Langers Denken gehabt hätten. Cassirer auch gewidmet ist das kunsttheoretische Werk *Feeling and Form*, in dem Langer in Fortführung der Ideen, die jener in seiner *Philosophie der symbolischen Formen* aufgezeigt hatte,[15] unter anderem eine Architekturästhetik vorstellt, die auf einer symbolischen Idee des Ortes beruht. Ganz deutlich entgegnet sie damit auf die Thesen, die Cassirers früherer Rivale Martin Heidegger nur wenige Jahre zuvor in seinem Darmstädter Vortrag „Bauen Wohnen Denken" präsentiert hatte. Während Heidegger erklärte, dass der Ort, der durch das Bauen gestiftet wird, keineswegs als Symbol zu verstehen, sondern „ein Ding und *nur dies*"[16] wäre, konstatiert Langer, dass „of course, a domain is not a ‚thing' among other ‚things'"[17]. Vielmehr geht sie davon aus, dass auch die Architektur, nicht anders als Malerei und Bildhauerei, auf eine ihr spezifische Weise räumliche Illusionen schaffe.[18] Dabei erzeuge die Architektur die Illusion eines Ortes als „the center of a virtual world"[19], indem sie eine „ethnic domain"[20] erfahrbar, nämlich „visible, tangible, sensible"[21] mache. Am Beispiel des Schiffes und der Lager nomadisch lebender Gesellschaften erläutert Langer, dass ein solcher virtueller Ort der Bindung an eine geografische Position nicht bedürfe. Das aber gelte in ähnlicher Weise auch noch für die Architektur. Wenngleich sie gerade durch ihr „treatment of an actual place"[22] eine *ethnic domain* als virtuellen Ort erzeuge, schaffe auch die Architektur die Illusion eines „self-contained, self-sufficient, perceptual space"[23], der mithin als in sich selbst abgeschlossener Bereich seinen eigenen Regeln folge.

Die Unterschiede zu anderen Konzeptionen des architektonischen Ortes, etwa im Werk von Christian Norberg-Schulz, sind dabei nicht zu übersehen. Indem der Architekturhistoriker durch den Verweis auf die jahrhundertalte Auffassung eines „spirito del luogo"[24] eine bloß funktionalistische Architekturauffassung zu überwinden suchte, bezog er sich ausdrücklich auf die Überlegungen Heideggers. Dessen Philosophie bezeichnet Norberg-Schulz als einen „catalizzatore"[25], durch den sein 1979 veröffentlichtes Werk *Genius Loci* erst ermöglicht worden sei. Aus den Überlegungen, die Heidegger in „Bauen Wohnen Denken" vorgestellt hatte, leitet Norberg-Schulz die Unterscheidung zwischen „innen" und „außen" als wesentliche Bedingung des Ortes ab und erklärt: „Gli edifici sono inoltre collegati al loro ambiente con l'essere solidali al suolo e l'innalzarsi verso il cielo."[26] Indem Norberg-Schulz dabei, im deutlichen Unterschied zu Langer, die Beziehung zum Boden betont, weist er darauf hin, dass die Architektur eine Auseinandersetzung mit den vor Ort bestehenden Verhältnissen suchen müsse. Anderenfalls drohe die „assenza completa di caratteri vitali"[27], wie sie etwa das Werk Aldo Rossis bestimme.

Wo jedoch menschengemachte Orte nicht allein im Gegründeten und Gebauten gefunden werden, sondern, wie gerade das Beispiel des Schiffes zeigt, auch mobil sein können, muss eine vergleichbare Auseinandersetzung mit der Umwelt ausfallen. Wesentlich ist nach Langers Auffassung stattdessen, dass die Architektur den „characteristic rhythmic functional patterns"[28] einer Kultur konkrete Gestalt gibt:

> A culture is made up, factually, of the activities of human being; it is a system of interlocking and intersecting actions, a continuous functional

pattern. As such it is, of course, intangible and invisible. It has physical ingredients—artifacts; also physical symptoms—the ethnic effects that are stamped on the human face, known as its „expression," and the influence of social condition on the development, posture, and movement of the human body. But all such items are fragments that „mean" the total pattern of life only to those who are acquainted with it and may be reminded of it. They are ingredients in a culture, not its image.[29]

Folglich könne die architektonische Illusion in der Abgrenzung zur Skulptur verstanden werden. Während die Skulptur das Selbst verkörpere, entstehe ein architektonisches Werk als dessen Komplement: „Architecture creates the semblance of that World which is the counterpart of a Self."[30]
Ganz in Übereinstimmung mit den Ausführungen Langers, wonach ein architektonischer Ort den Bewegungsmustern einer Kultur Ausdruck geben müsse, erlebt Moore das Madonna Inn-Motel. Als den Höhepunkt seines Besuches schildert er mit geradezu infantiler Begeisterung die Nutzung der Herrentoilette. In der sensorgesteuerten Spülung der grottengleichen Urinale, ausgelöst durch die Bewegung des erleichterten Nutzers, findet er die amerikanische Lebenswelt seiner Zeit verdichtet. Ihrer elektrischen Gegenwart wird die Architektur nach Moores Auffassung allerdings nicht nur dadurch gerecht, dass sie sich der neuen technischen Möglichkeiten bedient. Dem Leben in einer Welt, in der alles stets zuhanden und jedwede Hierarchie obsolet erscheint, während vieles zugleich unsichtbar bleibt,[31] weil es auf anderen Erdteilen stattfindet oder allein im Elektronenhirn des Computers vor sich geht, verschaffe insbesondere der architektonische Eklektizismus greifbaren Ausdruck:

> It is not at all disquieting, but rather exhilarating, to note that here there is everything instead of nothing. A kind of immediate involvement with the site, with the user and his movements, indeed with everything all at once, with the vitality and the vulgarity of real commerce, quivers at a pitch of excitement which presages, more clearly than any tidy sparse geometry, an architecture for the electric present.[32]

53

Ungeachtet dieser Begeisterung und trotz Moores wiederholter Verweise auf die Ortsauffassung Langers sind die Widersprüche zu seiner eigenen Architektur nicht zu übersehen. So scheint etwa die vielfach verwendete Ädikula, die Summerson zufolge für alle Kulturen und Zeiten relevant ist, kaum geeignet, um den Nutzer:innen eine spezifische *ethnic domain* erfahrbar zu machen. Zugleich lassen sich auch die durch den Architekten angeführten archetypischen Formen, zu denen Moore etwa die Säule zählt,[33] kaum mit einer Theorie übereinbringen, die darauf abzielt, die Architektur vom Ballast tradierter Gestaltungselemente zu befreien.[34] Ungeachtet dessen dürfte *Feeling and Form* von entscheidender Bedeutung für Moores Entwicklung einer architektonischen Konzeption des Ortes gewesen sein, die über die Anlage eines Zentralraumes hinausgeht: Deutlich wird, dass der Architekt die in „Plug It in, Rameses, ..." am Beispiel öffentlicher und gewerblicher Bauten angestellten Überlegungen auch auf den Entwurf von Wohnhäusern anwendete, die gleichfalls als Gegenüber eines Selbst entstehen sollten.

Das Einfamilienhaus als privater Kosmos

Noch vor der Entstehung der ersten Ädikulahäuser wie auch seiner frühen Stellungnahmen zum architektonischen Ort war Moore in dem 1960 veröffentlichten Aufsatz „Hadrian's Villa" der Frage nachgegangen, weshalb sich die kaiserliche Residenz in Tivoli gerade bei amerikanischen Gästen so großer Beliebtheit erfreue.[35] Dabei legt er nahe, dass der Reiz, den die Anlage auf die Besucher:innen aus Übersee ausübe, darin gründe, dass der Imperator vor ähnlichen Herausforderungen gestanden habe wie die amerikanische Nachkriegsgesellschaft. Entsprechend einer Reizüberflutung, wie sie mit Werbung, Medien und Reisen einhergehe, sei auch Hadrian als vielgereister Princeps eines Riesenreichs überzähligen Eindrücken ausgesetzt gewesen. Statt aber die Villa als schlichten Ort der Einkehr zu gestalten, finden diese mannigfaltigen Impressionen in der Architektur einen Niederschlag. So gibt der eklektische, stadtgleiche Komplex der erlebten Welt des kaiserlichen Bauherrn (die mit den durch Eliade beschriebenen heiligen Stätten des privaten Universums korrespondieren) eine konkrete Ordnung und macht sie in ihrer Vielgestalt erfahrbar.

Dass Moore eine solche Wohnung keineswegs als fürstliches Privileg erach tete, wird anhand des gemeinsam mit Donlyn Lyndon und Gerald Allen verfassten, 1974 erschienenen Handbuches *The Place of Houses* deutlich. Mit der Publikation, die zugleich als Rückblick auf Moores Schaffen der vorhergehenden anderthalb Jahrzehnte verstanden wurde,[36] möchten die Autoren an die Musterbuchtradition des 19. Jahrhunderts anknüpfen. Nachdem die englischen Siedler:innen, die auf dem nordamerikanischen Kontinent Wohnhäuser nach angelsächsischem Vorbild errichteten, Hilfestellung in frühen *builder's guides* finden konnten, führten spätere Handbücher auch französische Referenzen und antikisierende Lösungen an. Der immer größeren Auswahl verschiedener Architekturstile sei von der Mitte des Jahrhunderts an schließlich durch Musterbücher Rechnung getragen worden:

> Around 1850 the range of available choices widened further, as more people began to realize that there was a greater variety of things that their home could be „like." The pattern books which grew popular around the middle of the century, and effectively put the older builder's guides out of business, helped to bring about this change. They offered the housebuilder a variety of styles to choose from—Swiss and Gothic, Tudor and Tuscan— all rendered with an American accent.[37]

Während Moore, Allen und Lyndon die Diskussionen, ob ein Wohnhaus eher dem Modell des griechischen Tempels oder der italienischen Villa folgen solle, für obsolet erklären, habe das 19. Jahrhundert gelehrt, „that without a question a house should be *like* something"[38].

Architekturhistorisch behandelt hat Joseph Mordaunt Crook das Phänomen dieser „imagistic form"[39] in seinem Buch *The Dilemma of Style*. Außer einer Vorliebe für das Pittoreske, wonach die Architektur als Kulisse verstanden wurde, habe das 18. Jahrhundert auch „associationist aesthetics (that is, architecture as embodied memory)"[40] befördert. Nebst dem Erstarken des Bürgertums, das den Architekten eine vielfach größere und zugleich diversifiziertere Auftraggeberschaft bescherte, sowie archäologischen Entdeckungen, die bis dato unbekannte Modelle zutage förderten, sei der bestehende Kanon auch durch eine Hinwendung zum Subjektiven unterminiert worden.[41] In Abkehr von einem abstrakten und universalistischen Klassizismus habe die Architektur fortan nicht allein dem Konkreten und Besonderen den Vorzug gegeben, sondern sei zugleich auf die individuellen Vorlieben und damit die „autocentric criteria of sensation and association"[42] eingegangen. Überzeugt, dass dabei insbesondere die Bedeutungen entscheidend sind, die einer Form durch die Nutzer:innen beigemessen werden,[43] verzichten Moore, Allen und Lyndon darauf, antike, mittelalterliche oder frühneuzeitliche Bauten als modellhafte Lösungen anzuführen. Stattdessen fordern sie ihre Leserschaft auf, sich der eigenen Wünsche und Bedürfnisse bewusst zu werden:

> The crucial ingredient is concern, care for the way that a house is built and the shape that it gives to your life. Pattern books had helped in the past by setting out the range of decisions to be made, directing attention to the several aspects of the house deemed most critical [...]. For the nineteenth century this may have been, and for some people still is, enough. But our experience as architects leads us to believe that houses can and should be more completely suited to the lives of their inhabitants and to the specific places where they are built. No simple or even complex set of house patterns, however ingenious and skillful, would do.[44]

Aber nur indem vorherrschende Stereotypen überwunden und die Meinungen der professionell mit Architektur befassten „tastemakers"[45] ignoriert werden, so die Autoren, könne das Haus zu einem besonderen Ort werden. Wie schon der Titel des Buches erkennen lässt, ist die Umgebung nach Auffassung von Moore, Allen und Lyndon dabei nicht zu vernachlässigen. Indem sie auf den ersten Seiten der Publikation neben Santa Barbara sowie der Sea Ranch auch das neuenglische Ostküstenstädtchen Edgartown beschreiben, erklären sie, dass die Architektur keineswegs nur den Launen der Bauherr:innen folgen dürfe. Nicht als Vorbild könne mithin ein Haus gelten, das sich durch einen hohen Turm wie eine tief eingeschnittene Loggia von den anderen Bauten Edgartowns allzu deutlich unterscheide: Es habe „more to do with an extension into a private psychic realm than with the agreed-upon patterns of public and private interaction"[46]. Wenn aber im Äußeren eine Auseinandersetzung mit dem landschaftlichen wie architektonischen Kontext geboten sei, eröffnen sich im Inneren (ganz im Sinne des selbstgenügsamen virtuellen Ortes, den Langer beschrieben hatte) umso größere Freiheiten.

Traumordnung

Während die Autoren von *The Place of Houses* der von Louis Kahn getroffenen Unterscheidung zwischen dienenden und bedienten Räumen folgen, die sie in Anlehnung an die Musterbuchtradition als „order of rooms" und „order of machines" bezeichnen, führen sie mit der „order of dreams" noch eine dritte Kategorie ein. Dabei raten Moore, Allen und Lyndon den künftigen Bauherr:innen, sich vor Beginn des Entwurfsprozesses nicht nur Rechenschaft über die gewünschten Räume und technischen Erfordernisse zu geben. Auch gelte es, sich die persönlichen Sehnsuchtsorte zu vergegenwärtigen. Neben erinnerten oder erträumten Orten, ob verwunschene Gärten oder alpine Wasserfälle, könnten auch literarische Topoi zum Vorbild genommen werden. Die opulente Stiege für den großen Auftritt von Scarlett O'Hara führen die Autoren ebenso an wie das Penthouse, das dem Foxtrott von Fred Astaire und Ginger Rogers eine Bühne bietet.[47] Das Haus aber, das nicht allein den reibungslosen Alltag gestattet, sondern den Bewohner:innen auch die persönlichen Erinnerungen, Sehnsüchte und Leidenschaften vergegenwärtigt, wird dadurch zum Mittelpunkt einer Welt, die nicht kartesisch geordnet, sondern durch Bedeutungen differenziert ist.

Unübersehbar ist die Prägung durch die französische Phänomenologie, mit der sowohl Moore als auch sein Kollege Lyndon während ihres Studiums bei Jean Labatut in Kontakt gekommen waren.[48] Insbesondere wird der Einfluss von Gaston Bachelards Studie *La poétique de l'espace* deutlich, in der sich der Philosoph mit den imaginierten Orten der Literatur auseinandergesetzt hatte. Bachelards Poetik entsprechend, die nicht darauf abzielt, die „images de l'espace heureux"[49] baulich umzusetzen, als sie vielmehr im Geiste aufzurufen, schreiben Moore, Allen und Lyndon, dass die Sehnsuchtsorte in der Wohnstatt nicht rekonstruiert, sondern allein in verfremdeter Form evoziert werden können.[50] Während aber der Phänomenologe sich mit den Möglichkeiten des „image poétique"[61] auseinandersetzte, das zunächst allein den Künstler:innen zugänglich ist und in der Folge Eingang in das Werk findet, beziehen sich die Autoren von *The Place of Houses* keineswegs auf die Vorstellungen der Architekt:innen. Stattdessen schreiben sie, dass es die Sehnsuchtsorte der künftigen Bewohner:innen seien, die den Entwurf bestimmen sollen. Die Unterschiedlichkeit ihrer Entwürfe, die in dem Handbuch angeführt werden, sei folglich nicht allein verschiedenen Kontexten oder Budgets zuzuschreiben, sondern auch den divergierenden Anforderungen ihrer Bauherr:innen. Andere Auftraggeber:innen, erklären die Autoren, hätten zu anderen Häusern als denen geführt, die sie in *The Place of Houses* vorstellen.[52] Ebendiesem Anspruch versuchte Moore, der den Entwurf von Einfamilienhäusern für spezifische Auftraggeber:innen als „labor of love"[53], also als Liebesdienst, bezeichnete, auch in seiner praktischen Tätigkeit gerecht zu werden.

Theorie und Praxis

Schon den Architekten, die Moore sich zum Vorbild nahm, wurde attestiert, dass sie den Wünschen ihrer Bauherr:innen besondere Aufmerksamkeit entgegengebracht hätten. So wird berichtet, dass Louis Kahn, der sich in den 1960er-Jahren, zur Entstehungszeit des Fisher House, bereits beachtlicher Prominenz erfreute, sehr genau auf die Anforderungen von Doris and Norman Fisher eingegangen sei.[54] Da das fertiggestellte Haus in Hatboro, Pennsylvania, den Vorstellungen der Auftraggeber:innen dennoch nicht zur Gänze entsprach, habe Kahn noch nachträglich Änderungen vornehmen und das Wohnzimmer mit einem zusätzlichen Fenster versehen lassen. Gleichermaßen ist die Bereitschaft wie auch die Fertigkeit, auf die Bedürfnisse der Bauherr:innen einzugehen und den Entwurf nach ihren Bedürfnissen zu gestalten, dem Bay-Region-Architekten William Wurster bescheinigt worden. Wie Richard Peters feststellte, orientierte sich Wurster dabei nicht allein an den Forderungen, die ihm seine Auftraggeber:innen diktierten. Vielmehr habe er auch verstanden, Bedürfnisse zu ergründen, die den Klient:innen womöglich noch gar nicht bewusst waren:

> The flexibility with which the office met those needs, no matter how eccentric, was remarkable. Many, many clients take great pleasure in recounting the lengthy planning period during which Wurster asked more questions than would have ever occurred to them to ask.[55]

Ganz ähnlich lesen sich die Schilderungen von Moores Arbeitsweise. Durch Kevin Keim als „architect-psychologist"[56] beschrieben, hat Littlejohn das Vorgehen des Architekten mit der Methode eines Psychiaters verglichen.[57] In die gleiche Richtung zielt das Urteil Heinrich Klotz', wonach Moore „das Bauherrengespräch zu einer Kunst entwickelt"[58] und sich dabei auf das „Erfragen und Ergründen bewußter und vor allem unbewußter Wohn- und Behausungswünsche"[59] verstanden habe.[60] Dass der Architekt dabei weniger belastbare Parameter zu ermitteln suchte, um stattdessen auf die emotionalen Bedürfnisse seiner Auftraggeber:innen einzugehen, klingt in der Schilderung von Barbara Tempchin an, für deren Familie Moore ein Haus in Bethesda, Maryland, entwarf:

> We had considered hiring one of the local Washington stars, but he was totally inflexible, full of architectural arrogance. He wouldn't dream of letting you shift one of his windows three inches. But Chuck was so incredibly sensitive. The basic design was his, of course; yet everything evolved out of what we wanted. We were so lucky. I can't imagine any other architect bringing so much artistry, joy, and consideration. He's sensitive not only to what clients want in a house, but also what their *feelings* are.[61]

Dass die Nennung der Sehnsuchtsorte, wie sie in *The Place of Houses* beschrieben wird, es den Bauherr:innen gestattete, auch ohne Kenntnis der Terminologie oder entsprechender architektonischer Referenzen einen Eindruck ihrer Wohnwünsche zu vermitteln, zeigt das Beispiel Simone Swans. Nachdem sie zunächst Kahn für den Umbau ihres Hauses auf Long Island gewinnen konnte, gelang es ihr nach dessen plötzlichem Tod, Moore zu engagieren. Dass sie einen ersten Entwurf ablehnte, habe den Architekten ihrer

Auffassung nach sogar erfreut.[62] In der Folge habe sie ihm von ihrem Vater und der Kindheit in Belgisch-Kongo ebenso berichtet wie von der Sehnsucht nach einem urwüchsigen Landleben sowie der Vorstellung, in den Bäumen zu wohnen.[63] Weniger als Moore konkrete Anforderungen zu nennen, beschrieb sie das räumliche Erlebnis, das sie in ihrem Haus wünschte.[64] Zwar sorgte gerade der von Swan verlangte Einsatz erneuerbarer Energien dafür, dass die Projektgenese nicht frei von Konflikten blieb; wenn sie in einem Schreiben an Moore allerdings den Einsatz von „dreams, taste, money, time, etc"[65] anführt, korrespondiert das auf erkennbare Weise mit den Schilderungen des Entwurfsprozesses in *The Place of Houses*.

Nachrangig erscheint, in welcher Deutlichkeit die durch die Auftraggeber:innen genannten Referenzen für Außenstehende aus dem Entwurf oder gar dem fertiggestellten Wohnhaus herauszulesen sind. Moore, Allen und Lyndon erklären, dass die Vergegenwärtigung der Tagträume und Erinnerungen allein noch nicht zu einem Entwurf führe. Vielmehr gelte es, die Essenz dieser Bilder zu extrahieren, um sie dann in veränderter und miniaturisierter Form in das Projekt eingehen zu lassen: „[W]hat is left, transmuted, miniaturized, and fused with your other concerns, is the home for your imagination."[66] Weiterhin legen Berichte, die vormalige Klient:innen gegeben haben, nahe, dass das Vorstellungsbild als Grundlage für den ersten Entwurf gedient habe, um die Planung in den nachfolgenden, dialogisch geführten Sitzungen zu konkretisieren. Sheila Isham, die gemeinsam mit ihrem Mann ebenfalls ein Haus auf Long Island entwerfen ließ, bezeichnete diesen Prozess als „real collaboration, a marvelous creative partnership"[67]. Dabei treten die Auftraggeber:innen mit ihren spezifischen, womöglich sehr emotional bestimmten und kaum verbalisierbaren Vorstellungen des Wohnhauses in einen Austausch mit dem Architekten. Auch David Rodes resümierte, dass die Planung seines Hauses in den Crestwood Hills von Los Angeles einer fortdauernden Verhandlung mit dem Architekten gleichgekommen sei. Als Professor für englische Literatur an der University of California in Los Angeles (UCLA) ist Rodes ein Kollege Moores gewesen, der 1975 eine Professur an derselben Hochschule angenommen hatte und damit wieder dauerhaft an der Pazifikküste lebte.[68]

Moore Ruble Yudell:
Rodes House, Los Angeles CA
(1978–1979)

Zwei Häuser in Südkalifornien

Wer sich dem weiß verputzen Rodes House nur nähert, kann bereits erahnen, dass die Leidenschaft des Hausherrn dem Theater wie auch der Architektur der frühen Neuzeit gilt. Immerhin erinnert die konvexe Front mit ihren fünf gleichen Türen, über denen sich jeweils ein quadratisches Fenster öffnet, vage an Vincenzo Scamozzis Proszenium in Andrea Palladios Teatro Olimpico. Der Vorliebe, die Rodes für das Kochen pflegt, kam der Architekt hingegen durch die Anlage einer besonders großen und professionell ausgestatteten Küche entgegen. An den doppelgeschossigen Wohnraum grenzend, nimmt sie die südwestliche Gebäudeecke ein. Vis-à-vis der Küche flankiert das Bett des Hausherrn die andere Seite des oktogonalen Speisezimmers, von dem es nur durch einen Vorhang getrennt ist. Von Thomas Jefferson nicht minder begeistert als von Andrea Palladio,[69] wünschte Rodes eine Schlafstatt, die an eine Nachtzugreise denken lässt und zugleich dem Alkoven des dritten US-Präsidenten auf dessen Anwesen Monticello ähnelt. Die Reling entlang des Steges, der die Zimmer des Obergeschosses miteinander verbindet, sorgt schließlich

61

Charles W. Moore mit Richard Chylinski:
Burns House, Santa Monica CA (1972-1974)

dafür, dass der Wohnraum dem Bauherrenwunsch gemäß „neat and shipshape (noble ship-shape)"[70] anmutet.

Andere Gestaltungsvorschläge, so berichtet Rodes, stammten von Moore, der gemeinsam mit seinen Büropartnern John Ruble und Robert „Buzz" Yudell an dem Projekt arbeitete. Dabei stieß der Einfall des Architekten, das Flachdach mit metallenen Platten zu belegen, die unter den seltenen südkalifornischen Niederschlägen wie ein Glockenspiel erklingen sollen, ebenso auf die Zustimmung des Bauherrn wie die Ideen Tina Beebes, die als vormalige Studentin Moores Farbkonzepte für zahlreiche der von ihm und seinen Kolleg:innen entworfenen Bauten entwickelt hat. Für das Haus am North Rexford Drive schlug sie eine Auswahl nuancierter Grautöne vor:

> The interior becomes, in terms of color, a subtle play between light and shadow and colors rendered in the palest of shades. [...] For example, the ceiling hue has the merest hint of azure to recall the sky, but not until this most faded blue meets the warm beige-y grey of the front wall it is apparent that it is, in fact, blue.[71]

Für einen Akzent sorgt insbesondere die himbeerrote Lackierung der Reling, deren Farbgebung dem Ton von Rodes' damaligem Lieblingspullover entsprechen soll. Eher ausweichend begegnete der Bauherr allerdings der von Moore vorgebrachten Idee, das Wohnhaus durch eine Erzählung zu überhöhen: So hatte der Architekt angeregt, das Rodes House als den einzig verbliebenen Pavillon eines größeren, längst zerstörten Anwesens zu begreifen und diese imaginierte Historie durch kopfüber im Gartengrund versenkte Statuen zu vergegenwärtigen, von denen allein Beine und Füße zu sehen gewesen wären.[72] Rodes schätzt, dass Leland Burns, der als Professor für Planungsökonomie ebenfalls an der UCLA tätig war, dem Architekten weitaus freiere Hand gelassen habe.

Von der zurückhaltenden Eleganz des Rodes House unterscheidet sich das nur wenige Jahre zuvor entstandene Burns House schon durch seine Farbgebung, die ebenfalls einem Konzept Beebes folgte.[73] Während sie einerseits

der Wohnarchitektur des mexikanischen Architekten Luis Barragáns nacheiferten, hätte Moore andererseits entschieden, jede der Außenwände anders streichen zu lassen. Statt allein einen der erdigen Sieneser Töne zu verwenden, sollte die toskanische Stadt dadurch in ihrer Gänze vergegenwärtigt werden.[74] Dass dabei nicht weniger als sechsundzwanzig verschiedene Farben zum Einsatz kamen, verdankt sich auch der Komplexität des Gebäudes, die das Äußere ebenso wie die Innenräume bestimmt. Wenngleich damit ein weiterer Unterschied zum Rodes House deutlich wird, ist auch das Burns House, nicht anders als die früheren nordkalifornischen Bauten, auf sein eigenes Zentrum bezogen. Zwar fanden die Architekten bei der Planung der Residenz Wege, dem besonderen Kontext Rechnung zu tragen und mittels einer erhöhten Sitzgelegenheit am Pool wie auch durch das turmgleiche Arbeitszimmer Ausblicke auf den nahen Pazifik zu eröffnen. Allerdings sind diese geschickt arrangierten Aussichten für die Gestalt des Hauses nicht bestimmend. Dominiert wird der Bau vielmehr durch den großen Saal von beachtlicher Höhe, der sich gleich hinter der Eingangstüre öffnet und als Mitte unverkennbar ist. Gemäß der in *The Place of Houses* formulierten These, wonach persönliche Gegenstände in besonderer Weise geeignet sind, das Haus zu einem besonderen Ort zu erheben,[75] zumal wenn sie ihren Platz im Zentrum finden,[76] wird dieser Raum durch Leland Burns' Orgel bestimmt: „The room is graced by the owner's prized pipe organ, which functions as a kind of symbol of brain, or alternatively as an inward-looking face."[77]
Dass Leland Burns' Instrument, das angesichts drohender Waldbrände mit dem Bauherrn aus der vorhergehenden, höhergelegenen Unterkunft an den Pazifik gezogen war,[78] im größten Raum von 230 Amalfi Drive einen nobilitierenden Rahmen gefunden hat, zeigt am deutlichsten, dass Moore die Mitte der Wohnbauten nicht mehr allein architektonisch zu markieren suchte.[79] So führt gerade das Haus in Santa Monica vor Augen, wie ein besonderer Ort gemäß den Vorstellungen Langers als Gegenüber seines Bewohners entstehen kann. Nicht anders als die Kulturlandschaften im Verständnis Jacksons zeigt es die Präferenzen und Bedürfnisse seines Hausherrn auf und lässt ihn damit nicht nur wissen, wo er sich befindet, sondern auch, wer er ist.

Anmerkungen

1. Vgl. Otero-Pailos 2010, 108.
2. Jackson 1969, 1.
3. Ein hervorragendes Beispiel stellt Jacksons Essay „Other-Directed Houses" dar, vgl. Jackson 1997, 185–197.
4. Vgl. Stierli 2010, 231–232.
5. Vgl. Lyndon/Moore/Quinn/Van der Ryn 1962, 31–40; vgl. Moore 1962, 44–45; vgl. Moore 1963, 35–36. Auch Denise Scott Brown publizierte in der Zeitschrift, vgl. Scott Brown 1968.
6. Lyndon/Moore/Quinn/Van der Ryn 1962, 33.
7. Eine Erklärung zum ungewöhnlichen Titel liefert Moore durch den Hinweis, dass die hierarchische Organisation der Stadt als obsolet aufgefasst und durch Netzwerke ersetzt werde. In der Geschäftswelt mit ihren pyramidalen Strukturen (womit sowohl eine Organisationsform gemeint sein kann als auch die Hochhausarchitektur) habe sich ein solcher Wandel schon vollzogen. Dabei sei jedoch zu berücksichtigen, dass ein Netzwerk ständiger Wartung bedürfe, siehe Moore 1967, 36: „The pyramids of business, like the pyramids of Gizeh were built to last without any further help from anybody. The network, on the contrary, needs help. It needs to be plugged in, into the right markets to make money, into electricity in order to light up, into a sewage system in order to drain, into a working social framework in order to avoid immediately being torn down."
8. Ebd.
9. Ebd., 34. Moores Schilderung des Ortes als einer Materialisierung der Vorstellung, die der Mensch von sich selbst habe, scheint zunächst kaum mit den Äußerungen Langers vereinbar – hatte die Philosophin doch erklärt, dass die Skulptur als Symbol des Selbst stehe, die Architektur aber als Symbol der menschlichen Umwelt. Dass es sich jedoch eher um eine unpräzise Formulierung denn um inhaltliche Diskrepanz handelt, legen die von Moore angeführten Beispiele nahe.
10. Vgl. Moore/Allen/Lyndon 2000, 49; vgl. Moore 1982b, 54; vgl. Lyndon/Moore 1994, xii.
11. Bereits 1962 in „Toward Making Places" erwähnt, werden Langer und ihr Konzept der *ethnic domain* schließlich auch noch in *Body, Memory, and Architecture* angeführt, vgl. Bloomer/Moore 1977, 139 Anm. 7.
12. Vgl. Langer 1953; vgl. Langer 1957; vgl. Langer 1973.
13. Dengerink Chaplin 2019, 1.
14. Ebd.
15. Vgl. Grüny 2018, 15–16.
16. Vgl. Heidegger 1990, 148.
17. Langer 1953, 95.
18. Vgl. ebd. Die Autorin weist ausdrücklich darauf hin, dass sie sich nicht allein auf gegenständliche Kunst beziehe, siehe Langer 1953, 86: „I do not mean a ‚scene' in the special sense of ‚scenery'—the picture may represent only one object or even consist of pure decorative forms without representative value—but it always creates a space opposite the eye and related directly and essentially to the eye."
19. Langer 1953, 95.
20. Ebd.
21. Ebd.
22. Ebd.
23. Ebd.
24. Norberg-Schulz 1979, 5.
25. Ebd.
26. Ebd., 10.
27. Ebd., 198. Als vorbildlich führt Norberg-Schulz hingegen das Werk von MLTW an, vgl. ebd., 200–201. Dabei stellt das als Bildbeispiel ausgewählte Sea Ranch Condominium #1 ein Gebäude dar, das aus dem Œuvre Moores dadurch heraussticht, dass es auch nach Aussage des Architekten in besonderer Weise mit der umgebenden Landschaft interagiert, vgl. Moore 1982b, 54. Bezeichnenderweise findet sich in *Genius Loci* einzig eine Außenaufnahme, nicht aber ein Bild der mit Ädikula ausgestatteten Innenräume, die wiederum den Fokus auf ein inneres, architektonisches Zentrum erkennen lassen.
28. Langer 1953, 96.
29. Ebd.
30. Ebd., 98.
31. Vgl. Moore 1967, 34.
32. Ebd., 43.
33. Vgl. Moore 1976a, 13.
34. Vgl. Langer 1953, 100.
35. Vgl. Moore 1960.
36. Siehe Ehrlich 2015, 310: „Als das Buch ‚The Place of Houses' 1974 erschien, hatte Moore bereits etwa 25 Einfamilienhäuser entworfen und gebaut. Der Zeitpunkt erschien also günstig, ein Resümee seiner Haltung zum Thema Hausbau zu ziehen und seine Überzeugungen einem breiteren Publikum mitzu-

65

teilen, zumal Moores Karriere einen ersten Höhepunkt erreicht hatte und ihm zunehmend größere Projekte angetragen wurden."
37 Moore/Allen/Lyndon 2000, 124.
38 Ebd., 125.
39 Crook 1987, 11.
40 Ebd., 13.
41 Vgl. ebd., 19.
42 Ebd., 41.
43 Vgl. Moore/Allen/Lyndon 2000, viii.
44 Ebd.
45 Ebd., vii.
46 Ebd., 11.
47 Vgl. ebd., 144.
48 Vgl. Otero-Pailos 2010, 104–106.
49 Bachelard 1961, 17.
50 Vgl. Moore/Allen/Lyndon 2000, 144.
51 Bachelard 1961, 1. Zu Beginn des Buches ist eine ausführliche Beschreibung dieses dichterischen Bildes zu finden, siehe ebd., 1–2: „L'image poétique est un soudain relief du psychisme, relief mal étudie dans des causalités psychologiques subalternes. [...] L'image poétique n'est pas soumise à une poussée. Elle n'est pas l'écho d'un passé. C'est plutôt l'inverse : par l'éclat d'une image, le passé lointain résonne d,échos et l,on ne voit guère à quelle profondeur ces échos vont, se répercuter et s'éteindre. Dans sa nouveauté, dans son activité, l'image poétique a un être propre, un dynamisme propre. Elle relève d'une *ontologie directe*."
52 Vgl. Moore/Allen/Lyndon 2000, 50.
53 Zitiert nach Littlejohn 1984, 242.
54 Vgl. Marcus/Whitaker 2013, 10–11.
55 Peters 1976, 125.
56 Keim 1996, 129.
57 Vgl. Littlejohn 1984, 19.
58 Klotz 1984a, 180.
59 Ebd.
60 Sylvia Lavin hat auch den aus Wien stammenden Architekten Richard Neutra in ihrer Untersuchung *Form Follows Libido* mit einem Psychoanalytiker verglichen. Während seine Kollegen sich bemüht hätten, architektonische Prozesse wie Projekte zu rationalisieren, habe Neutra in besonderer Weise die Bedürfnisse seiner Bauherr:innen zu verstehen versucht, siehe Lavin 2007, 33: „For Neutra, empathy plays a central role in the production of architecture."
61 Zitiert nach Littlejohn 1984, 234.
62 Vgl. ebd., 272.
63 Ebd.
64 Vgl. Keim 1996, 132.
65 Swan, Simone: Brief an Charles W. Moore, 4. Februar 1976, University of Texas in Austin, Alexander Architectural Archives, Charles W. Moore Archives, E36.
66 Moore/Allen/Lyndon 2000, 144.
67 Zitiert nach Littlejohn 1984, 274.
68 Gespräch mit David Rodes am 29. August 2019.
69 Vgl. Keim 1996, 213.
70 Rodes, David: Brief an Charles W. Moore, o. J. University of Texas in Austin, Alexander Architectural Archives, Charles W. Moore Archives, E27.
71 Beebe 1980, 161.
72 Gleichwohl widersprach Rodes im Gespräch am 29. August 2019 der Darstellung, wonach er die Beauftragung Moores im Nachhinein bereut habe, vgl. Littlejohn 1984, 265.
73 David Littlejohn merkt an, dass Burns nach sieben Jahren der Innenraumfarben überdrüssig geworden sei und Beebe um eine Neugestaltung ersucht habe, vgl. Littlejohn 1984, 29.
74 Vgl. Beebe 1980, 158.
75 Während die Autoren dabei einerseits auf die Sammlung John Soanes verweisen, erklären sie zugleich, dass – eine kulinarische Leidenschaft vorausgesetzt – für den Anfang auch eine Gewürzsammlung genügen könne, vgl. Moore/Allen/Lyndon 2000, 233–234.
76 Vgl. Bloomer/Moore 1977, 51.
77 Ebd., 128.
78 Vgl. Littlejohn 1984, 26.
79 Dass die Treppe des Jobson House in *The Place of Houses* als „celebration of a young family in constant motion" (Moore/Allen/Lyndon 2000, 53) angeführt wird, erscheint als wenig spezifische Bezugnahme und mutet eher wie ein Versuch an, das Schaffen von Moore und seinen Kollegen rückwirkend einer einzigen Idee zu unterstellen.

3
Wohnen in Bewegung

Allerdings werfen gerade die Häuser von Leland Burns und David Rodes die Frage auf, ob die Idee, die Welt der Auftraggeber:innen in der Wohnarchitektur zu vergegenwärtigen, wirklich auf deren Begegnung mit sich selbst abzielt. Dass die Bauten ebenso gut der Selbstdarstellung ihrer Hausherren dienen mögen, legt nicht zuletzt ein Hinweis in *The Place of Houses* nahe, wonach die Wohnung auch den repräsentativen Bedürfnissen der Bewohner:innen gerecht werden müsse.[1] Entsprechende Überlegungen lassen sich hinter David Rodes' Wunsch nach einem Haus vermuten, das zur Beherbergung von Gästen wie auch von Gesellschaften geeignet sein sollte.[2] Das Gleiche gilt für Leland Burns' Forderung nach einem Pool, der hinreichend Platz bieten möge, um sich darin und darum, etwa im Zuge einer Party, vergnügen zu können.[3] Nur folgerichtig erscheint es, dass Moore, Allen und Lyndon die Räume der in *The Place of Houses* vorgestellten Wohnbauten als Bühnen charakterisieren.

Dass die Autoren dabei allerdings von „empty stages"[4] schreiben, mutet gerade im Zusammenhang mit den kleinen Holzhäusern aus den frühen 1960er-Jahren erstaunlich an. Leer sind die einzigen Wohnräume dieser Bauten, von den Architekten als „single stages"[5] angeführt, ganz und gar nicht. Schon beschrieben wurde die imposante Treppe, die im Wohnraum inmitten der Ädikula des Jobson House platziert ist. Im Zentrum des Bonham House führt eine gewendelte Stiege auf das Schlafdeck, während der Innenraum des Talbert House einer einzigen Stufenfolge gleichkommt. Gerade dadurch aber, dass die Stiegen nicht separiert, sondern wie die Showtreppe eines Fernsehstudios oder die Szenerie einer Theateraufführung in der Mitte des Hauses platziert sind, bieten sich die Residenzen als Spielstätten des Alltags oder, wie die Autoren schreiben, als Bühnen für „rituals and improvisations"[6] an. Rätselhaft erscheint die Bühnen-Metapher auch insofern, als zwar die Professorenhäuser einen Rahmen bieten, in dem sich die Hausherren ihren Gästen präsentieren können; das Gleiche lässt sich aber kaum von den bescheidenen Bauten sagen, die für Marylin Bonham oder die Familie Jobson in aller Abgeschiedenheit errichtet wurden. Dass zudem offenbleibt, was auf diesen Podien dargeboten wird, lässt das Bild der Bühne noch fragwürdiger erscheinen.[7] Ein Erklärungsansatz ist allerdings in der wiederkehrenden Erwähnung einer architektonischen Choreografie zu erkennen, wie sie in verschiedenen der

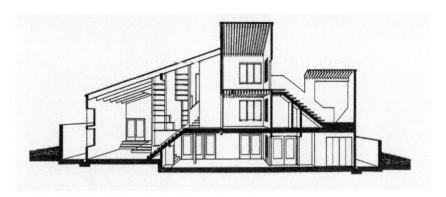

Charles W. Moore mit Richard Chylinski: Burns House,
Santa Monica CA (1972–1974)

von Moore verfassten oder mitverfassten Texten zu finden ist. Wenn der Begriff einerseits auf die Zusammenstellung verschiedener architektonischer Elemente angewendet wurde,[8] gebrauchte Moore ihn andererseits, um eine dem Gebäude eingeschriebene Bewegungsweise zu charakterisieren.[9] Dass eine Choreografie in diesem zweiten Sinne auch das von Treppen durchwirkte Burns House bestimmt, lässt sich einer Einschätzung entgegenhalten, wonach die Architektur der Wohnhäuser vorrangig einer Darstellung ihrer Bewohner:innen dienen sollte: Vielmehr entspricht auch die Einbindung der im Haus materialisierten Leidenschaften in eine solche Bewegungsfolge dem Ziel der architektonischen Selbsterfahrung. Zum Verständnis des Hauses als einer Bühne und der damit verbundenen Vorstellung einer nicht zuletzt körperlichen Begegnung mit dem Selbst kann dabei insbesondere die Arbeit von Anna Halprin beitragen.[10]

Anna Halprin und der postmoderne Tanz

Seit den 1940er-Jahren in der Bay Region tätig, war die Tänzerin, Choreografin und Pädagogin über ihren Ehemann, den Landschaftsarchitekten Lawrence Halprin, mit Moore in Kontakt gekommen. Als Angehöriger einer Jury,

MLTW: Condominium #1, Sea Ranch CA (1963–1965)

der es oblag, die Gewinner:innen des Architekturpreises der Zeitschrift *Sunset* zu ermitteln, war Lawrence Halprin auf das Bonham House aufmerksam geworden.[11] In der Folge lud er Moore sowie Donlyn Lyndon, William Turnbull und Richard Whitaker ein, einen exemplarischen Wohnbau auf der Sea Ranch zu errichten. Das bis dahin zur Schafzucht genutzte Areal, das sich über mehrere Meilen längs der nordkalifornischen Pazifikküste erstreckt, sollte nach Halprins Masterplan zu einer ökologischen und inklusiven Ferienanlage umgestaltet werden.[12]

Abseits dieser persönlichen Beziehung war die Tänzerin Moore zudem durch ihre kritische Haltung gegenüber der Moderne verbunden. Wo Moore gegen die dogmatische Architekturauffassung eines Internationalen Stils opponierte, wandte Anna Halprin sich gegen die Restriktionen, die ihrer Meinung nach den modernen Tanz bestimmten. Mithin als eine Begründerin des postmodernen Tanzes verstanden,[13] ist ihr Schaffen durch eine veränderte Auffassung der darstellenden Künste geprägt. Gemäß einer vor allem in der zweiten Hälfte des 20. Jahrhunderts in den darstellenden Disziplinen verbreiteten Tendenz suchte sie eine Trennung von Künstler:innen und Publikum, geschieden durch eine „vierte Wand", zu überwinden. Wer etwa an den Massenperformances teilnahm, in denen Halprin gesellschaftliche Problemlagen wie ethnische Konflikte oder die HIV-Pandemie zu verhandeln suchte, war folglich Darsteller:in und Rezipient:in zugleich.

Baulichen Ausdruck fand diese veränderte Auffassung der darstellenden Künste bereits im *dance deck*, das Lawrence Halprin 1953 gemeinsam mit dem Bühnenarchitekten Arch Lauterer geplant hat.[14] Unterhalb des von William Wurster entworfenen Hauses der Familie ist es in Kentfield, unweit von San Francisco, entstanden. Dabei bieten die Sitzstufen, die den westlichen Abschluss des hölzernen Podiums bilden, zwar auch einem Publikum Platz; allerdings folgt die unregelmäßige Form, die Bewegungen stimulieren und zugleich die wechselnden Umweltbedingungen erlebbar machen soll,[15] keinesfalls der Prämisse, die bestmögliche Sicht auf das Tanzgeschehen zu eröffnen. Eher als zur distanzierten Betrachtung lädt die Plattform, die über Jahrzehnte hinweg wechselnden Workshops Platz geboten hat, zur unmittelbaren Teilhabe und einem ganzkörperlichen Erleben ein. Dazu geeignet, Moores Auffassung des Hauses als einer Bühne nachzuvollziehen, erscheint dieser „domestic workspace"[16] schon deshalb, weil der hexagonale Zuschnitt der Plattform mit dem Grundriss des Wohnhauses korrespondiert.[17] Im Hinblick auf die zuvor beschriebenen Ausführungen in *The Place of Houses* ist Halprins Schaffen aber vor allem durch die Berücksichtigung von Improvisation und Ritual aufschlussreich.

Gegenüber der restriktiven Formelhaftigkeit, die ihrer Meinung nach den Modern Dance einer Martha Graham oder Doris Humphrey bestimmte, erachtete Halprin Improvisation nicht allein als Möglichkeit, neues Material für Choreografien zu gewinnen. Auch verstand die Tänzerin sie als Strategie zur Befreiung von konventionalisierten Bewegungsabläufen oder Techniken. Schließlich erkannte sie in extemporierten Tanzbewegungen eine Chance, Aufschluss über den eigenen Körper zu erlangen: „When we improvised we were finding out what our bodies could do, not learning somebody else's pattern or technique."[18] In ihrem Unterricht, in dem nach Einschätzung einer vormaligen Schülerin der Selbsterforschung ein besonderer Wert zukam,[19] stellte Halprin einfache Aufgaben, die auf profanen Bewegungen beruhten. Indem sie die Tänzer:innen etwa aufforderte, im Kreis zu laufen oder den Boden zu fegen,[20] gab sie ihnen die Möglichkeit, eigene, ihrem Körper entsprechende Bewegungen zu entdecken. Gegenüber der Improvisation, durch die ganz gewöhnliche Bewegungen Eingang in den Tanz finden, gründet das Ritual nach Halprins Auffassung darin, dass alltäglichen Bewegungen eine neue Bedeutung zuteilwird.[21] Folglich aber lassen sich auch diese Alltagshandlungen selbst als Tanz verstehen. Mittels ritualisierter Verrichtungen, die nicht nur auf der Bühne oder im Zuge der von Halprin angeleiteten Massenperformances vollführt, sondern zu jeder Zeit und allerorten ausgeübt werden können, habe die Tänzerin zu einem „perceptual awakening of the mundane"[22] beitragen wollen, wie ihre Biografin Janice Ross erklärt. Entsprechend beruhen die tänzerischen Meditationen, die Halprin erstmals 1975 unter dem Titel *Movement Ritual I* vorstellte und vier Jahre später als *Movement Ritual* veröffentlichte,[23] auf gewöhnlichen Bewegungen, denen allerdings eine besondere Aufmerksamkeit entgegenzubringen ist:

> When you begin to pay attention to yourself moving you have begun the process of developing your kinesthetic or movement awareness sensibilities. You can do this as you drive, walk down a street, carry a load, shake hands. Your daily pedestrian life is a potential dance.[24]

Tanz als Selbsterfahrung

Unverkennbar ist dabei der Einfluss des Philosophen John Dewey. In der Absicht, eine „continuity of esthetic experience with normal processes of living"[25] wiederherzustellen, hatte Dewey in seiner 1934 veröffentlichten Schrift *Art as Experience* eine Ästhetik präsentiert, die weniger auf das Werk selbst fokussiert, denn auf das Erlebnis, das es ermöglicht. So kritisiert der Philosoph, dass Gegenstände, die man zur Kunst erhebt, von ihren

Entstehungsbedingungen wie auch dem Wirken auf die menschliche Erfahrung entbunden würden. Demgegenüber erachtet Dewey einen Rückgang auf jene elementaren Phänomene für erforderlich, die die menschliche Aufmerksamkeit erregen und fesseln: „The intelligent mechanic engaged in his job, interested in doing well and finding satisfaction in his handiwork, caring for his materials and tools with genuine affection, is artistically engaged."[26] Wenngleich Dewey schreibt, dass die Kunst mithin in jedem Lebensprozess vorgezeichnet sei,[27] biete der Alltag seiner Auffassung nach nur noch selten jenes Ganze (*„an* experience"[28]), wie es etwa die zufriedenstellend abgeschlossene Arbeit oder das bis zum Ende durchgespielte Spiel darstelle. Stattdessen sei das Leben in „institutionalized compartments"[29] zergliedert. Dass diese Differenzierung zugleich mit einer Hierarchisierung einhergehe, lasse wiederum erahnen, weshalb die Vorstellung eines Zusammenhangs von hoher Kunst und alltäglicher Erfahrung, wie er sie nahelege, so fremdartig erscheine: „Prestige goes to those who use their minds without participation of the body and who act vicariously through control of their bodies and labor of others."[30]

Die in *Art and Experience* erkennbare Kritik an der Entfremdung hatte schon Deweys Überlegungen zur Pädagogik bestimmt. Bereits in dem 1916 veröffentlichten Buch *Democracy and Education* betonte er, dass die Unreife des Kindes weniger als Mangel denn als „primary condition of growth"[31] zu verstehen sei. Statt einer Erziehung, die darauf abzielt, das Individuum der gesellschaftlichen Norm anzunähern, und somit Ziele formuliert, die „the work of both teacher and pupil mechanical and slavish"[32] werden lassen, plädiert Dewey deshalb für eine „continuous reconstruction of experience"[33]. Zu den angehenden Lehrkräften, die Dewey zur Entstehungszeit dieser Überlegungen am Teachers' College der Columbia University unterrichtete, gehörte auch Margaret H'Doubler, die im Hauptfach Biologie studierte,[34] um in der Folge als Sportlehrerin zu arbeiten.[35] Indem sie schließlich Tanzpädagogik an der University of Wisconsin in Madison lehrte, wurde Anna Halprin zu ihrer Schülerin. H'Doublers Curriculum an der Hochschule im Mittelwesten umfasste neben Bewegungsübungen auch Unterrichtseinheiten in Physiologie, Kinesiologie und Anatomie. Dabei sollten die Studierenden mit dem Aufbau des Körpers sowohl durch die Anschauung eines menschlichen Skeletts als auch durch Sektionen vertraut werden. Dass H'Doubler weniger auf Nachahmung setzte, als offen gehaltene Aufgaben zu stellen, die die Schüler:innen auf dem Weg von Versuch und Irrtum lösen sollten,[36] lässt die Prägung durch Dewey ebenso erkennen wie der Titel, den sie den Erläuterungen ihrer Tanzpädagogik gab: 1940, während Anna Halprins Studienzeit in Madison,[37] erschienen sie als *Dance. A Creative Art Experience*.

Indem H'Doubler den Tanz als Weg der Persönlichkeitsentwicklung aufzeigt, konstatiert sie, dass er in allen Bereichen der Erziehung berücksichtigt werden müsse. Besondere Bedeutung komme ihm aufgrund der vorherrschenden Entfremdung in den industriellen Gesellschaften zu.[38] Während die Autorin alle Versuche, Ausdrucksmöglichkeiten in Kinos oder Tanzlokalen zu finden, als Irrweg abtut, soll die von ihr beschriebene Tanzpraxis eine wirkliche Neuschöpfung erlauben, „re-creative in the best meaning of the word"[39]. Die Wichtigkeit, die dem Tanz auch in einer modernen Gesellschaft zukomme, beruhe darauf, dass er es den Menschen gestatte, sich selbst zu erfahren:

> [W]hile one is executing a movement [...] the movement is doing something to him in return [...] because of the „feed-back" of movement sensations to the central nervous system. In this double experience the student gains knowledge not only of himself as a moving object but also of himself as a sensitive, feeling, knowing self [...].[40]

Bereits an dieser Stelle wird die Nähe zur architektonischen Choreografie Moores deutlich. Wie die Disziplinierung des Körpers durch fremdbestimmte Schrittfolgen einer Selbsterfahrung der Tänzer:innen weicht, soll auch eine Architektur, die nicht den hehren Kriterien der „tastemakers"[41], sondern den Bedürfnissen der Nutzer:innen folgt, dem Menschen Aufschluss darüber geben, wer er ist. Darüber hinaus misst Halprin der Beziehung zwischen körperlicher Bewegung und gebautem Raum ebenfalls eine wesentliche Bedeutung zu. Prägend dürften dabei die Erfahrungen gewesen sein, die sie an der Harvard Graduate School of Design sammeln konnte, wo Lawrence Halprin Landschaftsarchitektur studiert hatte.

Bauhaus-Bewegung

Nachdem Walter Gropius die Leitung der Architekturabteilung der Harvard Graduate School of Design übernommen hatte, bemühte er sich, Elemente, die den Unterricht am Bauhaus bestimmt hatten, auch an der amerikanischen Institution zu verankern. Ungeachtet der verschiedenen „kulturphilosophischen Konzepte"[42], die die europäische von der amerikanischen Pädagogik jener Zeit trennten, fallen in diesem Zusammenhang bemerkenswerte Übereinstimmungen zwischen dem reformpädagogischen Ansatz der deutschen Gestaltungsschule und den Ideen Deweys auf. So wenig wie die Tatsache, dass der einstige Vorkurslehrer Josef Albers zeitweise das Black Mountain College in North Carolina leitete,[43] das wesentlich auf Deweys Prinzipien fußte, kann daher überraschen, dass auch Anna Halprin sich für die pädagogischen Konzepte des Bauhauses begeisterte.

Indem die Kunsthistorikerin Ute Ackermann betont, dass die Erziehung am Bauhaus gerade zu Beginn nicht allein den Geist, sondern ebenso den Körper und die sinnliche Wahrnehmung adressiert habe, weist sie auf die Bedeutung hin, die einer Selbsterforschung der Studierenden zugekommen sei: „[P]hysical exercises, the training of the senses, and self-exploration were all seen as relevant for creative work and were integrated as components of the curriculum in the Bauhaus program of 1919."[44] Als herausragende Beispiele führt sie einerseits die durch Émile Jaques-Dalcroze beeinflusste Harmonisierungslehre Gertrud Grunows an. Von einem Zusammenhang zwischen „movement, posture, color, form, and material"[45] ausgehend, folgten Grunows Kurse dem Ansinnen, Aufschluss über die besonderen Neigungen und Stärken der Studierenden zu geben. Andererseits verweist sie auf die Bewegungsübungen des Vorkurslehrers Johannes Itten, die gerade in der Beschreibung durch Linn Burchert an Halprins spätere Improvisationsaufgaben denken lassen:

> Itten's classes were characterized not only by a strong theoretical and philosophical approach, but also by physical activities such as stroking, pulling, pushing, striking, touching, setting, grasping and skipping, which he already had incorporated into his classes in Vienna prior to coming to the Bauhaus.[46]

Schließlich hat Halprin angemerkt, dass auch die Brückenschläge zwischen bildenden und darstellenden Künsten, wie sie etwa das durch den Bauhaus-Lehrer Oskar Schlemmer mitentwickelte *Triadische Ballett* bestimmten, ihr Interesse erregt hätten.[47] Entsprechend den Bemühungen, in Massachusetts an das Bauhaus-Erbe anzuknüpfen, gab Gropius Anna Halprin 1943 die Gelegenheit, an der Graduate School of Design über „Dance and Architecture" zu referieren.[48] Dabei schilderte Halprin zu Beginn ihrer Ausführungen, dass sie gemeinsam mit ihrem Ehemann Kurse der Architekturfakultät besucht, dabei aber Schwierigkeiten mit den Gestaltungsaufgaben gehabt habe. Ihren Entschluss, die Problemstellungen, die auf anderem Wege für sie nicht zu bewältigen gewesen wären, tänzerisch zu lösen, legitimiert sie durch einen Verweis auf László Moholy-Nagys erstmals 1929 erschienenes Buch *Von Material zu Architektur*. Moholy-Nagy, der nach Itten, aber noch vor Albers, die Studienanfänger:innen in Weimar und Dessau unterrichtet hatte, stellt in dem Band verschiedene Arbeiten aus den Vorkursen vor, die wesentlicher Bestandteil der Bauhaus-Lehre waren. Wie er im Vorwort zur zweiten englischsprachigen Ausgabe beschreibt, die 1938 unter dem Titel *The New Vision* erschienen ist, ziele das Curriculum darauf ab, auch in erwachsenen Menschen eine kindliche Aufrichtigkeit, Fantasie und Kreativität wachzuhalten. Indem abseits ästhetischer Ideologien Wert auf praktische Übungen wie auch auf sinnliche Erfahrungen gelegt werde, bringe diese Pädagogik eine Sicherheit des Gefühls mit sich und münde folglich in gelungener Gestaltung.[49] Das Erfordernis einer solchen Pädagogik begründet Moholy-Nagy mit der Entfremdung, die nicht erst durch die Arbeitsteilung im Berufsleben einsetze, sondern bereits die Ausbildung bestimme:

> nur was sich aus dem gesamtkomplex der eigenen erlebnisse heraus kristallisiert, baut den menschen wirklich auf. demgegenüber macht unser gegenwärtiges erziehungssystem den fehler, vorwiegend einzelerlebnisse zu pflegen.
> statt die eigene mitte zu erweitern, wie ein primitiver mensch es aus lebensnotwendigkeit tut und tun muß, indem er in einer person jäger, hand-

werker, baumeister, arzt, usw. ist, beschäftigt man sich – alle andern fähigkeiten unausgenützt lassend – nur mit einem bestimmten beruf.[50]

Im letzten Kapitel seines Werkes gelangt Moholy-Nagy, der in drei aufeinanderfolgenden Abschnitten anhand der Arbeiten seiner Studierenden die Erfahrungen von Material, Volumen und Raum vorstellt, zum Bauen. Dabei betont er den Wert, den die neue Architektur dem Raum beimesse. Für Anna Halprins Ausführungen bedeutsam ist, dass dieser Raum, Moholy-Nagy zufolge, keineswegs allein mit dem Auge erfasst werden könne. Vielmehr weist er nicht nur auf die akustische Wahrnehmung hin, sondern schildert auch die Erfahrung des Raumes in der Bewegung und mittels des Gleichgewichtssinnes:

> Moholy Nage [sic] has made this statement in his book, The New Vision: Space, he says, is experienced most greatly through the dance. What I want to point out in the first part of my program is what dance is, and why space is experienced most greatly through the dance. Let me start by saying that dance is an experience.[51]

Als Erfahrung begriffen, könne Tanz aber unmöglich allein als die Drehung auf einem Zeh und mithin als klassisches Ballett verstanden werden. Wichtig sei vielmehr, die Passivität gegenüber der eigenen Umwelt zu überwinden. Gemäß der Auffassung, dass alle Menschen tanzen könnten, forderte Halprin das Publikum deshalb auf, sich in den Stuhl zu fläzen und dann das Rückgrat zu strecken, um sich schließlich zu entspannen. Beschreibt sie damit mehr als drei Jahrzehnte vor dem *Movement Ritual*, dass die Alltagserfahrung einem Tanzerlebnis gleichkommen könne, befindet Halprin schließlich, dass stärkere sensorische Impulse und eine intensivere Bewegungspädagogik für die Schulung von Persönlichkeiten unabdingbar seien: „Not until we do more in the way of the sensory impulses and movement education will we become more completely integrated and uninhibited."[52]

Den Lehren von Dewey und H'Doubler ebenso entsprechend wie der Feststellung Moholy-Nagys, dass viele Architekt:innen „auf grund einer fatalen erziehung das wesen der architektur an falscher stelle suchen"[53] und sich im Bemühen, modern zu sein, auf die Gestaltung kubischer Formen beschränkten, bot Halprin deshalb, unterstützt von Gropius, auch Tanzkurse für die Studierenden der Harvard Graduate School of Design an. Dabei verfolgte sie das Ziel, die angehenden Architekt:innen für die körperliche Erfahrung der gebauten Umwelt zu sensibilisieren, indem sie Stühle und Tische stapeln ließ, durch die sich die Kursteilnehmer:innen hindurchbewegen sollten:

> Because as architects, if you are building a house or a building, how is this going to affect the people living in it? How does this make them feel? What is the difference between designing something that goes around in one way or another? What does a curve feel like to experience in your body as opposed to an angle?[54]

Auf der Sea Ranch

Ganz ähnlich mutet eine Übung an, die mehr als zwanzig Jahre später unter dem Titel „Driftwood Village" Teil des Workshops *Experiments in the Environment* war. Der Sommerkurs für Studierende aus Planung, Architektur und Landschaftsgestaltung, den Anna und Lawrence Halprin erstmals 1966 abhielten, hatte gemäß der Ankündigung eine ganzkörperliche und intuitive Wahrnehmung der Umwelt zum Inhalt:

> The workshop will deal with problems of perceiving the environment. [...] No specific goals for the workshop are to be set during experiments or at its conclusions. [...] Movement in relation to the environment—this involve concepts of the interrelation between the two. Through bodily participation in the environment, we will investigate the mutual effect each has on the other.
> Experiments will include light, sound, dance, fantasy, happenstance. Some of these experiments will be carried on jointly with Ann Halprin's summer dance workshop.[55]

Die Literaturliste, die der Bekanntmachung angehängt war, umfasste neben Werken von Gropius und dem einstigen Bauhaus-Meister Paul Klee auch Moholy-Nagys Buch *Vision in Motion*.[56] Während der Kurs seinen Ausgang in San Francisco nahm, fanden spätere Einheiten auf der Sea Ranch statt. Dort standen die Teilnehmenden in einer der Übungen der Aufgabe gegenüber, kleine Treibholzbauten am Strand zu errichten. Dabei hätten die einzelnen Gruppen, so Lawrence Halprin, ihren Persönlichkeiten zunächst einen baulichen Ausdruck gegeben, um die auf diese Weise entstandene Treibholzsiedlung anschließend als Bühne für eine Performance zu nutzen.[57] Als Dozent, der die erste Veranstaltung des Workshops begleitete, war es niemand anders als Charles Moore, der den Bau des Driftwood Village anleitete.

Nachdem MLTW ein Jahr zuvor auf besagte Einladung Lawrence Halprins das Sea Ranch Condominium #1 fertiggestellt hatten, entstand zur Zeit des Workshops unweit des Driftwood Village mit dem Sea Ranch Swim Club eine Sportanlage nach Plänen von Moore und William Turnbull. Wie Moore und seine Koautoren später in *The Place of Houses* schreiben sollten, folgte die Gestaltung der Herrenumkleide des Komplexes dem Ziel, das Bewusstsein für den eigenen entkleideten Körper, geweckt durch Dusche oder Sauna, mittels einer schlichten Choreografie zu steigern:

> Inside the men's locker room, brightly lighted through a translucent roof, the awareness of one's own body that comes from taking clothes off and getting wet (in the shower) or hot (in the sauna upstairs) is reinforced by a simple choreography. [...] The details (mail-boxes for lockers, infra-red bulbs for heat) are cheap, so not at all like the opulence of the Roman baths, but the dance, we hope, is as moving, the unencumbered motion of the body as strongly felt.[58]

Genau wie von Anna Halprin beschrieben, wird ein alltäglicher Akt von den Autoren als eine Choreografie geschildert, der die Architektur eine Bühne bieten soll. Dabei zeugt die trotz einfacher Mittel aufwendig inszenierte Erschließung von der besonderen Bedeutung, die Moore und seine Kollegen einer solchen Bewegungsfolge beimaßen.

MLTW Moore-Turnbull: Swim Club I mit *supergraphics*
von Barbara Stauffacher Solomon, Sea Ranch CA (1966)

Body, Memory, and Architecture

Die Dringlichkeit, den Körper architektonisch zu adressieren, haben Moore und Kent Bloomer ausführlich in ihrem 1977 veröffentlichten Buch *Body, Memory, and Architecture* beschrieben.[59] In der Publikation kritisieren die Autoren eine neuzeitliche Bevorzugung des Augensinns und betonen demgegenüber die Bedeutung einer ganzkörperlichen wie kinästhetischen Erfahrung, der auch die Architektur Rechnung tragen müsse.[60] Lassen verschiedene der architektonischen und theoretischen Verweise (etwa auf die Ädikula oder Langers Theorie des Ortes) den Einfluss des Architekten erkennen, urteilte ein früherer Verleger, dass *Body, Memory, and Architecture* Moores „architectural philosophy"[61] näher käme als die vorhergehenden Publikationen. Wenn aber die Autoren das Buch als ein „product of our joint efforts to teach fundamentals of architectural design to first-year professional students at the Yale School of Architecture"[62] einführen, dürfte Kent Bloomer insbesondere durch seine Ausführungen zur Körperschematheorie dazu beigetragen haben, das Werk seines Kollegen neu zu fundieren.

Einen Eindruck vom Beitrag Bloomers vermittelt die von ihm als Gastherausgeber verantwortete Ausgabe des *Journal of Architectural Education* mit dem Titel „Humanist Issues in Architecture", die *Body, Memory, and Architecture* um zwei Jahre vorausging. Neben Anna Halprins Beitrag „Rituals of Space",[63] in dem sie das Verhältnis zwischen Bewegung und Architektur im Ritual der indigenen Pomo beschreibt, findet sich darin auch ein Essay von Alexander Tzonis und Liane Lefaivre, der in der Buchveröffentlichung ausgiebig zitiert wird.[64] Vor allem aber ist es Bloomers eigener Beitrag „The Body Matrix", der wesentliche Überlegungen vorwegnimmt, die im fünften Kapitel der Buchpublikation wiederzufinden sind. Dabei konstatierte Bloomer unter Berufung auf den Psychologen Seymour Fisher,[65] dass uns aus körperlichen Erfahrungen eine räumliche Matrix erwachse, anhand derer wir die Welt erleben.

Demnach wird unsere Wahrnehmung entscheidend durch die persönliche „bodyscape"[66] geprägt. Herz oder Hirn konstituierten die Zentren einer inneren Hierarchie, wohingegen die Gliedmaßen die Peripherie bildeten. Auch seien uns mit dem Körper psychophysische Koordinaten gegeben, auf denen unsere Unterscheidung zwischen oben und unten oder links und rechts beruhe. Zu diesen mit dem Körper gegebenen Gesetzmäßigkeiten gehöre schließlich auch, dass das Gesicht einem Display gleichkomme, das Aufschluss über physisches wie psychisches Ergehen gibt. Unabdingbar für dieses *body image* sei jedoch eine gefühlte Körpergrenze, die, in der frühen Kindheit ausgebildet, mit der Entwicklung einer persönlichen Identität korrespondiere. Nur vermittels dieser Körpergrenze könnten wir uns als eine von der Umwelt verschiedene Ganzheit erfahren.

Es gehört zu den architektonischen Folgerungen, die nicht in Bloomers Artikel, wohl aber in *Body, Memory, and Architecture* aus diesen Überlegungen abgeleitet werden, dass das Wohnhaus der klaren Gliederung nach Vorder- und Rückseite, Haupt- und Nebenbereichen bedürfe. Zudem sei eine klare Abgrenzung zur Umgebung notwendig, damit sich das Familienleben entfalten könne.[67] Schließlich müsse das Haus auch körperliche Erfahrungen ermöglichen, um die Bewohner:innen auf diese Weise ihrer Körpergrenze und damit der eigenen Identität zu vergewissern. Der Wortlaut lässt dabei an die Ausführungen Margaret H'Doublers in *Dance. A Creative Art Experience* denken:

> Although it is not possible in adult life to create a new identity (however much it may seem that we are trying to do just that), we do recapitulate, re-create and continue to expand our actual identity. This is an activity we signify with the word „recreation," but one which also has been ignored in many of the architectural settings in which we spend much time.
> One of the most hazardous consequences of suppressing bodily experiences and themes in adult life may be a diminished ability to remember who and what we are.[68]

Damit beschreiben die Autoren einen weiteren Modus architektonischer Selbsterfahrung, der nicht in erster Linie auf der Vergegenwärtigung persönlicher Leidenschaften beruht, wie Moore, Allen und Lyndon sie in *The Place of Houses* erläutert hatten. Vielmehr stellen Bloomer und Moore mit der Idee, das Selbst über die Ansprache des Körpers zu adressieren, einen Ansatz vor, der sich auch für Bauten anbieten soll, in denen sich ganz verschiedene Nutzer:innen bewegen. Mithin konnte er für das Umkleidegebäude auf der Sea Ranch ebenso geeignet erscheinen wie für das Kresge College der University of California in Santa Cruz, das in *Body, Memory, and Architecture* neben dem Burns House als Beispiel einer körpergerechten Architektur angeführt wird.

Andere Bewegungen, andere Reize

Indem Bloomer und Moore nahelegen, dass allen Menschen die gleichen körperlichen Voraussetzungen eigneten, folgern sie, dass sich eine Architektur, die vom Aufbau des menschlichen Leibes ausgeht, einer allgemeinen Lesbarkeit erfreuen müsse. Zweifelsohne aber ist eine herausfordernde Treppenarchitektur, wie sie das Burns House bestimmt, nicht von allen Nutzer:innen zu bewältigen. So wünschte etwa David Rodes, der an den Folgen einer Polio-Erkrankung leidet, ein Haus, das ein Leben auch zu ebener Erde ermöglicht. Entsprechend bescheiden nimmt sich die Treppe aus, die ins Obergeschoss zu den Gästezimmern und den Räumen seines Partners führt. Gemäß einer späteren Feststellung Moores, der über eine Abfolge elliptischer Stadträume schrieb, dass die Architektur nicht allein die Füße, sondern auch die Vorstellungskraft zur Bewegung animieren könne,[69] versetzten Moore, Liebhaber des Barock, und seine Kollegen das Wohnhaus nicht anders als die Baumeister des 17. und 18. Jahrhunderts in Bewegung. Dazu blendeten sie dem Rodes House zum einen eine konvexe Fassade vor und schrieben dem Grundriss außerdem eine Ellipse ein: Von der Mitte des zentralen Fensters ausgehend, bildet sie in einem Teil die Terrasse, während die gekurvten Wände von Bad und Speisekammer bewirken, dass die Form im Wohnzimmer des Hauses ihre Fortsetzung findet. Auffallend ist, dass sich der Architekt mit zunehmendem Alter, da er selbst mit körperlichen Einschränkungen zu kämpfen hatte, der Ellipse immer

Charles W. Moore mit Arthur Andersson und Richard Dodge: Moore Andersson Compound, Austin TX (1984–1987)

wieder bediente. Nachdem Moore 1985 eine Professur an der University of Texas in Austin übernommen hatte, richteten er und sein Büropartner Arthur Andersson an der Quarry Road das gemeinsame Studio wie auch ihre jeweiligen Wohnungen ein. Die einzelnen Bauten, die durch die Architekten transformiert und ergänzt wurden, werden dabei von einer Ellipse durchlaufen, die, in ihrer Gänze nicht zu sehen, allein an einzelnen Punkten zutage tritt. Das aber genügt, um dem Komplex einen spürbaren Zusammenhang zu verleihen.

Im Zentrum dieser Ellipse und damit in direkter Verlängerung der Passage, die durch das Torhaus ins Innere des Komplexes führt, findet sich ein lang gestreckter Pool, der aufgrund seiner prominenten Platzierung an die Wanne denken lässt, die in den Boden des Hauses in Orinda eingelassen war.[70] Wie die ganz ähnlichen doppelgeschossigen Duschen, die im Burns House und in der Residenz von David Rodes zu finden sind, entspricht diese Wanne der in *The Place of Houses* vorgebrachten Aufforderung, das stereotypische Bad als

„five- by seven-foot three piece package"[71] zu hinterfragen, um auch im eigenen Haus jenes Bewusstsein für den eigenen Körper zu erlangen, das der Umkleidebau des Sea Ranch Swim Club erwecken soll. Moore, Allen und Lyndon machen damit deutlich, dass alle Teile des Hauses, dienende wie bediente Räume, Bühnen und Maschinen, dazu beitragen können, den Bewohner:innen einen Eindruck ihrer selbst zu vermitteln.

Wenngleich aber der Gang über die Stiegen des Burns House ein außergewöhnliches Erlebnis bietet, stellt sich die Frage, ob diese architektonischen Reize allein einen Selbsterfahrungsprozess initiieren können, wie H'Doubler ihn beschrieben hatte. Zwar ist es Moore immer wieder gelungen, die einfachen Alltagshandlungen, wie sie die Schüler:innen Halprins in ihren Tanzkursen vollführten, architektonisch zu überhöhen. Offen bleibt jedoch, ob die tägliche Dusche oder der wiederholte Gang über eine Treppe auch mit jener besonderen Aufmerksamkeit vollführt werden, wie sie Halprin zufolge entscheidend ist, um profane Handlungen zu einem Tanz zu erheben. Allerdings stand Moore mit seiner Überzeugung, den Nutzer:innen seiner Bauten durch eine architektonisch bestimmte Bewegungsweise zu einem Bewusstsein ihrer selbst verhelfen zu können, im 20. Jahrhundert nicht allein.

Anmerkungen

1 Vgl. Moore/Allen/Lyndon 2000, 265.
2 Vgl. Keim 1996, 213.
3 Vgl. Littlejohn 1984, 27.
4 Moore/Allen/Lyndon 2000, 82.
5 Ebd., 51.
6 Ebd., 82.
7 Freilich steht diese Auffassung des Wohnhauses als Bühne nicht allein, wie Beatriz Colominas Publikation *Privacy and Publicity* mit der Schilderung des durch Adolf Loos entworfenen Hauses Müller in Prag zeigt. Dabei behandelt sie jedoch weniger die Bewegungen innerhalb des Hauses als die Sichtbeziehungen, die etwa durch die logenartige Anordnung des Raumes der Dame bestimmt werden, siehe Colomina 1994, 244: „In Loos's interiors the sense of security is not achieved by simply turning one's back on the exterior and immersing oneself in a private universe [...]. It is no longer the house that is the theater box; there is a theater box inside the house overlooking the internal social spaces. The inhabitants of Loos' houses are both actors and spectators of the family scene – involved in, yet detached from, their own space. The classical distinction between inside and outside, private and public, object and subject, becomes convoluted."
8 Vgl. Moore/Allen 1976, 45.
9 Vgl. Moore/Allen/Lyndon 2000, 121.
10 Nach der Eheschließung mit Lawrence Halprin nahm Ann Schumer 1940 den Namen ihres Ehemanns an, bevor sie ihren Vornamen 1972, nach einer überstandenen Krebsbehandlung, in Anlehnung an ihren eigentlichen Namen Hannah in Anna änderte, vgl. Ross 2007, 306.
11 Vgl. Keim 1996, 239.
12 In den „Sea Ranch Basic Principles", die einem Grundsatzprogramm zum Zusammenleben in der *community* ähneln, findet sich der Anspruch, dass sich das Projekt durch „Diversity: people, income, professions, interests" auszeichnen und „Non-elitist" (zitiert nach Halprin L 2002, o. S.) sein soll. Schon in *The Place of Houses* wird auf bauliche Fehlentwicklungen hingewiesen, vgl. Moore/Allen/Lyndon 2000, 43–47. Als exklusive Ferienanlage mit eigenem Flugplatz dürfte die Sea Ranch heute nur noch wenig mit den ursprünglichen Ideen gemein haben.
13 Vgl. Ross 2007, xi.
14 Vgl. ebd., 103.
15 Vgl. ebd., 105.
16 Bennahum 2017, 76.
17 Vgl. Halprin L 1958, 104.
18 Zitiert nach Ross 2007, 86–87.
19 Vgl. ebd., 95: „According to [Nancy Cronenwelt] Meehan, H'Doubler's influence was pronounced in Ann's improvisation class in that emphasis was on self-discovery."
20 Vgl. ebd., 148.
21 Vgl. ebd., 158.
22 Ebd., 158.
23 Vgl. Halprin A 1975a; vgl. Halprin A 1981.
24 Halprin A 1981, 7.
25 Dewey 1934, 10.
26 Ebd., 5.
27 Vgl. ebd., 24.
28 Ebd., 35.
29 Ebd., 20.
30 Ebd., 21.
31 Dewey 1951, 49.
32 Ebd., 129.
33 Ebd., 93.
34 Vgl. Ross 2007, 29.
35 Vgl. ebd., 27.
36 Vgl. ebd., 29.
37 Vgl. ebd.
38 Vgl. H'Doubler 1957, 161.
39 Ebd., 163.
40 Ebd., xxiii–xxiv.
41 Moore/Allen/Lyndon 2000, vii.
42 Dogramaci 2019, 43.
43 Zu den prominentesten Absolvent:innen dieser Einrichtung gehört der Komponist John Cage. Die Bedeutung, die die Kompositionen Cages für Anna Halprins Arbeit hatten, ist durch Janice Ross ausführlich beschrieben worden, vgl. Ross 2007, 141–146.
44 Ackermann 2019, 26.
45 Ebd., 30.
46 Burchert 2019, 50.
47 Vgl. Ross 2007, 61.
48 Vgl. Barbiani 2008, 297.
49 Vgl. Moholy-Nagy 1947a, 11.
50 Moholy-Nagy 1968, 10.
51 Zitiert nach Barbiani 2008, 257.
52 Zitiert nach ebd., 260.
53 Moholy-Nagy 1968, 200.

54 Zitiert nach Ross 2007, 60–61.
55 Vgl. Halprin, Lawrence: Booklet zu „Experiments in the Environment", 1966. San Francisco Museum of Performance and Design, Ann Halprin Papers, 11–36, o. S.
56 Vgl. Moholy-Nagy 1947b.
57 Vgl. Keim 1996, 240.
58 Moore/Allen/Lyndon 2000, 121.
59 Wie bereits erwähnt, wird Anna Halprin darin nicht namentlich angeführt. Berücksichtigung im Literaturverzeichnis findet lediglich Lawrence Halprins Buch *The RSVP Cycles*, in dem der Autor kollektive Kreativprozesse anhand eigener Projekte wie auch der Arbeit des von Anna Halprin geleiteten San Francisco Dancers' Workshop vorstellt, vgl. Bloomer/Moore 1977, 141.
60 Vgl. Bloomer/Moore 1977, 28–29.
61 Filler, Martin: Brief an Charles W. Moore, 12. November 1976. University of Texas in Austin, Alexander Architectural Archives, Charles W. Moore Archives, B8: „I have read with pleasure BODY, MEMORY, AND ARCHITECTURE and think that it certainly has the potential for a publishable, nay, important, book: one which, in many ways, seems closer to your architectural philosophy than do PLACE OF HOUSES or DIMENSIONS."
62 Bloomer/Moore 1977, ix.
63 Vgl. Halprin A 1975b.
64 Vgl. Tzonis/Lefaivre 1975.
65 In einem an Kent Bloomer gerichteten Brief bestätigte Fisher, dass der Bildhauer seine Überlegungen in nachvollziehbarer Weise auf das eigene Tätigkeitsfeld übertragen habe, vgl. Fisher, Seymour: Brief an Kent Bloomer, 10. August 1973. University of Texas in Austin, Alexander Architectural Archives, Charles W. Moore Archives, B7.
66 Bloomer 1975, 8.
67 Vgl. Bloomer/Moore 1977, 47.
68 Ebd., 44.
69 Vgl. Lyndon/Moore 1994, 20.
70 Bereits in seiner 1957 eingereichten Dissertation hatte Moore sich mit dem Verhältnis von Architektur und Wasser auseinandergesetzt. In veränderter Form und mit Bildern der Fotografin Jane Lidz ausgestattet, ist die Arbeit 1994 posthum unter dem ursprünglichen Titel *Water and Architecture* erschienen, vgl. Moore 1994. Der Architekt legte nahe, dass Wasser in besonderer Weise zur Auszeichnung von Orten tauge, da es, in einen fortwährenden Kreislauf eingebunden, auf natürliche Weise die Verknüpfung zwischen einem Punkt der Erdoberfläche mit der umgebenden Welt gewährleiste, vgl. Lyndon/Moore 1994, 269.
71 Moore/Allen/Lyndon 2000, 121.

4
Moore und die Moderne

Dass viele der zeitgenössischen Bauten das Potenzial vermissen ließen, die Nutzer:innen ihrer selbst zu vergewissern, führen Bloomer und Moore in *Body, Memory, and Architecture* auf den Triumph einer mechanistischen Weltauffassung zurück. Da die Architektur seit der frühen Neuzeit und insbesondere seit der Gründung der Académie Royale im 17. Jahrhundert den menschlichen Körper als Referenz vernachlässigt habe, um abstrakteren Organisationsprinzipien zu folgen, könne kaum noch ein Bauwerk dazu beitragen, die dem *body image* eingeschriebene Identität zu vergegenwärtigen. Den Bauten der Moderne mangele es dabei nicht bloß an einer Abgrenzung zur Umgebung oder einer räumlichen Differenzierung im Inneren. Ohne klare Vorder- und Rückseite fehle ihnen zugleich ein Gesicht, das verlässliche Auskunft über das Geschehen im Inneren geben könne. Schließlich zeige sich am Beispiel der von Le Corbusier entworfenen Unité d'habitation auch ein Verlust der inneren Hierarchie, die eine Unterscheidung zwischen Zentrum und Peripherie gestatte. So biete die fünffach verwirklichte Wohnmaschine keine Mitte, zumal ihre *rues intérieures* sich nicht für menschliche Interaktionen eigneten. In Nordamerika, so schildern die Autoren, seien die Aufzüge und Hofplätze dieser „would-be streets"[1] gar zu Tatorten von Raub und Vergewaltigung geworden. Die Zerstörung der Wohnanlage Pruitt-Igoe in St. Louis, Missouri, am 15. Juli 1972, die der Architekturhistoriker Charles Jencks als Todeszeitpunkt der modernen Architektur festhielt,[2] schildern sie demgemäß mit kaum verhohlener Freude.

Von einer entsprechenden Ablehnung der Architekturmoderne künden zahlreiche Aussagen Moores, die bis in seine Studienzeit an der Princeton University zurückreichen. Nicht nur, dass er Gordon Bunshaft, der als Mitarbeiter des Architekturbüros Skidmore, Owings and Merrill mit dem Lever House in New York einen kanonischen Verwaltungsbau des International Style geschaffen hatte, bei einem Auftritt an der Hochschule als „most unpleasant creep"[3] erlebte. Anlässlich eines Vortrags, den Sigfried Giedion in Princeton hielt, empörte Moore sich auch über den Dogmatismus des Architekturhistorikers, der als Generalsekretär der Congrès Internationaux de l'Architecture Moderne,[4] kurz CIAM, geradezu als Botschafter des Neuen Bauens gelten konnte:

When the heroes of the modern movement came, we usually thought they were the prime idiots of all time. I remember Siegfried [sic] Giedion announcing (in a thick German accent, suitable only for Harvard) that the ideal size for a city was seven hundred thousand. And when questioned by us about that presumption—which, apparently, people at Harvard had simply accepted—he announced that Rotterdam was about seven hundred thousand, and Rotterdam was a nice city, and so seven hundred thousand was it.[5]

Umso mehr nimmt es wunder, dass sich der Titel des gemeinsam mit Bloomer verfassten Buches unmissverständlich auf Giedions dreieinhalb Jahrzehnte zuvor erschienene Publikation *Space, Time and Architecture* bezieht[6] – und damit auf ein Werk, das eine der einflussreichsten Legitimationsschriften der Architekturmoderne darstellt. Der Schweizer Gelehrte hatte darin konstatiert, dass Kunst und Architektur dazu beitragen könnten, eine vom 19. Jahrhundert ererbte Scheidung von Verstand und Sentiment zu überwinden, die schwerwiegende Folgen für die Menschen gehabt habe: „This schism produced individuals whose inner development was uneven, who lacked inner equilibrium: split personalities."[7] Ebenso wie Le Corbusier in *Vers une architecture* urteilt auch Giedion,[8] dass die Malerei dabei den anderen Künsten vorangegangen sei. In Übereinstimmung mit den technischen Entwicklungen und wissenschaftlichen Erkenntnissen seiner Zeit habe der Kubismus zu Beginn des 20. Jahrhunderts mit der Perspektive gebrochen, sodass sich erstmals seit der Renaissance eine neue Raumkonzeption erkennen ließe.[9]
Dass diese Neuerung in der bildenden Kunst mit den Veränderungen in der Architektur korrespondiert, legt Giedion durch die suggestive Gegenüberstellung von Pablo Picassos *L'Arlésienne* und einer Fotografie des Dessauer Bauhaus-Gebäudes auf einer Doppelseite nahe. Die vollverglaste Ecke des Werkstattflügels, erklärt er, bewirke jene Art der Überblendung, die auch in der zeitgenössischen Malerei zu erkennen sei.[10] So bietet sich von Süden durch die Schulräume hindurch der Blick auf die Brücke, die das Bauhaus mit dem Trakt der Kunstgewerbe- und Handwerkerschule verbindet. Zugleich aber, führt Giedion aus, sei es unmöglich, den Komplex mit einem einzigen Blick

zu erfassen: „[I]t is necessary to go around it on all sides, to see it from above as well as from below. This means new dimensions for the artistic imagination, an unprecedented many-sidedness."[11] Ebendieser These folgen auch die Autoren von *Body, Memory, and Architecture*. Indem sie die Perspektive für unzeitgemäß erklären, erheben sie, nicht anders als Giedion, die Forderung nach einem Architekturerlebnis in der Bewegung:

> Architectural design becomes […] a choreography of collision, which, like dance choreography, does not impair the inner vitality of its parts in the process of expressing a collective statement through them. Choreography, we believe, is a more useful term than composition, because of its much clearer implication of the human body and the body's inhabitation and experience of place. In another simpler time, perspective drawings taken from a single station-point could describe the visual intentions of the designer, and his other intentions were understood.[12]

Dass Bloomer und Moore Giedion in diesem wichtigen Punkt folgen, spricht gegen eine allein ironische Anspielung auf *Space, Time and Architecture*. Vielmehr legt der von ihnen gewählte Titel nahe, dass die Autoren weniger eine Überwindung als eine Revision der Moderne anstreben, wie Heinrich Klotz sie wenige Jahre später als „dritte[n] Weg zwischen Konservativismus und Revolution"[13] beschreiben sollte: „Wir setzen voraus, daß eine Fülle von Errungenschaften der Moderne weiterhin gilt, und wir setzen voraus, daß eine Fülle von dogmatisch erstarrten Lehrsätzen der Moderne hinfällig ist."[14] In diesem wägenden Ansatz aber sind Moore und sein Koautor anderen Architekt:innen ihrer Generation verbunden. Zu ihnen gehörte auch der Niederländer Aldo van Eyck, der schon in ihren vorhergehenden Veröffentlichungen Berücksichtigung gefunden hatte.[15]

Bereits zwei Dekaden bevor Bloomer und Moore die abstrakten Kategorien, die im Titel Giedions Erwähnung finden, gegen den körperlich erlebten Raum und die gefühlte Zeit der Erinnerung eintauschten, hatte van Eyck auf die Bedeutung des Konkreten und folglich auf die Bedeutung des Ortes hingewiesen: „Whatever space and time (still or not yet) mean, place and occasion mean more, since space in the image of man is place and time in the image of man is occasion."[16] Aus dieser Überzeugung leitete van Eyck keineswegs eine Absage an die Moderne ab. Während seiner Studienzeit in Zürich durch die Kunsthistorikerin Carola Giedion-Welcker, Sigfried Giedions Ehefrau, in die Kunstwelt eingeführt und dabei auch mit Hans Arp, Tristan Tzara und Alberto Giacometti bekannt gemacht, erklärte van Eyck stattdessen, dass der große Aufstand, „The Great Riot"[17], der zu Beginn des 20. Jahrhunderts in den anderen Künsten stattgefunden habe, in der Architektur noch ausstehe – namentlich die Überwindung einer Dichotomie von Subjekt und Objekt.[18]

Moderne für den ganzen Körper

Ebendiese Scheidung bemängeln Bloomer und Moore ebenfalls, indem sie nebst der Mechanisierung zugleich die ästhetische Theorie des 19. Jahrhunderts für das Aufkommen einer Architektur verantwortlich machen, die dem Körper nicht länger gerecht werde. Sie beklagen, dass auch unter dem Einfluss Georg Wilhelm Friedrich Hegels eine immer weitergehende Intellektualisierung stattgefunden habe, sodass Schönheit nur mehr als Ausdruck einer zugrunde liegenden Idee anerkannt worden wäre.[19] Demgegenüber verweisen die Autoren auf „some noteworthy efforts in nineteenth-century aesthetics to incorporate the body more directly into the experience of objects"[20] und nennen unter anderem die Überlegungen des Ästhetikers Robert Vischer, der zu den Wegbereitern der Einfühlungstheorie zählt.[21] Von einer vielmehr emotionalen denn rationalen Beziehung zum ästhetischen Objekt ausgehend, beschrieb Vischer in seiner 1873 veröffentlichten Dissertation *Über das optische Formgefühl* eine „Verschmelzung von Subjekt und Objekt in der Gefühlsvorstellung"[22].

Den mittelbaren Einfluss, den Vischers Überlegungen auf die Architektur ausübten, erläutert der Architekturhistoriker Christopher Long, indem er in seiner Publikation *The New Space* August Schmarsows späterhin unter dem Titel „Das Wesen der architektonischen Schöpfung" publizierte Inauguraladresse des Jahres 1893 anführt. Auf Vischers Überlegungen aufbauend, betont Schmarsows „psycho-physiological theory of architecture"[23] die Bedeutung des Raumes – zu Ungunsten von Konstruktion und Fassadenschmuck. Indem Schmarsow darauf hinweist, dass dieser Raum allein dem Körper erfahrbar sei, unterstreicht er, dass der Wert eines architektonischen Werkes erst aus der menschlichen Interaktion erwachse.[24] Eine Umsetzung fanden diese Ideen in der Architektur der Wiener Moderne, die, wie Long schreibt, weniger einem ideologisch grundierten Funktionalismus entsprochen habe, um stattdessen einem „embrace of a cozy here and now"[25] den Vorzug zu geben. Nachdem sich die Sezession zuvor an der Frage des Ornaments abgearbeitet hatte, wandten sich Architekten wie Oskar Strnad, Adolf Loos und Josef Frank ganz im Sinne Schmarsows ab ungefähr 1910 der Gestaltung des Raumes zu. Der Einfluss, den die vorgenannten Überlegungen des 19. Jahrhunderts auf ein Werk wie die durch Frank entworfene und 1931 fertiggestellte Villa Beer hatten, spricht auch aus der zeitgenössischen Einschätzung des Kritikers Wolfgang Born. Born lobte, dass die „innere Raumgestaltung […] organisch aus den Bedürfnissen des ‚Wohnens' gewachsen"[26] sei. Wer sich durch das Haus im Wiener Stadtteil Hietzing bewege, fühle sich

> auf wunderbare Weise entspannt. […] Wie die Sitzecke auffordert zur Ruhe, verleitet die Treppe zum Hinansteigen. Aber wie leicht ist dieses Aufwärtssteigen. Immer wieder ergeben sich neue Ausblicke, neue Überraschungen, bis eine Dachterrasse […] die endgültige Verschmelzung von Innenraum mit dem Freiraum bringt. Das Durchschreiten wird begleitet von einem unerschöpflichen Echo an Raumerlebnissen.[27]

Somit ziele die Architektur von Frank, nicht anders als das Werk von Strnad und Loos, auf die Affektwirkung ab: „They were concerned directly with how an involvement with architecture could vitalize the rituals of daily living. […] They were interested in how experiences of space and place might stimulate our memories and sentimentality, how architecture could become ‚internalized' for us."[28] Mit Frank also nicht nur in der Ablehnung des Funktionalismus, sondern ebenso in dem Bemühen geeint, den Alltagshandlungen eine weitergehende Bedeutung zu verleihen, hätte Moore im Schaffen seines Wiener Kollegen eine Moderne entdecken können, die seinen Überzeugungen nahekam. Allerdings hat Frank in den Veröffentlichungen des amerikanischen Architekten ebenso wenig Erwähnung gefunden wie Strnad oder Loos.[29]

Die architektonische Promenade

Dass Moore stattdessen, wo er die Qualitäten der modernen Architektur lobte, wiederholt die Bauten Le Corbusiers angeführt hat, mag allein schon aufgrund der in *Body, Memory, and Architecture* geäußerten Kritik an der Wohnmaschine überraschen. Le Corbusiers Werk auf die Unité d'habitation zu beschränken, wäre allerdings ebenso unzulässig wie eine Reduktion seines Schaffens auf technische oder funktionale Aspekte. Der in *Vers une architecture* vorgebrachte Anspruch, die Menschen durch die Architektur zu bewegen, findet dabei nicht allein in seinem Bemühen um eine ergreifende Architektur Ausdruck: „La Construction, *c'est pour faire tenir;* l'Architecture, *c'est pour émouvoir.*"[30] Ebendiesem Ansinnen entspricht auch das Streben nach der sinnlichen Erfahrbarkeit des Gebäudes mittels einer kunstvollen Wegeführung, die im Schaffen des Architekten eine zentrale Rolle spielt.[31]

War die nordwestlich von Paris errichtete Villa Savoye bereits in *The Place of Houses* für ihre Schiffsmetaphorik gepriesen worden,[32] wird sie auch in *Body, Memory, and Architecture* mit Lob bedacht. Besonders hebt Robert Yudell in seinem „Body Movement" betitelten Beitrag, der das siebte Kapitel des Buches bildet, die Erschließung des Landhauses hervor. Als Sohn einer Tänzerin, die dem Ensemble von Martha Graham angehörte, hatte Yudell zunächst Choreografie studiert,[33] bevor er bei Moore zum Architekten und unter Anleitung Bloomers zum Bildhauer ausgebildet wurde. Ganz übereinstimmend mit den Ausführungen seiner Mentoren bemängelt er in *Body, Memory, and Architecture*, dass die Unzulänglichkeiten der gebauten Umwelt den nahezu unendlichen Bewegungsoptionen des menschlichen Körpers allzu oft enge Grenzen setzten.[34] Demgegenüber lobt er die Villa in Poissy, der auch Giedion als einer „construction in space-time"[35] gleichsam Vorbildcharakter zuschreibt, ob der kunstvoll arrangierten Treppen und Rampen:

> Le Corbusier is masterful in his elegant weaving of different kinds and patterns of movements. [...] Thus, by an exceedingly skillful arrangement of otherwise fairly standard architectural elements, he has generated a highly complex periodic pattern of space–time relationships, experienced primarily through body movement. [...] The architecture takes on more life and gives more as it becomes a stage for movement.[36]

Während sich Yudell in der Schilderung der Promenade somit jener Analogie bedient, die sein Lehrer und späterer Büropartner zur Beschreibung der eigenen Bauten herangezogen hat, machte auch Moore selbst die kunstvolle Wegeführung in den Bauten Le Corbusiers zum Thema seiner Aufsätze. Besondere Aufmerksamkeit hat er dabei dem Carpenter Center for Visual Arts auf dem Campus der Harvard University zuteilwerden lassen, bei dem es sich (von Le Corbusiers Beteiligung an der Planung des UN Headquarters abgesehen) um das einzige Bauwerk des Architekten in den Vereinigten Staaten handelt. Die Passage über die gekurvte Rampe, die sich durch den Hochschulbau windet, thematisiert Moore unter anderem in dem gemeinsam mit Gerald Allen verfassten Text „Action Architecture"[37]:

> Instead of using windows, Le Corbusier uses surfaces of glass – knowing (as most contemporary architects do not seem to) that when the glass is in the light it will be reflective and when it is set back in the shadows it will be transparent, so that you can see what is going on inside. So as you are walking by, the glass on the outer surface reflects buildings across the street, and, since the building is at an angle to neighbors, it catches them up dizzily.[38]

Dass Moore sich aller Kritik an der Architekturmoderne zum Trotz für die *promenade architecturale* begeistern konnte, mutet weniger erstaunlich an, wenn man den Einfluss bedenkt, den Susanne Langers Werk *Feeling and Form* auf den Architekten hatte. Die Philosophin, die ihre Überlegungen als Beitrag zu einer Architekturtheorie der Moderne verstanden wissen wollte,[39] nahm, deutlicher noch als auf Louis Sullivan und Frank Lloyd Wright, Bezug auf Le Corbusier. Am Beispiel seines Werkes erläutert sie auch ihre Idee der architektonischen Darstellung einer Kultur durch die Abbildung der „functional patterns".[40]. Diesen Schilderungen Langers entsprechend, hatte Moore dem Carpenter Center bereits in „Plug It in, Rameses, ..." Erwähnung getan, indem er erklärte, dass der gekurvte Steg keineswegs als mickrige Fußgängerrampe verstanden werden dürfe.[41] Stattdessen sei er als Form zu begreifen, die die Fahrt auf dem *freeway* vergegenwärtige und somit ein spezifisches Bewegungsmuster der amerikanischen Kultur körperlich erfahrbar mache.

Angesichts der deutlichen Unterschiede, die sich zwischen dem Hochschulgebäude und dem Madonna Inn auftun, mag es allerdings überraschen, dass Moore in seinem Artikel einen Zusammenhang zwischen den beiden Bauten herstellt. Noch erstaunlicher mutet es an, dass nicht nur in „Plug It in, Rameses, ...", sondern auch in „Action Architecture" Parallelen zwischen Le Corbusiers Bauwerk in Massachusetts und dem von William Mooser entworfenen Santa Barbara County Courthouse gezogen werden. Während der betonsichtige Universitätsbau, wie Moore und Allen schreiben, einer infrastrukturellen Anlage gleiche,[42] stellt der Justizkomplex aus den 1920er-Jahren ihrer Auffassung nach ein leidenschaftliches wie romantisches Bekenntnis zu einer „half-imagined past"[43] dar. Indem jedoch die verschiedenen Versatzstücke, die die Architektur des County Courthouse bestimmen, nicht etwa in einen harmonischen Zusammenhang gebracht, sondern in einer „curious choreography of familiar and unfamiliar images"[44] kontrastiert werden, sei auch das Justizgebäude als Architektur der Bewegung aufzufassen: „It comes as a surprise, too, to note the almost reckless abandon with which all the different pieces are assembled, and the stupefyingly kinetic feeling the whole building acquires."[45]

In Gang setzen

Entscheidend dafür, dass die Architektur diese Dynamik weder allein zur Darstellung bringe noch der Erschließung bloß besonderen Platz biete, um vielmehr auch Bewegung zu stimulieren, seien, wie Moore und Allen in

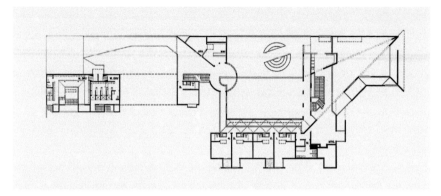

MLTW Moore-Turnbull mit Donlyn Lyndon, Marvin Buchanan und Bruce Beebe:
Faculty Club, Santa Barbara CA (1966-1968)

„Action Architecture" erklären, die vielfältigen Öffnungen, „composed in a syncopated and polyphonic way"[46]. Dass eine Rhythmusverschiebung in der Fassade des Gerichtsgebäudes aber den nämlichen Effekt bewirke wie die Verglasung des Carpenter Centers, die immer neue Spiegelbilder zeigt und dadurch zur Passage durch das Gebäude motiviert, sollte Donlyn Lyndon schließlich in der gemeinsamen Publikation *Chambers for a Memory Palace* herausstellen. Eine synkopierte Folge an sich begrenzter Ausblicke, so erklärte er, versetze die Nutzer:innen in Bewegung, indem sie voranschreiten müssten, um das gesamte Sichtfeld zu erfassen.[47] Dass Moore sich dieses Gestaltungsmittels auch in den eigenen Entwürfen bediente, zeigt etwa der von ihm gemeinsam mit William Turnbull entworfene Faculty Club der University of California in Santa Barbara. Indem das Clubhaus, das neben einem Restaurant auch Unterkünfte für die akademischen Gäste der Hochschule bietet, dem Fantasieidiom des nahen County Courthouse folgt,[48] weist es ebenfalls Öffnungen auf, die gegeneinander verschoben sind. Anders als beim Justizpalast verdanken diese sich beim Universitätsgebäude allerdings einer zweiten Hülle, die den Baukörper als „light trap"[49] vor der Sonne schützt. Um Zutritt und Ausblick zu gewähren, ist auch diese zusätzliche Fassade vielfach durchbrochen.

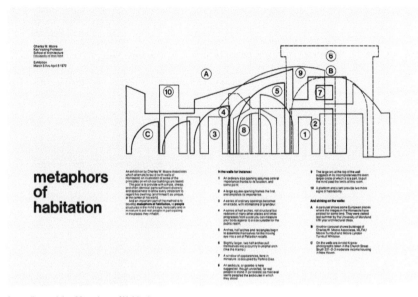

Ausstellungsplakat *Metaphors of Habitation*,
University of Maryland MD (1972)

Dadurch aber, dass die Öffnungen auf beiden Ebenen leicht gegeneinander verschoben sind, wird zugleich jene besondere Form der Transparenz erkennbar, die Colin Rowe und Robert Slutzky am Beispiel der Architektur Le Corbusiers beschrieben hatten. Kurz bevor die doppelte Fassade des Faculty Club entstand, war in *Perspecta* der Aufsatz „Transparency. Literal and Phenomenal" erschienen. Darin stellen die Autoren jener Transparenz, die die durch Giedion beschriebene Werkstattfassade des Dessauer Bauhauses bestimmt, eine andere Form der Durchsichtigkeit gegenüber: Rowe und Slutzky erklären, dass etwa die hintereinandergestaffelten Wände der von Le Corbusier entworfenen Villa Stein in Garches immer wieder Durchblicke in die dahinter liegenden Ebenen böten.[50] Von dem Einfluss, den dieses Konzept einer phänomenalen Transparenz auf Moore ausübte, kündet auch das Plakat zur Ausstellung *Metaphors of Habitation*, die 1972 im Rahmen einer Gastprofessur des Architekten an der University of Maryland gezeigt wurde. Das Poster zeigt „openings of various sizes and shapes in elevation as though they are on

99

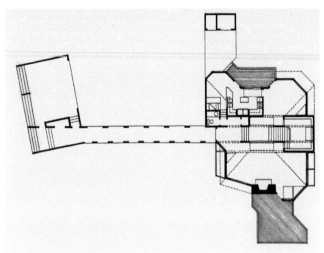

MLTW Moore-Turnbull mit
Rurik Ekstrom: Tempchin
House, Bethesda MD
(1967)

successive surfaces",[51] wie Donlyn Lyndon sich in *Chambers for a Memory Palace* erinnert. Während Lyndon urteilt, dass dadurch eine Architektur suggeriert werde, „that would reward exploration"[52], verdeutlichten auch Rowe und Slutzky, dass diese Form der Transparenz sequenziell und in der Bewegung erfahren werden müsse. Indem sie einen fiktiven Spaziergang durch Le Corbusiers niemals verwirklichten Entwurf des Völkerbundpalastes am Genfer See schildern, machen sie deutlich, dass die Transparenz, die hier nicht vermittels durchbrochener Wände, sondern durch versetzt angeordnete Baukörper erzeugt wird, den Nutzer:innen mit jedem Schritt ein anderes Bild bietet. Das aber bedeutet auch, dass sie voranschreiten müssen, um den Komplex in seiner Gänze zu erfassen.

Ein ähnlicher Eindruck, wie er in Santa Barbara zu gewinnen ist, geht von der Kolonnade aus, die die Wohnräume des Tempchin House mit dem Stellplatz verbindet. Da sich die Achsabstände auf der Nord- und Südseite unterscheiden, bietet der lichte Verbindungsgang allein partielle Durchblicke. Im Inneren des Hauses setzt sich dieses Spiel in veränderter Weise fort: Die fenstergleichen Durchbrüche in der Wand, die die Küche und das Esszimmer im südlichen Teil des Hauses vom Korridor trennt, sind gegen die Öffnungen verschoben, welche die Blicke in das nördlich gelegene Wohnzimmer rahmen. Indem die dahinter liegende Tiefe stets präsent gehalten wird, finden sich die Nutzer:innen auch hier zur Bewegung motiviert.[53] Einen vergleichbaren Effekt bewirken die *supergraphics* der Grafikerin Barbara Stauffacher Solomon. Die großflächigen Bemalungen der Böden, Wände und Decken, die der Architektur weniger folgen als dieser zuwiderzulaufen, machen es etwa in den Umkleiden des Sea Ranch Swim Clubs erforderlich, verschiedene Standpunkte einzunehmen, da sich allein durch die Synthese der Eindrücke eine Vorstellung des Raumes gewinnen lässt. Von der Absicht, die entsprechende Wirkung durch architektonische Mittel zu erreichen, zeugen schließlich auch die spitz- oder stumpfwinkligen Ecken der mitunter komplexen Grundrisse Moores: Nur indem nacheinander verschiedene Blickpunkte eingenommen werden, lassen sich die Räume begreifen.[54] Auch wenn *Body, Memory, and Architecture* die deutlichste Kritik an einem Okularzentrismus erkennen lässt, zeigt sich somit, dass Moore in seinen Entwürfen gleichwohl nicht auf visuelle Reize verzichtete. Vielmehr setzte er sie gezielt ein, um die Nutzer:innen seiner Bauten zur Bewegung zu animieren und dadurch die körperliche Erfahrung zu ermöglichen.

Demgegenüber finden sich allerdings Hinweise, dass Le Corbusier der visuellen Wahrnehmung nicht nur einen Vorrang vor den anderen Sinneseindrücken einräumte, sondern auch von einer Architekturerfahrung ausging, die wesentlich auf dem Augensinn beruht. Gemäß der Auffassung, nach der nebst der Architektur der Film die Kunstgattung der Moderne sei und er in seiner Arbeit nicht anders vorgehe als der Regisseur Sergei Eisenstein,[55] wäre die kunstvoll inszenierte Promenade vor allem als filmische Sequenz zu begreifen. Dieser Analogie wie auch jenen Zeichnungen entsprechend, in denen sich die Nutzer:innen auf entkörperte Augen reduziert finden,[56] urteilte die Architekturtheoretikerin Beatriz Colomina in ihrer Publikation *Privacy and Publicity*, dass Le Corbusier ein Haus wie die Pariser Villa Roche-Jeanneret als „device to see the world, a mechanism of viewing"[57] verstanden habe.

Verortung in einer veränderten Welt

Wenn aber die beiden Architekten auch von verschiedenen Weisen der Raumwahrnehmung in der Bewegung ausgingen, verfolgten sie mit ihren architektonischen Wegeführungen gleichwohl ähnliche Absichten. Wo es nach Auffassung Christopher Longs der Anspruch von Strnad, Loos und Frank gewesen ist, die Nutzer:innen in die Architektur einzubinden und ihren Alltag ästhetisch zu bereichern, habe Le Corbusier nicht weniger beabsichtigt, als den Menschen der Moderne neuerlich mit der Welt zu versöhnen.[58] So bezeugten schon die in *Vers une architecture* versammelten Aufsätze einen Versuch, den Menschen in einer durch die Industrialisierung radikal veränderten Umgebung wieder heimisch zu machen. Indem er den Stilfassaden des Historismus sowohl Ingenieurbauwerke als auch die neuartigen Verkehrsmittel gegenüberstellte, verdeutlichte Le Corbusier, dass eine allein der akademischen Tradition verpflichtete Architektur der gegenwärtigen Lebenswirklichkeit fremd bleiben müsse. Einzig indem sie den historischen Vorbildern entsage und sich an der neuen Technik ein Beispiel nehme, könne die Architektur dazu beitragen, die Welt wieder bewohnbar zu machen.

Trotzdem habe sich Le Corbusier, wie der britische Architekturhistoriker Alan Colquhoun feststellte, nicht darauf beschränkt, durch die Vergegenwärtigung der neuen Produktions- und Transportmittel zur Überwindung einer kulturellen Entfremdung beizutragen. Vielmehr habe der Architekt auch der ahistorischen Natur menschlicher Wahrnehmung Rechnung zu tragen gesucht:

> In his work one sees a constant attempt to resolve two systems of value: the one which believes that architecture should be absorbed into the production process, and the other which conceives of architecture as an autonomous aesthetic discipline obeying laws of aesthetics which are based on psychological constants.[59]

Dass Le Corbusier jenseits der Berücksichtigung solcher psychologischen Konstanten auch die Vergegenwärtigung eines Urzustandes angestrebt habe, legt Adolf Max Vogt in seiner Untersuchung *Le Corbusier, der edle Wilde* nahe.[60] Dieses durch Vogt beschriebene Bemühen Le Corbusiers, den Nutzer:innen im Sinne Jean-Jacques Rousseaus eine Rückkehr zur Natur zu ermöglichen, brachte Flora Samuel in ihrer Untersuchung *Le Corbusier and the Architectural Promenade* wiederum mit der kunstvollen Wegeführung in Verbindung. Dabei verweist die Architekturhistorikerin unter anderem auf eine Schilderung, die in der Einführung zur englischsprachigen Übersetzung von Le Corbusiers Buch *Quand les cathédrales étaient blanches* zu finden ist. An den Anfang von *When the Cathedrals Were White* setzte der Architekt eine Beschreibung der Veränderungen, die die Welt innerhalb weniger Jahrzehnte vollkommen umgeprägt und die natürlichen Gesetzmäßigkeiten infrage gestellt hätten:

Man, nature, cosmos, those are the given elements.

One day (a hundred years ago), man went from the immemorial speed of walking to the unlimited speeds of machines. Everything was called in question. The limits of control were torn away, extended to the point of disappearing. But the sun, imperturbable in its course, continued to mark the rhythm of our work. Today it accuses us of confusion, lack of foresight, neglect, heedlessness; misfortune and the worst kind of disproportion are the result.[61]

Die der *promenade architecturale* zugrunde liegende Absicht bestehe demgemäß darin, den Menschen angesichts dieser neuzeitlichen Zumutungen seines ursprünglichen Wesens zu vergewissern: „The promenade would be designed to resensitise people to their surroundings, leading ultimately to a realignment with nature."[62] Gegenüber der maschinengetriebenen Fortbewegung zu Wasser, zu Lande und in der Luft, die in *Vers une architecture* angeführt wird, erinnere das Auf und Ab der Promenade den Menschen einer zyklischen Natur. Auf diese Weise kann die Architektur den Nutzer:innen auch die eigene menschliche Natur, die sich in den Rhythmen von Atmung und Puls nicht minder manifestiert denn im Wechsel von Wachen und Schlafen, neuerlich nahebringen. Dass dieser Anspruch, den Nutzer:innen seiner Bauten die Welt abermals heimisch zu machen, auch das Schaffen Moores bestimmt, lassen schon die Bemühungen um den architektonischen Ort erkennen. Allerdings offenbart der kurze Text „Shape", in dem Moore zwischen drei Typen architektonischer Form unterscheidet, dass er im Unterschied zu Le Corbusier nicht allein beabsichtigte, den Menschen mit einer überzeitlichen Natur und der neuen Technik zu versöhnen.

Allgemeinmenschlich und kulturspezifisch

Moore beschreibt in dem Aufsatz zunächst archetypische Formen, die für alle Menschen gleichermaßen von Bedeutung seien und auf einer Dialektik von Stütze und Wand beruhten.[63] Während die Wand an die uterine Höhle erinnere, sei die Stütze als phallisches Symbol, zugleich aber auch als Verweis auf die aufrechte menschliche Haltung zu begreifen. Dass sie darin den lichten Zentralräumen verwandt ist, wird nicht nur in *Body, Memory, and Architecture*,[64] sondern beispielsweise auch in dem 1982 von Moore veröffentlichten Aufsatz „Building Club Sandwiches" erklärt:

> It's important to note that human constructions through all of civilization have been celebrations of ourselves and especially of the characteristic unique among creatures on this planet, shared only in fact by penguins— that we stand up. Consequently, verticality means a great deal to humankind. It's interesting that when humans build a cathedral, they tend to build it high, in some kind of celebration of themselves.[65]

Neben der Ädikula, die laut Summerson in allen Regionen und zu allen Zeiten Verwendung gefunden hat und damit den archetypischen Formen zugerechnet werden könnte, korrespondieren Moore zufolge auch die Bemühungen um mathematische Proportionssysteme, etwa auf Grundlage der Fibonacci-Reihe, mit solch universellen Vorlieben.
Andere Präferenzen, wie etwa die Spitzbögen der Gotik, seien demgegenüber kulturell bedingt. Moores Hinweis entsprechend, dass solche kulturellen Neigungen auch im 20. Jahrhundert relevant blieben, hatte die Suche nach einer Architektur, die den Bedürfnissen einer elektrischen Gegenwart gerecht zu werden vermag, bereits den Aufsatz „Plug It in, Rameses, ..." bestimmt. Dabei

lässt gerade der 1967 veröffentlichte Text erkennen, dass Moore, so kritisch er der Moderne auch begegnete, an einem wesentlichen Anspruch der Avantgarden festhielt: Indem der Architekt konstatiert, dass die Maschinenästhetik der 1920er-Jahre einer neuen Welt, die durch zunehmende Unsichtbarkeit wie durch die Allgegenwart von allem bestimmt ist, nicht mehr angemessen sei, legt er nahe, dass sie einem anderen, der Gegenwart entsprechenderen Idiom weichen müsse. So paradox es erscheinen mag, ist Moore Le Corbusier somit gerade durch den Anspruch verbunden, den Internationalen Stil zu überwinden. In aller Deutlichkeit geht diese Auffassung aus Moores Essay „Soane, Schinkel, and Jefferson" hervor, der erst posthum veröffentlicht wurde.[66] Sein Eintreten für einen architektonischen Eklektizismus sucht er darin durch den Verweis auf drei professionelle Vorbilder zu legitimieren. Schon John Soane, Karl Friedrich Schinkel und Thomas Jefferson, schreibt er, hätten auf die Herausforderungen einer Welt, die zu Beginn des 19. Jahrhunderts vollkommen verändert erscheinen musste, durch den Rückgriff auf historische Versatzstücke reagiert. Angesichts der Umbrüche, die Moore anderthalb Jahrhunderte später auszumachen meint, seien es die Werke dieser Architekten, denen eine neuerliche Mustergültigkeit zukomme.

Zugleich allerdings zeigt sich in der durch Moore propagierten Vermengung unterschiedlicher Stile auch eine veränderte Auffassung des Kulturellen. Anders als Le Corbusier konnte Moore nicht länger von einer uniformen technischen Kultur ausgehen. In dem Text „The Temple, the Cabin, and the Trailer", der 1985 als Katalogbeitrag anlässlich der gemeinsam mit Peter Becker und Kathryn Smith kuratierten Ausstellung *Home Sweet Home* veröffentlicht wurde, erklärt er, dass das Wesen der amerikanischen Wohnarchitektur maßgeblich durch das Bestreben der Siedler:innen geprägt sei, auf dem neuen Kontinent an das europäische Erbe anzuknüpfen. Frank Lloyd Wrights Anspruch auf eine autochthone,[67] genuin amerikanische Architektur stellt Moore dabei das Beispiel der Texaner:innen gegenüber, die bei der Gestaltung ihrer Wohnhäuser auf die familiären Wurzeln im Elsass oder in Hessen, in Polen wie auch in der damaligen Tschechoslowakei Bezug genommen hätten. An die Stelle einer einheitlichen Kultur, wie Le Corbusier sie in *Vers une architecture* anzunehmen scheint, tritt mithin eine Vielfalt, die sich aus der Verschiedenheit der Traditionen speist. An diesem Beispiel aber zeigt sich auch, dass Moore den „blinden Flecken" einer europäisch geprägten Moderne gleichwohl nicht zu entkommen vermochte.

Bereits in „You Have to Pay for the Public Life" hatte er Kalifornien als „golden never-never land with plenty of room"[68] geschildert, das gleichsam auf die europäische Besiedelung gewartet habe. In ähnlicher Weise zeugt „The Temple, the Cabin, and the Trailer" von dieser problematischen Auffassung, die schon als bestimmend für das Werk John Brinckerhoff Jacksons angesehen wurde. In seiner Dissertation, veröffentlicht unter dem Titel *Amerikanische Landschaften*, schreibt Stefan Körner, dass der Geograf in seinen Erörterungen der Kulturlandschaft von der Vorbildlichkeit der „weißen Angelsachsen"[69] in der mythisch überhöhten Gestalt des Pioniers ausgegangen sei: „Dieser verbreitet nach Jackson mit der Landnahme erstens Fortschritt. Zweitens ist der Pionier ihm zufolge vorzugsweise nordeuropäischer, d. h. angelsächsisch-protestantischer Herkunft, und dies hatte den landschaftsprägenden Charakter in den USA."[70] Diese eurozentrische Weltsicht hat Moore perpetuiert. In den vielfältigen kulturellen Referenzen, die er in seinem Beitrag demnach allein anhand der Architektur europäischer Siedler:innen beschreibt, mag gleichwohl ein Grund dafür liegen, dass seinen Bauten eine Verschiedenartigkeit eignet, wie sie den Werken Le Corbusiers fremd ist. Eine andere Ursache für die Unterschiedlichkeit von Moores Entwürfen legen die Überlegungen nahe, die Adolf Behne in seinem Buch *Der moderne Zweckbau* angestellt hat. In der 1923 verfassten und drei Jahre später veröffentlichten Schrift beschreibt der Autor „zwei Strömungen in der zeitgenössischen europäischen Architektur"[71]. Indem er Le Corbusier als herausragenden Vertreter einer rationalistischen Architektur einführt, erkennt er in dessen strenger Moderne „das primäre Bewußtsein, einer menschlichen Gesellschaft anzugehören"[72]. Nicht ohne auf die Gefahr hinzuweisen, „daß die Form zu einer selbstherrlichen, das Leben zwingenden, erdrückenden Maske"[73] werden könne, präsentiert er den Rationalismus als Antithese zu einer funktionalistischen Architektur, die im Werk der Architekten Hugo Häring und Hans Scharoun Ausdruck finde. Behne betont, dass er den Funktionalismus dabei nicht im Sinne einer tayloristischen Nachformung menschlicher Lebensvorgänge verstehe. Folglich lehnt er es auch ab, „in den Funktionalisten Utilitaristen zu sehen".[74] Unter kryptischem Verweis auf den Ethnologen Leo Frobenius hebt er demgegenüber eine metaphysische Grundierung dieser Architektur hervor. Im Ansinnen des Funktionalismus, „nicht Nutzformen für viele"[75], sondern einmalige Bauten zu schaffen, die sich ganz an den Erfordernissen der jeweiligen Nutzer:innen orientieren, erkennt er gar einen romantischen Zug.

Wenngleich Häring in Moores Veröffentlichungen ungenannt bleibt und Scharoun nur am Rande Erwähnung findet,[76] kommt sein Anspruch, den Auftraggeber:innen das Haus gleichsam auf den Leib zu schneidern, dem Ansatz dieser Architekten näher als den Auffassungen Le Corbusiers. Entsprechend auch erklärt Moore in „The Temple, the Cabin, and the Trailer", dass die beschriebenen Texaner:innen in ihren Häusern (die ganz offensichtlich der von Langer vorgestellten Illusion eines „self-contained, self-sufficient, perceptual space"[77] entsprechen) keineswegs nur an bewährte Modelle, sondern zugleich an ihre eigensten Erinnerungen angeknüpft hätten.[78] Demgemäß aber sah sich Moore schon in „Shape" gezwungen, noch eine dritte Gattung architektonischer Formen anzuführen, die von den *cultural shapes* kaum trennscharf zu unterscheiden sei:[79] Er ergänzt die archetypischen und kulturell bedingten Formen um „those that are a product of our own memories (personal)".[80] Weshalb Moore diesen persönlichen Formen aber eine so große Bedeutung beigemessen hat, lässt sich allein anhand der gesellschaftspolitischen Debatten verstehen, die während der Nachkriegsjahrzehnte in den Vereinigten Staaten und anderen westlichen Nationen geführt wurden.

Anmerkungen

1. Bloomer/Moore 1977, 136-137.
2. Vgl. Jencks 1977, 9.
3. Zitiert nach Littlejohn 1984, 122.
4. Begründet 1928, fanden sich bis zur Auflösung 1959 in den Congrès Internationaux de l'Architecture Moderne viele der progressiven Architekt:innen ihrer Zeit vertreten, darunter auch Le Corbusier und Walter Gropius.
5. Zitiert nach Littlejohn 1984, 122-123.
6. Der Bezug auf Giedions Werk bestimmt ebenso den Titel von Christian Norberg-Schulz' Untersuchung *Existence, Space, and Architecture*, vgl. Norberg-Schulz 1971.
7. Giedion 1954, 13.
8. Vgl. Le Corbusier 1924, 9.
9. Vgl. Giedion 1954, 432.
10. Vgl. ebd., 491.
11. Ebd., 493.
12. Bloomer/Moore 1977, 106.
13. Klotz 1984b, 9.
14. Ebd.
15. Während der durch Bloomer betreuten Ausgabe des *Journal of Architectural Education* von 1975 zwei Abbildungen des Burgerweeshuis am IJsbaanpad in Amsterdam vorangehen, hat sich auch Moore in seinen Veröffentlichungen wiederholt auf den niederländischen Architekten bezogen. Nicht zuletzt werden seine Beiträge zu „Toward Making Places" durch ein Zitat van Eycks wie auch durch ein Foto begleitet, das ebenfalls das Amsterdamer Waisenhaus zeigt. Schließlich bezeugt die Korrespondenz zwischen den beiden Architekten, die in den Alexander Architectural Archives an der University of Texas in Austin aufbewahrt wird, einen regen freundschaftlichen Austausch zwischen van Eyck und Moore. So versuchte Moore, der sich als Chairman an der Yale University auf einflussreichem Posten befand, seinem Kollegen, der bereits zu Beginn der 1960er-Jahre als Gastprofessor an der University of Pennsylvania gelehrt hatte, eine neuerliche Lehrstelle an einer amerikanischen Hochschule zu verschaffen, vgl. Moore, Charles W.: Brief an Aldo van Eyck, 18. Juni 1965. University of Texas in Austin, Alexander Architectural Archives, Charles W. Moore Archives, C6.
16. van Eyck 2008a, 49.
17. Ebd., 29-31.
18. Vgl. van Eyck 2008b, 12-13.
19. Vgl. Bloomer/Moore 1977, 22-30.
20. Ebd., 27.
21. Bereits in „Toward Making Places" hatte Moore erklärt, dass das Wasserbecken in einem japanischen Teehaus die Einfühlung in den Ozean gestatte, siehe Lyndon/Moore/Quinn/Van der Ryn 1962, 32: „So the message is clear: to have (by empathizing with it) the water in the bowl is to have it in the ocean as well." Raúl Martínez Martínez hat den Einfluss der Einfühlungstheorie auf das Werk Moores ausführlich beschrieben, vgl. Martínez Martínez 2014.
22. Vischer 2007, 57. Als einen Versuch, die Überlegungen der Einfühlungstheorie auf die Architektur zu übertragen, führen Bloomer und Moore zudem Geoffrey Scotts 1914 veröffentlichte Schrift *The Architecture of Humanism* an, vgl. Scott 1914.
23. Long 2016b, 3.
24. Vgl. Schmarsow 2002, 322.
25. Long 2016b, xiii.
26. Zitiert nach Long 2016a, 130.
27. Zitiert nach ebd.
28. Long 2016b, xiv.
29. Wie Oskar Strnad und Josef Frank hatte auch Rudolf Schindler, den Moore in einer Rezension als Bruder im Geiste beschreibt, bei Carl König an der Wiener Technischen Hochschule studiert, vgl. Moore 1973a. Der Zugang des später in Kalifornien schaffenden Architekten dürfte sich allerdings deutlich vom Ansatz seiner Kollegen unterschieden haben, siehe Long 2016b, 40: „But absent in [Rudolf Schindler's] conception are two features that would define the Viennese architecture of our story: movement and subjective response."
30. Le Corbusier 1925, 9.
31. Vgl. Fröbe 2004, o. S.: „Zentrales Element Le Corbusiers eigener architektonischer und städtebaulicher Entwürfen [sic] wurde die *promenade architecturale* – der auf den Betrachter ausgerichtete Weg durch den gebauten Raum. Sie ist die Bildabfolge, die sich vor dem Auge des schrittweise vorangehenden Betrachters entrollt. Sie ist das Rückgrat der Komposition, die Hierarchisierung der architektonischen Ereignisse, die Leseanweisung – der ‚innere Kreislauf' der Architektur."
32. Vgl. Moore/Allen/Lyndon 2000, 139-140.
33. Gespräch mit Robert Yudell am 3. September 2019.

34 Vgl. Bloomer/Moore 1977, 61.
35 Giedion 1954, 518.
36 Bloomer/Moore 1977, 68.
37 In einer Reportage über den Sommerkurs, die in der Zeitschrift *Progressive Architecture* erschien, zitierte der Redakteur Jim Burns interessanterweise einen der Workshop-Teilnehmer, der das unter Moores Anleitung entstandene Driftwood Village als „action architecture through movement, not from cubism" (Burns 1967, 135) bezeichnete. Eva Friedberg, die ihre Dissertation zu Lawrence Halprins Bemühungen um kollektive Planungsprozesse mit dem Begriff *Action Architecture* betitelt hat, führte den Ausdruck auf das Action Painting zurück: So habe Halprin mit Malern wie Jackson Pollock und Willem de Kooning einerseits das Interesse am Prozess geteilt, zugleich aber, nicht anders als das Action Painting, dem Körper in seiner Bewegung eine besondere Bedeutung zugewiesen, vgl. Friedberg 2009, 8.
38 Moore/Allen 1976, 49.
39 Vgl. Langer 1953, 100.
40 Ebd., 96.
41 Vgl. Moore 1967, 43.
42 Vgl. Moore/Allen 1976, 48.
43 Ebd., 43.
44 Ebd., 45.
45 Ebd., 45-46.
46 Ebd.
47 Vgl. Lyndon/Moore 1994, 89-90.
48 Vgl. Moore 1986b, 18.
49 Johnson 1986, 73.
50 Vgl. Rowe/Slutzky 1963, 49-52.
51 Lyndon/Moore 1994, 88-89.
52 Ebd., 89.
53 Ähnlich beschreiben Moore, Allen und Lyndon in *The Place of Houses* die beiden Korridore des Stern House: Indem sich die Flure wie die *runways* eines Flugplatzes kreuzen und somit vielfältige Einblicke in alle Bereiche des Hauses bieten, sollen sie zur Bewegung animieren und Bewohner:innen wie Gäste gleichsam in Gang setzen, vgl. Moore/Allen/Lyndon 2000, 100. Indessen sei schon das Jobson House, zehn Jahre zuvor errichtet, durch eine ähnliche Idee bestimmt gewesen. Hier sei es die Verheißung, aus dem Laternenfenster zu blicken, die zum Aufstieg über die prominent platzierte Treppe motiviere, vgl. ebd., 102.
54 Vgl. Burr 1980, 178.

55 Vgl. Samuel 2012, 15.
56 Vgl. ebd.
57 Colomina 1994, 7.
58 Vgl. Long 2016b, xiii-xiv.
59 Colquhoun 1985, 13.
60 Vgl. Vogt 1996.
61 Le Corbusier 1964, xix.
62 Samuel 2012, 9.
63 Vgl. Moore 1976a, 13.
64 Vgl. Bloomer/Moore 1977, 49.
65 Moore 1982a, 44.
66 Vgl. Keim 1996, 220-234.
67 Vgl. Moore 1985, 132.
68 Moore 1965, 86.
69 Körner 2010, 34.
70 Ebd., 36-37.
71 Behne 1998, 41.
72 Ebd., 55.
73 Ebd., 64.
74 Ebd., 45.
75 Ebd., 46.
76 Beispielsweise wird in Yudells Beitrag zu *Body, Memory, and Architecture* die von Scharoun entworfene Berliner Philharmonie als Architektur der Bewegung vorgestellt, vgl. Bloomer/Moore 1977, 66-67.
77 Langer 1953, 95.
78 Moore 1985, 20.
79 Vgl. Moore 1976a, 14.
80 Ebd., 12.

5 Eine Architektur der Gegenkultur

In einer Rezension, die 1957 unter dem Titel „The Shapes of Our Time" in der Zeitschrift *Architectural Record* erschien, besprach Moore, zu dieser Zeit noch in Princeton, eine Aufsatzsammlung mit dem Titel *Problems of Design*. Wenngleich er die Texte des Gestalters George Nelson, die Design, Kunst, Architektur und Inneneinrichtung behandeln, als ansprechend und zum Teil sogar bedeutsam beurteilte, kritisierte Moore die Haltung des Autors aufs Schärfste. Anstoß nimmt er insbesondere am Abdruck des Vortrags „The Enlargement of Vision", in dem Nelson dafür plädiert, technischen wie gesellschaftlichen Neuerungen zu folgen und sich damit im Denken wie im Handeln dem Zeitgeist anzupassen. Dabei erachtet Nelson es auch für geboten, die Entfremdungen, die aus einer arbeitsteiligen Produktionsweise resultieren, als Tatsache zu akzeptieren. Zwar mag dabei, wie der Autor einräumt, eine Degeneration des Individuums nicht auszuschließen sein. Dass aber die Vorstellung des Menschen als einer Einheit, wie sie sich seit der frühen Neuzeit durchgesetzt habe,[1] ohnehin als obsolet gelten müsse, habe der „conditioned man"[2], der Nelson zufolge in den USA ebenso wie in der Sowjetunion zu finden sei, längst begriffen. In dem Wissen, dass die ihm einstmals zugeschriebene Individualität ein Mythos sei, akzeptiere er seine neue Rolle umso bereitwilliger:

> He is beginning to understand that much of the „individuality" attributed to him has become a myth and that he is as expendable as a machine part. But he also knows that the large organism within which he moves needs him to function properly. He accepts his role as a member of a synchronized, cooperative group and one of these days he will arrive at a new comprehension of the many possible constructive relationships between the individual and the group.[3]

Obschon als Individuum verkümmert, erreiche dieser non-kompetitive Mensch, der nicht durch diktatorischen Zwang, sondern „through the natural discipline of the process itself"[4] zur Kooperation angeleitet werde, als soziales Wesen ein neues Niveau. Nelson schreibt, dass dieser Menschentyp ihn fasziniere. In ihm erkennt er einen neuen Auftraggeber, der Designer:innen und Architekt:innen die Aussicht eröffne, in der Gestaltung jener

Gemeinsinn zum Ausdruck zu bringen, der einstmals Höhepunkte der Architekturgeschichte wie die Tempel der Antike ermöglicht hätte.

Moore reagierte mit Empörung (und einem Hitlervergleich[5]) auf Nelsons Ausführungen. Indem er zu bedenken gibt, dass Gestalter:innen sehr wohl die Möglichkeit hätten, dem eigenen Gewissen zu folgen und freie Entscheidungen zu treffen,[6] merkt er an, dass gerade die Suburbanisierung eine kritische Intervention gebiete. Indem er sich auf die Untersuchung beruft, die der Autor William Whyte im Jahr zuvor unter dem Titel *The Organization Man* veröffentlicht hatte, weist Moore unter anderem auf die problematischen Auswirkungen hin, die die neu entstandenen Vororte auf ihre Bewohnerschaft hätten:

> There is the vantage point […] from which is evident the nightmare of endless suburban sprawl enveloping our countryside, or the adjacent vantage point from which William H. Whyte, for instance, in *The Organization Man*, notes the dissolution of individual initiative in the inhabitants of these new suburban stretches.[7]

Nicht zuletzt am Beispiel des Chicagoer Vorortes Park Forest hatte Whyte eine amerikanische Gesellschaft porträtiert, die das Kollektiv verehrt, den Einzelnen aber für bedeutungslos erachtet: „Of himself, he is isolated, meaningless; only as he collaborates with others does he become worth while, for by sublimating himself in the group, he helps produce a whole that is greater than the sum of its parts."[8]

Das organisierte Leben

Whyte kritisiert in seinem Buch eine soziale Ethik, die die weitgehende Verneinung des individuellen Willens bedeute. An die Stelle einer protestantischen Ethik getreten, nach deren Logik ein Handeln im Eigeninteresse das Los aller verbessern könne, korrespondiere diese neue Auffassung mit den in den Vereinigten Staaten erwachsenen Organisationen: Neben staatlichen oder kirchlichen Einrichtungen versteht Whyte darunter insbesondere die großen Konzerne,[9] als deren Beispiele er etwa Dupont und Lockheed, IBM und

General Electric nennt. Angesichts der Struktur dieser Unternehmen kaum mit der Notwendigkeit konfrontiert, eigenmächtige Entscheidungen zu treffen, stünden die Angestellten verstärkt vor der Herausforderung, sich mit anderen Teammitgliedern zu koordinieren und zu arrangieren:

> The group that he is trying to immerse himself in is not merely the larger one – The Organization, or society itself – but the immediate, physical group itself: the people at the conference table, the workshop, the seminar, the skull session, the after-hours discussion group, the project team; he wants to belong *together*.[10]

Es entspricht dem beschriebenen Streben nach Zusammengehörigkeit, dass man jeden Widerspruch zwischen individuellem und gesellschaftlichem Interesse negiere und Konflikte vermieden werden.[11] Als idealen Angestellten verstünden die Unternehmen demgemäß den „well-rounded man [...] who does not think up ideas himself but meditates other people's ideas, and so democratically that he never let's his judgement override the decisions of the group"[12]. Um ihr Personal aber zu dieser Teamfähigkeit zu erziehen, wären die Konzerne auf die Idee fortwährender Versetzungen an immer andere Betriebsstandorte verfallen:

> Periodic transfer, some companies are coming to believe, is a positive good in itself; and even where no immediate functional reason exists, it might be important to move the man anyway. What better way, they ask, to produce the well-rounded executive? [...] By deliberately exposing a man to a succession of environments, they best obtain that necessity of the large organization – the man who can fit in anywhere.[13]

Wenngleich dem Organisationsmenschen auf diese Weise die fortwährende Eingliederung in neue Arbeitskonstellationen abverlangt werde, bleibe das Wohnumfeld oftmals das gleiche. Ungeachtet der wechselnden Adressen kämen die Angestellten und ihre Familien in den neu entstandenen *suburbs* mit Menschen in Kontakt, die einen ähnlichen Lebenslauf hätten. Wie außerdem die Gesprächsthemen und Wertvorstellungen entsprächen sich mitunter auch Architektur und Ausstattung dieser Vororte: „With each transfer the *décor*, the architecture, the faces, and the names may change; the people, the conversation and the values do not – and sometimes the *décor* and the architecture don't either."[14] Das besondere Gemeinschaftsleben, das diese Vorstädte auszeichne, zeigt Whyte am Beispiel von Park Forest auf. Er erläutert, dass das Engagement in den zahlreichen Vereinen und Clubs, das von allen Bewohner:innen erwartet werde, eine Kompensation zur versetzungsbedingten Entwurzelung biete. Zugleich aber bringe es mit sich, dass die im Beruf geforderte Anpassung und „group mindedness"[15] auch nach Feierabend und am Wochenende verlangt wird.

Stolz auf die (vermeintliche) Gleichheit innerhalb dieser Gemeinschaft,[16] seien die Bewohner:innen von Park Forest fortwährend bemüht, ihr Verhalten, ihre Gesprächsthemen, ihre Interessen denen der Nachbar:innen anzupassen – als gelte es, durch diesen fortwährenden Synchronisationsprozess sicherzustellen, dass weder sie noch ihr Gegenüber sich auf individualistische Sonderwege begeben. Da den gemeinschaftlichen Aktivitäten der höchste Wert beigemessen und die Möglichkeit eines erfüllten Lebens allein im gemeinschaftlichen Zusammensein gesehen wird, gilt jeder Rückzug ins Private zugleich als suspekt und findet sich kaum respektiert. Zudem sind es nicht allein Schuldgefühle,[17] sondern auch die Architektur der weitgehend austauschbaren Häuser mit ihren nahezu identischen Einrichtungen, die eine Flucht vor der Gemeinschaft erschweren. So machten es Panoramafenster, die nicht nur Aussicht gewähren, sondern auch Einblicke in das Leben der Nachbar:innen gestatten,[18] unmöglich, für sich oder allein mit Freund:innen oder der Familie zu sein. Mithin steht auch die Architektur im Dienst jener Gemeinschaft, auf die die Bewohnerschaft von Park Forest so stolz ist.

Unschwer ist zu erkennen, dass die durch Whyte beschriebenen Vororthäuser das genaue Gegenteil der Wohnbauten darstellen, die Moore in den nachfolgenden Jahren entwerfen sollte. Dass der Architekt das suburbane Ungemach von Park Forest allerdings nicht allein als architektonisches Problem verstand, legte schon seine 1958 veröffentlichten Rezension nahe. Vielmehr wird deutlich, dass Moore sich auch gegen den von Whyte beschriebenen Konformismus wandte, der wiederholt als Charakteristikum der Massengesellschaft aufgefasst wurde.

115

Kritik an der Massengesellschaft

Nachdem sich Gustave Le Bon bereits in seinem 1895 erschienenen Buch *Psychologie des foules* der Massenpsychologie gewidmet hatte,[19] sahen sich infolge der gesellschaftlichen Umwälzungen, die mit dem Ende des Ersten Weltkrieges einhergingen, nicht wenige europäische Intellektuelle zur Auseinandersetzung mit dem Phänomen der Masse angehalten. Wie er in seinem Aufsatz „Das Ornament der Masse" die Tanzgruppe Tiller Girls behandelte,[20] befasste sich Siegfried Kracauer auch mit den „gewaltigen Angestelltenmassen"[21], die ihre Büroarbeit nach amerikanischem Vorbild im Fließbandsystem verrichteten. Zu gleicher Zeit warnte José Ortega y Gasset in *La rebelión de las masas* vor „el advenimiento de las masas al pleno poderío social"[22]. Die Zugehörigkeit zu dieser Masse leitete der spanische Philosoph dabei weder aus Herkunft noch aus Qualifikation ab, um sie stattdessen auf das Einverständnis mit der eigenen Durchschnittlichkeit zurückzuführen:

> Masa es todo aquel que no se valora a sí mismo – en bien o en mal – por razones especiales, sino que se siente „como todo el mundo" y, sin embargo, no se angustia, se siente a sabor al sentirse idéntico a los demás.[23]

Im Hinblick auf eine Neuordnung Europas, wie sie nach dem Ersten Weltkrieg notwendig erschien, suchte Ortega y Gasset sich durch diese Kritik an der Masse nicht nur von den faschistischen wie sozialistischen Bewegungen der Zeit abzugrenzen; zugleich distanzierte er sich auch von Amerika, das er als „el paraíso de las masas"[24] charakterisierte.

Auf Ortega y Gasset konnte sich die amerikanische Soziologie berufen,[25] als sie die Kritik an der Massengesellschaft nach dem Zweiten Weltkrieg aufgriff und vorantrieb. 1959 veröffentlichte David Riesman gemeinsam mit Reuel Denney und Nathan Glazer die Untersuchung *The Lonely Crowd*, in der ein neuartiger Charaktertyp vorgestellt wird. Dieser Charaktertyp, als „other-directed"[26] beschrieben, gewöhne sich schon frühzeitig die Orientierung an anderen an. Er registriere die Entwicklung seiner Umgebung sehr genau und richte sein Handeln, wie Riesman und seine Koautoren erklären, nicht an Traditionen oder eigenen Überzeugungen, sondern an Mitmenschen und Massenmedien aus. Nach Auffassung von Andreas Reckwitz liefert *The Lonely Crowd* ebenso wie die Studie Whytes „eine detaillierte Analyse der Entwicklung […] in der die bürgerliche Innerlichkeit in eine nach-bürgerliche Orientierung am Sozialen und Kollektiven umgeschlagen ist"[27]. Ergänzend zu den beiden Werken, führt der Soziologe die Untersuchungen aus dem Umfeld der Frankfurter Schule an und bemerkt, dass die Subjektanalysen von Herbert Marcuse oder Erich Fromm eine stärkere kulturkritische Orientierung erkennen ließen, aber gleichwohl auf „ähnlichen Diagnosen"[28] aufbauten wie die Schriften von Riesman und Whyte.

Somit finden sich in dieser Debatte Autor:innen geeint, die ansonsten divergierenden weltanschaulichen Lagern zuzurechnen sind. In ihren Einschätzungen kamen sich Whyte, der als Konservativer beschrieben wurde,[29] und der bekennende Sozialist Fromm sogar so nahe, dass sie wechselseitig Bezug auf ihre Veröffentlichungen nahmen. Auf Whytes Untersuchungen zu Park Forest etwa hat sich Fromm, der mit seinen sozialpsychologischen Schriften ein Millionenpublikum erreichte, in der Veröffentlichung *The Sane Society* berufen.[30] Dass er in dem 1955 erschienenen Buch konstatierte, dass das Leben in der Massengesellschaft einen Verlust des Selbst mit sich bringe, lässt seine Überlegungen im Hinblick auf Moores Architektur besonders interessant erscheinen.

Entfremdung und Selbstverlust

Fromm eröffnet mit der Schilderung einer Welt, die nur wenige Jahre nach dem Zweiten Weltkrieg und einem beispiellosen Genozid am Rande der nuklearen Selbstauslöschung steht. Nicht minder beunruhigend als die weltpolitische Einschätzung nimmt sich allerdings seine psychologische Diagnose aus: „We find then that the countries in Europe which are among the most democratic, peaceful and prosperous ones, and the United States, the most prosperous country in the world, show the most severe symptoms of mental disturbance."[31] Den Befund, wonach die Gesellschaft als ganze krank sei, führt der Autor wiederum auf eine Entfremdung des Menschen zurück, der sich nicht

117

länger als „the center of his world, as the creator of his own acts"[32] erfahre. Im Unterschied zu Nelson, der diese Dezentrierung als überfällige Emanzipation von einer humanistischen Ideologie begrüßt hatte, vergleicht Fromm den so entfremdeten Menschen mit einem Neurotiker:

> The insane person is the absolutely alienated person; he has completely lost himself as the center of his own experience; he has lost the sense of self. [...] It is the fact that *man does not experience himself as the active bearer of his own powers and richness, but as an impoverished thing, dependent of powers outside of himself, unto whom he has projected his living substance.*[33]

Indem sich dieser Mensch, der sich nur mehr als Ding versteht, zu Markte trage, müsse er schließlich das Gefühl der eigenen Würde einbüßen:

> The alienated personality who is for sale must lose a good deal of the sense of dignity which is so characteristic of man even in most primitive cultures. He must lose almost all sense of self, of himself as a unique and unduplicable entity. The sense of self stems from the experience of myself as the subject of *my* experiences, *my* thought, *my* feeling, *my* decision, *my* judgment, *my* action. It presupposes that my experience is my own, and not an alienated one. *Things* have no self and men who have become things can have no self.[34]

Noch befördert werde der beschriebene Selbstverlust durch eine *„anonymous, invisible, alienated authority"*[35], die Fromm als ein der Entfremdung eng verwandtes Phänomen schildert.[36] In Form der Bürokratie bewirke diese namenlose Macht in den Menschen zunächst ein Gefühl der Ohnmacht, aus der eine beinahe religiöse Ehrfurcht gegenüber den Repräsent:innen der vermeintlich rationalen und zweckdienlichen Verwaltung erwachse.[37] Das erscheint Fromm problematisch, sei doch gerade die Auseinandersetzung mit den Autoritäten, das Einstehen für die eigene Position, maßgeblich für das Selbstgefühl:

> As long as there was overt authority, there was conflict, and there was rebellion—against irrational authority. In the conflict with one's conscience,

in the fight against irrational authority, the personality developed—specifically the sense of self developed. I experience myself as „I" because I doubt, I protest, I rebel. Even if I submit and sense defeat, I experience myself as „I"—I, the defeated one. But if I am not aware of submitting or rebelling, if I am ruled by an anonymous authority, I lose the sense of self, I become a „one," a part of the „It."[38]

Indem der Autor die Konformität als Mechanismus dieser anonymen Autorität beschreibt,[39] bedient er sich Whytes Schilderungen zu Park Forest, um seine Überlegungen zu illustrieren.[40]

Auf der Suche nach Auswegen

Fromm urteilt, dass dieser kranken Gesellschaft durch die Segnungen des Wohlfahrtsstaates ebenso wenig wie durch psychologische Behandlung abgeholfen werden könne. Während das „sympathetic understanding of the psychologists"[41] gleich dem Ölen einer Maschine lediglich zum reibungslosen Funktionieren des Menschen beitrage, verspreche allein, eine grundlegende Veränderung Erfolg: „Our only alternative to the danger of robotism is humanistic communitarianism."[42] Dazu gelte es nicht allein, die Produktionsmittel zu sozialisieren, sondern auch die gesellschaftliche und menschliche Lage der Arbeiterschaft zu verbessern. Indem Fromm auf die kommunitären Experimente der „[o]wenists, syndicalists, anarchists and guild socialists"[43] verweist, tritt er für die Selbstverwaltung in Kommunen von beschränkter Größe ein, die ihren Mitgliedern mehr als nur die Teilhabe am Profit bieten sollen: „The problem is not primarily the legal problem of property ownership, nor that of sharing *profits*; it is that of sharing *work*, sharing *experience*."[44]

In der Auffassung, dass einer Deformation des Menschen durch die Neuorganisation von Wohnen und Arbeit zu begegnen sei, war Fromm mit Lewis Mumford geeint. Der „Erfinder" des *Bay Region style* verstand die überschaubare „regional city"[45], die er als „almost entirely self-sufficient urban form"[46] charakterisierte, als Beitrag zu einer Demokratie,[47] die wiederum

Voraussetzung eines „ever greater degree of self-direction, self-expression, and self-realization"[48] sei. Diese Entfaltungsmöglichkeiten aber sah Mumford durch ein Phänomen bedroht, für das er wenig später, in seinem von 1967 an veröffentlichten Werk *The Myth of the Machine*, den Ausdruck „Megamaschine" finden sollte. Dabei erklärt er, dass schon die Herrscher:innen des Altertums „Maschinen" entwickelt hätten, um die für Vorhaben ungekannten Ausmaßes notwendige Arbeitskraft disziplinieren und organisieren zu können.[49] Wo jedoch alle Lebensbereiche, „political and economic, military, bureaucratic and royal"[50], dem maschinellen Regime unterworfen seien, erwachse eine Megamaschine. Beispielhaft führt Mumford die amerikanische Kriegswirtschaft an, die nach 1945 im Rüstungswettlauf des Kalten Krieges Fortbestand hatte. Indem er weiterhin den Organisationsmenschen, wie Whyte ihn beschrieben hatte,[51] als „depersonalized servo-mechanism in the megamachine"[52] bezeichnet, verweist er auf Adolf Eichmann, den Organisator des Holocaust:

> In every country there are now countless Eichmanns in administrative offices, in business corporations, in universities, in laboratories, in the armed forces: orderly obedient people, ready to carry out any officially sanctioned fantasy, however dehumanized and debased.[53]

Ungeachtet der Bemühungen, die Mumford unternahm,[54] hat die regionale Stadt ebenso wenig Umsetzung gefunden wie die Kommunen, die nach Fromms Auffassung einer kranken Gesellschaft abhelfen sollten. Der überraschenden Einhelligkeit in der Problemanalyse zum Trotz erachtete Whyte die damit verbundene Idee eines humanistisch geprägten kommunitären Sozialismus ohnehin als kontraproduktiv. Er mutmaßte, dass derartige Kollektive genau jene Probleme mit sich brächten, die auch in Park Forest zu beobachten seien.[55] Kaum zielführender aber mutet sein Gegenvorschlag an: Whyte beschließt sein Buch, indem er erklärt, dass jede wirkliche Veränderung letztlich dem Einzelnen obliege.[56]

Dass die unterschiedlichen Anregungen zur Lösung der vielfältig beschriebenen Probleme allesamt wenig hilfreich erscheinen, betrifft nicht zuletzt die Architektur – zumindest wenn sie, wie in der Rezension zu „Problems of Design" nahegelegt, die Auseinandersetzung mit der Massengesellschaft und ihren Folgeerscheinungen auch als ihre Aufgabe versteht. Umso vielversprechender mussten die Ansätze einer *counterculture* erscheinen, die sich von den späten 1960er-Jahren an rings der San Francisco Bay besonders rege zeigte.[57]

Gegen die Technokratie

Im Herbst 1964 hatte der Versuch der Hochschulleitung, die politische Betätigung der Studierenden auf dem Campus der University of California in Berkeley einzuschränken, zur Entstehung des Free Speech Movement geführt. Unter Führung des Aktivisten Mario Savio traten die Demonstrierenden für die Freiheit von Rede und Forschung ein. Während einige Departments sich von der Bewegung distanzierten, nahmen andere Fakultäten (wie die Architekturabteilung und ihr Chairman Moore[58]) Partei für die Studierenden, die von Kanzler Clark Kerr eine klare Stellungnahme gegenüber dem Verwaltungsrat forderten. Auf Kerrs Entgegnung, dass sich auch das Vorstandsmitglied eines Unternehmens nicht öffentlich gegen den Aufsichtsrat positionieren könne, reagierte Savio mit scharfer Kritik. In einer im Dezember 1964 auf dem Campus gehaltenen Rede nahm er Bezug auf Kerrs Analogie, indem er die Hochschule ebenfalls als Firma beschrieb. In erkennbarer Nähe zu den Äußerungen von Fromm und Mumford charakterisierte Savio die Hochschule weiterhin als Maschine, die die Studierenden gleich einem Rohmaterial verarbeite. Er rief dazu auf, dieser Maschine Einhalt zu gebieten:

> We're human beings! [...] There's a time when the operation of the machine becomes so odious, makes you so sick at heart, that you can't take part; you can't even passively take part. And you've got to put your bodies upon the gears and upon the wheels, upon the levers, upon all the apparatus, and you've got to make it stop. And you've got to indicate to the people who run it, to the people who own it, that unless you're free, the machine will be prevented from working at all.[59]

Die Proteste in Berkeley, die in ähnlicher Form auch an anderen Universitäten stattfanden, gingen einem Phänomen voraus, das das gesellschaftliche Geschehen in Nordamerika wie in Westeuropa während der nachfolgenden Jahre prägen sollte und das in seiner Vielgestalt als *counterculture* bezeichnet wird.[60] Bereits in den 1950er-Jahren durch den Soziologen Talcott Parsons geprägt, war es der Autor Theodore Roszak, der den Begriff in seinem 1969 erschienenen Buch *The Making of a Counter Culture* auf die Erscheinungen anwendete, die er nahezu in Echtzeit zu bestimmen versuchte.[61] Dabei schreibt er, dass die Mischung aus Psychologie, Drogen, östlichem Mystizismus und kommunitären Experimenten im Kontrast zu einem gesellschaftlichen Mainstream stünde, der seit den wissenschaftlichen Umbrüchen des 17. Jahrhunderts Bestand gehabt habe.[62] Vor allem durch junge Menschen aus der weißen Mittelschicht und eine Handvoll älterer Mentor:innen getragen, werde diese *counterculture* von der Überzeugung geleitet, dass die Strategien, mit denen man dem Krieg in Vietnam, den ethnischen Konflikten und der wachsenden Kluft zwischen Arm und Reich zu begegnen suchte, einer anderen Gefahr nicht gerecht werden könnten. Gemeint ist die Bedrohung, die von einer um sich greifenden Technokratie ausgehe:

> By the technocracy, I mean that social form in which an industrial society reaches the peak of its organizational integration. It is the ideal men usually have in mind when they speak of modernizing, up-dating, rationalizing, planning. Drawing upon such unquestionable imperatives as the demand for efficiency, for social security, for large-scale co-ordination of men and resources, for ever higher levels of affluence and ever more impressive manifestations of collective human power, the technocracy works to knit together the anachronistic gaps and fissures of the industrial society.[63]

Zur theoretischen Auseinandersetzung mit dieser Technokratie habe etwa Herbert Marcuse beigetragen, den Roszak zu den bedeutendsten Vordenkern der *counterculture* zählt.[64] Ein Primat des Rationalen habe der Philosoph und Soziologe in seinem Buch *Eros and Civilization* schon durch eine poetische Bezugnahme auf die griechische Mythologie herausgefordert:[65] Dem feuerbringenden Prometheus als dem Helden der westlichen Welt, die sich im technokratischen 20. Jahrhundert mehr denn je einem instrumentellen Denken verschrieben habe, stellt er darin Orpheus und Narziss als Verkörperungen der Freude und Erfüllung gegenüber. Mag dieser Schritt für sich genommen noch nicht revolutionär anmuten,[66] beweist das von Roszak angeführte Beispiel Ronald Laings, dass die nämliche Skepsis gegenüber einer Alleinherrschaft des Verstandes andere Autor:innen aus dem Umfeld der *counterculture* zu radikaleren Folgerungen veranlasste. Dass die Kritik des Intellekts dabei mit der Forderung nach einer unmittelbareren Erfahrung verknüpft wird, lässt sogleich an *Body, Memory, and Architecture* denken. Immerhin hatten Bloomer und Moore eine körperlich stimulierende Umwelt, die durch die Nutzer:innen unmittelbar körperlich erfahren werden kann, in Abgrenzung von einer idealistischen Auffassung vorgestellt, nach der ein jeder architektonischer Reiz zuvorderst in den Ideen gründe, die aus ihm sprechen.

Unmittelbare Erfahrung

Indem er Laing als Mentor der britischen Gegenkultur einführt, weist Roszak auf den „anti-intellectual tone"[67] hin, der den Schriften des schottischen Psychiaters eigne. Der eröffnet eine Sammlung seiner Aufsätze, die unter dem Titel *The Politics of Experience* erschienen ist, mit den Worten: „Even facts become fictions without adequate ways of seeing ‚the facts.' We do not need theories so much as the experience that is the source of the theory."[68] In der Veröffentlichung, die sich der *„interexperience"*[69] und damit der Teilhabe an den Erfahrungen anderer widmet, zieht Laing eine Trennung zwischen Erfahrung und Verhalten in Zweifel. Sollten Bloomer und Moore anmerken, dass die Welt außerhalb des Hauses wie auch des Körpers nur vermeintlich größer sei als die innere,[70] kritisiert auch Laing, dass dem äußeren Gebaren allzu oft Vorrang vor den inneren Geschehnissen eingeräumt werde:

> We seem to live in two worlds, and many people are aware only of the „outer" rump. As long as we remember that the „inner" world is not some space „in-

> side" the body or the mind, this way of talking can serve our purpose. [...]
> The „inner," then, is our personal idiom of experiencing our bodies, other people, the animate and inanimate world: imagination, dreams, fantasy, and beyond that to even further reaches of experience.[71]

In Übereinstimmung mit Fromm erklärt Laing, dass eine Person nicht nur durch ihre Handlungsmacht bestimmt werde. Stattdessen macht er die Wichtigkeit der Erfahrung deutlich, indem er auf ihre Bedeutung „as a center of orientation of the objective universe"[72] hinweist: „Our task is both to experience and to conceive the concrete, that is to say, reality in its fullness and wholeness."[73] Das Eintreten aber für eine solch vollständige Erfahrung, die in der Industriegesellschaft kaum je gegeben sei, kann Laing zufolge nicht als bloßer Hedonismus abgetan werden:

> The condition of alienation, of being asleep, of being unconscious, of being out of one's mind, is the condition of normal man.
> Society highly values its normal man. It educates children to lose themselves and to become absurd, and thus to be normal.
> Normal men have killed perhaps 100,000,000 of their fellow normal men in the last fifty years.
> Our behavior is a function of our experience. We act according to the way we see things.
> *If our experience is destroyed, our behavior will be destructive.*
> If our experience is destroyed, we have lost our own selves.[74]

Wird die Selbstvergessenheit durch den Verlust der eigenen Erfahrung als Grund für die Gewalttaten der vorangegangenen Dekaden verstanden, muss einem unmittelbaren Erleben, das allein das Wissen um dieses Selbst ermöglicht, im Umkehrschluss eine ethische Bedeutung zukommen. Damit ist aber zugleich auf eine Architektur, wie sie insbesondere in *Body, Memory, and Architecture* beschrieben wird, eine neue Perspektive eröffnet. Hinter der Absicht, die Nutzer:innen der architektonischen Orte auch mittels körperlicher Erfahrungen wissen zu lassen, wer sie sind, wird ein gesellschaftspolitischer Anspruch erkennbar.

Fred Turner hat die Vorstellung, zu einem friedlichen Miteinander nicht in erster Linie durch politische Aktion, sondern durch die Besinnung auf sich selbst zu gelangen, in seiner Veröffentlichung *From Counterculture to Cyberculture* beschrieben: „If the New Left turned outward, toward political action, this wing turned inward, toward questions of consciousness and interpersonal intimacy, and toward small-scale tools such as LSD or rock music as ways to enhance both."[75] In ähnlicher Weise haben Peter Braunstein und Michael Doyle diese Auffassung in der Einleitung des von ihnen herausgegebenen Bandes *Imagine Nation* erläutert:

> The lever [...] would need to be positioned so as to shift the culture, and the culture would be moved one person at a time. If and when enough people had transformed themselves, the result would be like a magnetizing piece of iron: its energy becomes concentrated when the polarity of a sufficient quantity of individual molecules is realigned. The dominant culture could hardly help but be changed when thousands, perhaps millions of people formerly in its thrall incrementally aligned their values and actions to contradistinguish themselves from it.[76]

Entsprechend hatte schon Roszak über die *counterculture* geschrieben, dass sie der Einzelperson Vorrang vor „political collectivities"[77] einräume und die Soziologie damit der Psychologie weiche. Diese Feststellung lässt nicht nur an die Einschätzung denken, wonach Moore gerade beim Entwurf von Einfamilienhäusern wie ein Psychologe verfahren sei. Vielmehr korrespondiert sie auch mit einer Beschreibung, die der Architekt 1974 im Anschluss an einen Vortrag an der Harvard University von seiner Arbeit gab. Seinem psychologischen Vorgehen maß er dabei ausdrücklich eine politische Relevanz bei.

Moore und Jung

Die Veranstaltungsreihe „Flights from the Dialectic" fußte auf der Kritik an einem antithetischen Denken, das nach Moores Auffassung charakteristisch für die Moderne ist. Einer Veröffentlichung seiner Beiträge, die 1986 in

MLTW Moore-Turnbull mit Marvin Buchanan, Robert Calderwood und Robert Simpson: Kresge College, Santa Cruz CA (1966-1974)

knappen Auszügen unter dem Titel „Recollections from a Watermelon or Six Flights from a Dialectic" in der japanischen Zeitschrift *SD* publiziert wurden,[78] schickte er demgemäß das Plädoyer für eine Architektur der Ambiguität voraus:

> These chapters, which might be subtitled Six Flights from a Dialectic, take another tack. They make the claim that the modern idiom in its spartan purity has silenced the variety of voices which will be required to cause buildings to speak again to people. So each chapter talks of something *and* something rather than something *or* something as it tries to establish links between apparent opposites which have to coexist for either to mean anything. The chapters are: Inside and Out, the Social and the Visual, Large and Small, the Public and the Private, the Clear and the Unclear, and Originality and Influences.[79]

Zu den wohlbekannten Referenzen und Beispielen, die Moore in der Folge anführt, gehört Susanne Langers Definition der *ethnic domain* ebenso wie eine Schilderung des Kresge College als Bühne,[80] wie sie ganz ähnlich auch in *Body, Memory, and Architecture* zu finden ist.[81] In einem Typoskript der Vorträge sind allerdings auch die Rückmeldungen des Publikums vermerkt. Dabei wurde der Architekt nicht nur gefragt, ob er sich als politische Person verstehe, sondern auch, ob dieses Verständnis Auswirkungen auf seine Arbeit habe. Moores Antwort entspricht sehr genau der zuvor geschilderten Auffassung der *counterculture*:

> I see architecture as having a primary function of making its inhabitants feel as though they are inhabitanting [sic] something as they are someplace and therefore are somebody. That is I guess a conservative act in that it doesn't presuppose any kind of [...] political change, it is meant an act directing toward and on behalf of individual humans. It is therefore in the minds of som [sic] apolitical. It seems to involve discontent and the desire

for change, and to make a change so that they will feel better than they do. I like to think that the 20th century is probably inhabited by Freudians and Marxists and some think that improvement is going to come by social action and others think that it is going to come by individual action. So that leaves me not a Marxist but a Jungian and I don't think that means apolitical.[82]

Distanziert Moore sich somit von einem Freudomarxismus, wie er etwa das Werk Marcuses bestimmt, bekennt er sich zugleich zu jener gegenkulturellen Idee, wonach gerade einer Hinwendung zum Individuum politische Bedeutung zukomme. Zugleich entspricht seine Selbstbeschreibung als Jungianer dem besonderen Interesse, das die *counterculture* der Analytischen Psychologie schenkte:[83] Im Gegensatz zur Arbeit Sigmund Freuds, dessen Auseinandersetzung mit dem Irrationalen darauf abzielte, es zu zähmen und zum menschlichen Nutzen zu kanalisieren, zeichnet sich das Werk Carl Gustav Jungs, wie auch Roszak erklärte, durch seine Sympathie für das Irrationale aus.[84]

Statt den Ursprung der Neurosen, wie von Freud angenommen, in einer unterdrückten Sexualität zu suchen (oder, wie von Alfred Adler nahegelegt, im menschlichen Geltungsbedürfnis), führte Jung sie in seinem 1927 gehaltenen Vortrag „Analytische Philosophie und ‚Weltanschauung'" auf die kindische Begeisterung für eine aufklärerische Rationalität zurück. Gegenüber einer Blindheit für das Spirituelle, wie Jung sie auch der Psychoanalyse zum Vorwurf macht,[85] versteht er die Analytische Psychologie als „Reaktion gegen die übertriebene Rationalisierung des Bewußtseins, das, im Bestreben, gerichtete Prozesse zu erzeugen, sich gegen die Natur isoliert und so auch den Menschen seiner natürlichen Geschichte entreißt"[86]. In seinem Versuch, dem Leben jene „Bedeutungsschwere zu geben, die es verlangt, um vollständig ausgeschöpft zu werden"[87], schreibt Jung deshalb der „Verselbstung"[88] eine zentrale Rolle zu.

Schon in der Zeit nach dem Ersten Weltkrieg, erläutert er in seinen Memoiren, habe er erkannt, dass das „Ziel der psychischen Entwicklung das Selbst"[89] sei. Für diese auch „Individuation"[90] genannte Selbstverwirklichung, so erklärt Jolande Jacobi in ihrer durch Jung autorisierten Einführung in das Werk des Psychiaters, sei allerdings ein hoher Preis zu entrichten. Bezugnehmend auf Jungs Schrift „Die Wirklichkeit der Seele" schreibt sie über die Werdung zum Selbst:

> Man muß sie teuer erkaufen – denn sie bedeutet Vereinsamung. „Ihre erste Folge ist die bewußte und unvermeidliche Absonderung des Einzelwesens von der Ununterschiedenheit und Unbewußtheit der Herde." Aber sie heißt nicht nur Vereinsamung, sondern zugleich: Treue zum eigenen Gesetz. „Nur wer bewußt zur Macht der ihm entgegentretenden inneren Bestimmung Ja sagen kann, wird zur Persönlichkeit", und nur diese vermag auch in der Kollektivität ihren Platz zu finden, nur sie besitzt auch wirkliche gemeinschaftsbildende Kraft, d.h. die Fähigkeit, integrierender Teil

einer Menschengruppe zu sein und nicht nur eine Nummer in der Masse, die ja immer nur aus einer Addition von Individuen besteht und nie, wie die Gemeinschaft, zu einem lebendigen Organismus werden kann, der Leben erhält und Leben spendet.[91]

Anmerkungen

1. Vgl. Nelson 1957, 71.
2. Ebd., 74.
3. Ebd.
4. Ebd.
5. Vgl. Moore 1958, 64.
6. Vgl. ebd., 348.
7. Ebd., 64.
8. Vgl. Whyte 1963, 12.
9. Ebd.
10. Ebd., 48.
11. Vgl. ebd., 18.
12. Ebd., 129.
13. Ebd., 254-255.
14. Ebd., 255.
15. Ebd., 362.
16. Whyte weist darauf hin, dass Klassenunterschiede gleichwohl fortbestehen und dabei allein subtileren Ausdruck finden. Zudem merkt er an, dass die „Gleichheit" auch dem Umstand geschuldet sei, dass Park Forest zur Zeit seiner Untersuchung allein weißen Bewohner:innen vorbehalten war, vgl. ebd., 286.
17. Vgl. ebd., 325.
18. Vgl. ebd., 324.
19. Vgl. Le Bon 1921.
20. Vgl. Kracauer 1977.
21. Kracauer 2017, 11.
22. Ortega y Gasset 1930, 7.
23. Ebd., 14.
24. Ebd., 187.
25. Vgl. Riesman/Denney/Glazer 1950, 301.
26. Ebd., 19-25.
27. Reckwitz 2021, 153. In Moores Bibliothek, die über seinen Tod hinaus zusammengehalten und im Moore Andersson Compound in Austin, Texas, bewahrt werden konnte, finden sich neben David Riesmans *The Lonely Crowd* auch Schriften von Herbert Marcuse, Lewis Mumford, José Ortega y Gasset und Vance Packard – allesamt Autoren, die zum Phänomen der Massengesellschaft kritisch Stellung bezogen haben.
28. Ebd.
29. Vgl. Hodgson 1999.
30. Da *The Organization Man* erst kurze Zeit nach *The Sane Society* publiziert wurde, konnte Fromm nur auf einen Aufsatz zurückgreifen, den Whyte vorab in der Zeitschrift *Fortune* veröffentlicht hatte, vgl. Fromm 1963, 154 Anm. 1. Auf Whytes Untersuchungen zu Park Forest ist Fromm auch in dem 1958 erschienenen Text „The Moral Responsibility of Modern Man" eingegangen. Dabei erklärte er, dass etliche Verhaltensweisen, die noch im 19. Jahrhundert als Laster galten, nun Tugenden gleichkämen. So sei der Geiz vielfach dem ungehemmten Konsum, die offen zur Schau gestellte Autorität hingegen einer anonymen Ordnung gewichen. Entsprechend aber gelte es auch, eine „‚my home is my castle' attitude" (Fromm 1958, 10) neu zu bewerten: Whytes Schilderungen des Chicagoer Vororts ließen das Bestreben, im Privaten den eigenen Individualismus auszuleben, weniger kritikwürdig denn vorbildlich erscheinen.
31. Fromm 1963, 10.
32. Ebd., 120.
33. Ebd., 124.
34. Ebd., 142-143.
35. Ebd., 152.
36. Vgl. ebd., 152.
37. Vgl. ebd., 127.
38. Ebd., 153.
39. Vgl. ebd.
40. Vgl. ebd., 154-162.
41. Ebd., 168.
42. Ebd., 361.
43. Ebd., 283.
44. Ebd., 361.
45. Wojtowicz 1996, 113-160.
46. Ebd., 116.
47. Vgl. Mumford 1964a, 2.
48. Ebd., 1-2.
49. Vgl. Mumford 1967, 188.
50. Ebd.
51. Vgl. Mumford 1970, 278. Wenngleich der Name des Schriftstellers Terence Hanbury White angegeben ist, kann kein Zweifel bestehen, dass an dieser Stelle William Whyte gemeint ist.
52. Ebd., 278.
53. Ebd., 279.
54. Vgl. Wojtowicz 1996, 159.
55. Vgl. Whyte 1963, 333.
56. Vgl. ebd., 372.
57. Vgl. Braunstein 2002, 250.
58. Siehe Littlejohn 1984, 148: „I was pro-Savio, of course [...] Some departments were one hundred

percent hostile to the demonstrators. Others, like architecture, were one hundred percent pro."
59 Zitiert nach Cohen R 2014, o. S.
60 Vgl. Braunstein/Doyle 2002, 5.
61 Vgl. ebd., 6–7.
62 Vgl. Roszak 1969, xii.
63 Ebd., 5.
64 Vgl. ebd., 84.
65 Vgl. ebd., 98.
66 Schon zuvor hatten sich Max Horkheimer und Theodor W. Adorno, ebenso wie Marcuse der Frankfurter Schule angehörig, in ihrer 1944 erschienenen *Dialektik der Aufklärung*, die von Marcuse in *Eros and Civilisation* wiederholt zitiert wird, auf die griechische Mythologie bezogen, vgl. Horkheimer/Adorno 1988.
67 Roszak 1969, 49.
68 Laing 1967, 17.
69 Ebd.
70 Siehe Moore/Bloomer 1977, 49: „The historic overemphasis on seeing as the primary sensual activity in architecture necessarily leads us away from our bodies. This results in an architectural model which is not only experientially imbalanced but in danger of being restrictive and exclusive, such as a small house with a huge picture window and practically no centerplace. An emphasis on the outer-directed senses encourages the notion that the outside world is bigger than the inside world, a notion which is quantitatively correct but experientially incorrect, especially when when we consider that all sensory activity is accompanied by a bodily reaction."
71 Laing 1967, 21.
72 Ebd., 28.
73 Ebd., 22.
74 Ebd., 28.
75 Turner 2006, 31. Sehr ähnlich findet diese Einschätzung sich auch bei Roszak, siehe Roszak 1969, 63: „At this point, the project which the beats of the early fifties had taken up—the task of remodeling themselves, their way of life, their perceptions and sensitivities—rapidly takes precedence over the public task of changing institutions or policies."
76 Braunstein/Doyle 2002, 10–11.
77 Roszak 1969, 64.
78 Der Titel dürfte sich auf einen pyramidalen Einbau in Moores Haus in Centerbrook, Connecticut, beziehen, dessen Farbgebung der einer Wassermelone glich.
79 Moore 1986a, 6–7.
80 Vgl. ebd., 30.
81 Vgl. Bloomer/Moore 1977, 116.
82 Moore, Charles W.: „Flights from the Dialectic", Typoskripte zu einer Veranstaltungsreihe an der Harvard University, 1974. Charles Moore Foundation, 19.
83 Vgl. Roszak 1969, 144.
84 Vgl. ebd., 52 Anm. 4.
85 Vgl. Jung 1991, 404.
86 Ebd., 417.
87 Ebd.
88 Zitiert nach Jung 1984, 412.
89 Ebd., 200.
90 Zitiert nach ebd., 412.
91 Jacobi 1989, 107–108.

6
Der Weg zur Ganzheit

Die Analytische Psychologie beschränkt sich nicht darauf, den Menschen von seinen seelischen Leiden zu befreien. Stattdessen erläutert Jolande Jacobi, **dass** ihr „neben ihrem medizinisch wirksamen Aspekt noch eine eminent seelenführerische, erzieherische, persönlichkeitsbildende Fähigkeit"[1] zukomme, indem sie Unterstützung bei der „Vollendung der eigenen Person"[2] biete. Als Verwirklichung einer im Menschen angelegten Ganzheit verstanden, schildert Jacobi die Individuation als „Weg zum inneren Kern, *zum Selbst*"[3]. Wenngleich sie sich analog zur Alterung des Körpers als natürlicher Prozess vollziehe, könne dem Analysanden durch die Therapie „zu einer größeren ‚Vollständigkeit', zu einer ‚Abrundung' seines Wesens"[4] verholfen werden.

Für anhaltende Verständnisschwierigkeiten hat Jung zufolge gesorgt, dass der „Individuationsprozeß mit der Bewußtwerdung des Ich verwechselt"[5] wurde. Entsprechend verweist Jacobi darauf, dass sich die Entwicklung der Persönlichkeit aus „zwei großen Abschnitten [zusammensetze], die […] sich gegenseitig bedingen und ergänzen"[6]. In die erste Lebenshälfte fällt die „Initiation in die äußere Wirklichkeit"[7], in deren Zuge der Mensch ein Ich ausbildet. Dazu gehört nicht nur die Entwicklung einer Persona, die als „Ausschnitt aus dem Ich"[8] zwischen Individuum und Umwelt vermittelt. Sie umfasst auch die Manifestation einer der beiden Einstellungsweisen, die Jung als introvertiert und extravertiert benennt, sowie die Differenzierung der Hauptfunktion: Von den rationalen, weil mit Wertungen operierenden Funktionstypen des Denkens und des Fühlens unterscheidet der Psychiater dabei die irrationalen Funktionen von Empfindung und Intuition. Den meisten Menschen unbewusst, sei eine dieser Funktionen stets dominant, während zwei weitere weniger stark ausgebildet wären; die letzte sei dem Menschen ganz und gar unzugänglich.

Nicht weniger problematisch als die fehlende Ausbildung eines dominierenden Typus sei eine gänzliche Vernachlässigung der drei inferioren Funktionen. Wie auch bei einer unzureichenden Berücksichtigung der komplementären Einstellung erwüchsen daraus Konflikte, die sich gar in Neurosen äußern könnten. Gleich einem körperlichen Schmerz begreift Jung diese Neurosen allerdings als Signal und damit als Chance: Sie könnten nicht nur auf das Erfordernis einer Auseinandersetzung mit dem eigenen Einstellungs- oder Funktionstypus hinweisen, sondern auch bedeuten, dass wir „als Ausgleich unseres teilweise oder völlig übersteigerten Bewußtseins die Tiefen des Unbewußten miteinbeziehen müssen"[9]. Mithin kann eine Neurose die eigentliche Individuation einläuten, die als „Initiation in die innere Wirklichkeit"[10] in der zweiten Lebenshälfte erfolge. Im besten Fall führe sie zu „einer vertieften Selbsteinsicht und Menschenkenntnis, zu einer ‚Rückbeugung' (reflectio) zu den bis dahin unbewußt gebliebenen oder gewordenen Wesenszügen, zu ihrer Bewußtmachung und dadurch zu einem bewußten inneren und äußeren Bezogensein des Menschen in das irdische und kosmische Weltgefüge"[11]. Wie Jacobi schreibt, dass die Individuation „keineswegs Individualismus im engen egozentrischen Sinn"[12] bedeutet, hatte auch Jung erklärt: „Das Selbst [...] ist ebenso der oder die anderen, wie das Ich. Individuation schließt die Welt nicht aus, sondern ein."[13] Ebendiese Einbeziehung der Welt geschieht durch die Auseinandersetzung mit dem Unbewussten, das bei Jung einen Doppelcharakter trägt:

> Währenddem das sog. persönliche Unbewußte Inhalte umfaßt, die der Lebensgeschichte des Individuums entstammen, d.h. Verdrängtes, Zurückgestelltes, Vergessenes, subliminal Wahrgenommenes usw., besteht das kollektive Unbewußte aus Inhalten, die den Niederschlag der typischen Reaktionsweisen der Menschheit seit ihren Uranfängen [...] in Situationen allgemein menschlicher Natur darstellen, also z.B. Situationen wie Angst, Gefahr, Kampf gegen Übermacht, Beziehung der Geschlechter, der Kinder zu den Eltern, väterliche und mütterliche Gestalten, Haltungen zu Haß und Liebe, zu Geburt und Tod, die Macht des hellen und des dunklen Prinzips usw.[14]

Als Inhalt dieses kollektiven Unbewussten hat Jung die Archetypen beschrieben, die sich als wiederkehrende Motive in den „Phantasien, Träumen, Delirien und Wahnideen heutiger Individuen"[15] manifestieren. Archetypische Symbole wiederum sind es, die als „Wegweiser und Meilensteine"[16] die Individuation anleiten:

Die Summe der Archetypen bedeutet also für Jung die Summe aller latenten Möglichkeiten der menschlichen Psyche: ein ungeheures, unerschöpfliches Material an uraltem Wissen um die tiefsten Zusammenhänge zwischen Gott, Menschen und Kosmos. Dieses Material in der eigenen Psyche zu erschließen, es zu neuem Leben zu erwecken und dem Bewusstsein zu integrieren, heißt darum nicht weniger, als die Einsamkeit des Individuums aufzuheben und es einzugliedern in den Ablauf ewigen Geschehens. Und so wird, was hier angedeutet wurde, mehr als Erkenntnis und Psychologie.[17]

Gebaute Selbstverwirklichung

Als „Symbol der psychischen Ganzheit"[18], in der die eigene Werdung zum Selbst Ausdruck gefunden habe, bezeichnete Jung das Wohnhaus, das er über Jahrzehnte hinweg in Bollingen errichtete. In seinen Memoiren erläutert er, wie der Bau mit seinen drei Türmen und dem Hof analog zu seiner psychischen Entwicklung zum Selbst entstanden sei: „Er erschien mir als Verwirklichung des vorher Geahnten und als eine Darstellung der Individuation."[19] Da aber Moore, Allen und Lyndon in *The Place of Houses* darauf hinweisen, dass ein jedes Wohnhaus den persönlichen Wünschen und Bedürfnissen der Bewohner:innen entsprechen sollte, mutet es zunächst überraschend an, dass sie auch dem „Turm" Vorbildcharakter zuschreiben. So entspricht die Residenz nach Auffassung der Autoren nicht allein den individuellen Bedürfnissen Jungs, sondern stellt eine Verkörperung „of the psychic structure he found within himself, and considered to be common to all men"[20] dar – namentlich des Selbst.

Es lässt sich allerdings feststellen, dass auch in *The Place of Houses* die Forderung erhoben wird, nach der ein jedes Haus neben der Vergegenwärtigung individueller Sehnsüchte zugleich den Kontakt zu den „most fundamental human dreams"[21] ermöglichen müsse. Jenseits einer Berücksichtigung persönlicher Bedürfnisse ist das Haus demnach als Gegenüber eines Selbst zu konzipieren, das im Sinne Jungs über das Ich hinausgeht. Den gleichen Anspruch

bezeugt *Body, Memory, and Architecture:* Bloomer und Moore merken an, dass gerade durch die Präsenz der vier Elemente Erde, Feuer, Luft und Wasser die Erinnerung an die eigene urgeschichtliche Herkunft in der Wohnarchitektur wachgehalten werden könne.[22]
Rückverfolgbar bis in die griechische Antike, hatte die Lehre von den vier Elementen als Grundlage aller Materie zweitausend Jahre Bestand. Erst vom 17. Jahrhundert an durch die wissenschaftliche Chemie abgelöst, war sie auch für eine protowissenschaftliche Alchemie bestimmend. Jorge Otero-Pailos weist in diesem Zusammenhang auf Moores Beschäftigung mit den Schriften Gaston Bachelards hin.[23] Bachelard hatte sich den vier Elementen zunächst in streng aufklärerischer Absicht und mit dem Ziel genähert, diese einer Psychoanalyse zu unterziehen, wie der Literaturtheoretiker Jacques Ehrmann schreibt:

> He wished to purify [objective knowledge] of possible remnants of the magical, the irrational, the „literary," and the theological which were at the core of such pre-scientific disciplines as astrology, alchemy, and medicine [sic] and which unconsciously persisted through the centuries in the minds of the scientists in spite of their claims to absolute objectivity.[24]

So habe Bachelard die 1938 veröffentlichte Schrift *La Psychanalyse du feu* in der Absicht verfasst,[25] eine wissenschaftliche Leserschaft vor Fehlurteilen infolge unbewusster Vorannahmen zu bewahren. Allerdings habe der Autor dabei den Wert seiner Vorgehensweise für die Auseinandersetzung mit literarischen Werken erkannt:

> By taking the four Elements of alchemy as his tools for a literary investigation; and using psychoanalysis as his method, Bachelard believes he has found the ideal position. He can stand at the crossroads where myth and knowledge, poetry and science, meet.[26]

Dass es Jungs Auffassung der Analyse ist, die den Arbeiten des Philosophen zugrunde liegt, lässt schon Bachelards wiederholte Bezugnahme auf dessen Schriften erahnen. Zudem weist Kamila Morawska darauf hin, dass die

137

Psychoanalyse Freuds Bachelard einzig als negative Referenz gedient habe: „In turn, the achievements of C.G. Jung [...] are the basic and most important inspiration."[27] Ergänzend zu Morawskas Feststellung, dass Bachelard insbesondere an das Konzept der Archetypen anknüpfen konnte, ist zu beobachten, dass auch Jung sich intensiv mit der Lehre der vier Elemente befasst hat. Führt er Erde, Feuer, Luft und Wasser einerseits als Beispiel einer archetypischen „Quaternität"[28] an, kommt in der Beschäftigung mit den vier Elementen andererseits ein Interesse an der Alchemie zum Ausdruck, durch die nach Auffassung Jungs „die Kontinuität von der Vergangenheit zur Gegenwart hergestellt ist. Als eine Naturphilosophie des Mittelalters schlug sie eine Brücke sowohl in die Vergangenheit, nämlich zum Gnostizismus, als auch in die Zukunft, zur modernen Psychologie des Unbewußten."[29]
Bloomer und Moore schließen also wiederum an Jungs Überlegungen an, wenn sie erklären, dass der Wunsch nach einem privaten Garten („whether in the small front yard of a German village house, around the perimeter or on the terraces of an American house, or within the walled courtyard of a Mexican or Japanese house"[30]) auf dem Bedürfnis beruhe, das irdische Element zu vergegenwärtigen. In dem Versuch, die alchemistischen Grundstoffe und damit die Erinnerung an einen Ursprung Teil unseres Alltags werden zu lassen, schreiben die Autoren aber vor allem dem Zentrum der Wohnung Bedeutung zu. Während ein Springbrunnen im Innenhof den Mittelpunkt des mexikanischen Hauses markiere, sei der Kamin im zentralen Wohnraum des nordamerikanischen Hauses der Platz, an dem die „family treasures"[31] zur Schau gestellt werden. Das in den Wohnbauten Moores so wichtige Zentrum, das durch die Überlagerung persönlicher, kultureller und archetypischer Formen bestimmt ist, wird somit zu jenem Bereich des Hauses „where the memories of the self can be ritualized"[32].

In guter Gesellschaft

Dem Eindruck entsprechend, dass viele Äußerungen Jungs einer wissenschaftlichen Betrachtung nicht standhalten können, soll Freud die Überlegungen seines Kollegen schon frühzeitig als „Unsinn"[33] bezeichnet haben. Aber ungeachtet auch einer zwischenzeitlichen Anbiederung an das nationalsozialistische Regime erfreuen sich Jungs Schriften,[34] anders als von Roszak nahegelegt,[35] nicht nur im Umfeld der *counterculture* großer Popularität.[36] Auch Sigfried Giedion, der in seiner letzten Publikation, dem zweibändigen Werk *The Eternal Present*, das Schisma zwischen einer ahistorischen menschlichen Natur und einer sich fortwährend wandelnden Welt behandelte, hat Jung als Referenz angeführt.[37] In dem Versuch, das Überzeitliche zu ergründen, konstatierte Giedion, sei die Tiefenpsychologie womöglich hilfreicher als die Archäologie.

Ebenso hat Lewis Mumford Jung in seinem 1944 erschienenen Buch *The Human Condition* erwähnt, in dem er angesichts der modernen Entfremdungen die Eigenschaften benennt, über die der Mensch in den Industriegesellschaften verfügen müsse. Seine Beschreibung mutet wie der genaue Gegenentwurf zum „conditioned man"[38] an, den Nelson in „The Enlargement of Vision" begrüßen sollte: „The ideal personality for the opening age is a balanced personality: not the specialist, but the whole man. Such a personality must be in dynamic interaction with every part of his environment and every part of his heritage."[39] Schreibt Mumford, dass das antike Athen der Verwirklichung dieser vollständigen Persönlichkeit die besten Voraussetzungen geboten habe, weist er zugleich darauf hin, dass ein solches Ideal auch anderenorts zu entdecken ist.[40] Für das Konzept des *Junzi*, das die Selbstkultivierung des Menschen im Konfuzianismus bestimme, sei es von ebensolcher Bedeutung wie für den Renaissancehumanismus. Eine zeitgenössische Entsprechung dieser Idee, wonach allein der umfassend gebildete Mensch zu Ausgeglichenheit und Autonomie reifen könne, findet Mumford schließlich im Werk Jungs:

> This observation has been reinforced by an experienced psychiatrist and a profound reader of the modern soul, Dr. C. G. Jung, who has sought to combat this unfortunate lopsidedness and disparity by counseling his patients to cultivate their weaker sides. None of our dominant institutions today correct this lack of balance: on the contrary, they encourage it in the

> name of efficiency, an efficiency which fosters a single function at the whole life that finally supports it. Only by making the personality itself central, and by drawing forth its repressed or thwarted capacities, can this mischief be cured: balance and autonomy go together.[41]

Reiht Mumford die Analytische Psychologie auf diese Weise in eine Folge jahrhundertealter Traditionen der Selbstkultivierung ein, lassen sich ergänzend die Befunde Paul Bishops anführen. So wies der Germanist, der den Zusammenhang zwischen der Analytischen Psychologie und der Weimarer Klassik untersucht hat, auf das verbindende Ideal der Ganzheit hin:

> Central to the aim of German classicism is a vision of wholeness, of completeness, of totality, achieved through a process of synthesis; and precisely such a goal and process of synthesis lies at the heart of Jung's project of analytical psychology.[42]

Nicht zuletzt durch das unbelegte Gerücht, dass er ein natürlicher Enkel Johann Wolfgang von Goethes sei,[43] stellte Jung seine tiefe kulturelle und intellektuelle Verbundenheit gegenüber der Weimarer Klassik heraus. Indem er die Legende nicht einfach ignorierte, sondern noch in seinen Memoiren als „ärgerliche Überlieferung"[44] abtat, trug er zu ihrer Verbreitung bei. Auch darüber hinaus sind Jungs Versuche, Brücken zum Werk Goethes zu schlagen, unübersehbar. Nicht zuletzt hat der Psychiater, der auch in der Beschäftigung mit der Alchemie eine „innere Beziehung zu Goethe"[45] erkannte, die Lektüre des *Faust* als Schlüsselerlebnis geschildert: Im titelgebenden Protagonisten, der „eine Art Philosoph gewesen war und, obschon er sich von der Philosophie abgewandt, doch offenbar von ihr eine Offenheit für die Wahrheit gelernt hatte"[46], entdeckte er einen Gleichgesinnten. Dass er sich zudem zu Beginn der 1910er-Jahre außerstande gesehen habe, seine akademische Karriere weiterzuverfolgen, schreibt er der Erfahrung einer „inneren Persönlichkeit, der ‚höheren Vernunft'"[47] zu. Diese Begegnung mit dem Unbewussten schildert er, wie Bishop feststellt, wiederum unter Bezug auf Goethe. Im Gespräch mit Johann Peter Eckermann hatte dieser von Verstand und Vernunft noch eine „höchste[ ] Vernunft"[48] unterschieden, zu der sich der Mensch erheben müsse, „um an die Gottheit zu rühren, die sich in Urphänomenen, physischen wie sittlichen, offenbaret, hinter denen sie sich hält und die von ihr ausgehen"[49].

Die ewige Kunst

Dabei ist festzustellen, dass ein Widerstand gegen Vermassung und Entfremdung, wie er in den Dekaden nach dem Zweiten Weltkrieg manifest wurde (und schließlich eine gegenkulturelle Jung-Rezeption zeitigte), schon dem Weimarer Ideal der Ganzheit zugrunde lag. Der Germanist Rüdiger Safranski weist darauf hin, dass sich Goethes Widerwillen gegen die Französische Revolution nicht allein durch die gewaltsame Plötzlichkeit des Umsturzes erklären lasse. Neben dem Untergang der bestehenden Ordnung, die mit dem Verlust seiner Privilegien einhergegangen wäre, habe Goethe auch eine „allgemeine Politisierung"[50] gefürchtet:

> Politik war bis dahin Aufgabe des Adels gewesen; ob es Krieg gab oder Frieden, ob man arm war oder passabel gut lebte, wurde wie das Wetter hingenommen. Nun aber politisieren und mobilisieren sich die Massen. Goethe ist das unheimlich: *Zuschlagen muß die Masse, / Dann ist sie respektabel, / Urteilen gelingt ihr miserabel.*[51]

Wenn aber Goethe in den Ereignissen, die auf den Bastille-Sturm folgten, „nichts anderes als den verhängnisvollen Beginn des Massenzeitalters"[52] sah, musste auch Friedrich Schiller feststellen, dass die Erhebung Frankreich weder Freiheit noch Brüderlichkeit, sondern allein eine fragliche Egalität gebracht hatte, die im *terreur* durch die Guillotine vollstreckt wurde. Als Ursache benennt er in einer Reihe von Briefen, die er 1793 an den Prinzen von Augustenburg richtete und in der Folge unter dem Titel *Über die Ästhetische Erziehung des Menschen* veröffentlichte, eine ausnahmslos abstrakte Beziehung zwischen den Bürger:innen und einem Staat, der sich genötigt sehe, „die Mannigfaltigkeit seiner Bürger durch Klassifizierung zu erleichtern und die Menschheit nie anders als durch Repräsentation aus der zweiten Hand zu empfangen"[53]. Indem Schiller die Kultivierung des Einzelnen als einzigen Ausweg anführt, verweist er auf das Potenzial der Kunst, zwischen dem sinnlichen Trieb der empirischen Welt und einem rational bestimmten Formtrieb zu vermitteln. Mithin könne einzig die Schönheit eine Schließung von Individuum und Gattung bewirken, um dadurch ein harmonisches Zusammenleben zu ermöglichen, das der äußeren Gewalt nicht mehr bedürfe. Um aber dieses Ziel zu erreichen, sei von der Spezialisierung als einer Konzentration auf einzelne Geschicke abzusehen, da diese unweigerlich eine Vernachlässigung aller anderen Anlagen zur Folge habe. Entsprechend weist Schiller auf den Gegensatz zwischen einem bürgerlichen Nützlichkeitsdenken und einer als ideal aufgefassten griechischen Antike hin, die ihren Bürgern in besonderer Weise Gelegenheit zur Entfaltung geboten habe:

> Jene Polypennatur der griechischen Staaten, wo jedes Individuum eines unabhängigen Lebens genoß, und wenn es not tat, zum Ganzen werden konnte, machte jetzt einem kunstreichen Uhrwerke Platz, wo aus der Zusammenstückelung unendlich vieler, aber lebloser Teile ein mechanisches Leben im Ganzen sich bildet. Auseinandergerissen wurden jetzt der Staat und die Kirche, die Gesetze und die Sitten; der Genuß wurde von der Arbeit, das Mittel vom Zweck, die Anstrengung von der Belohnung geschieden. Ewig nur an ein einzelnes kleines Bruchstück des Ganzen gefesselt, bildet sich der Mensch selbst nur als Bruchstück aus; ewig nur das eintönige Geräusch des Rades, das er umtreibt, im Ohre, entwickelt er nie die Harmonie seines Wesens, und anstatt die Menschheit in seiner Natur auszuprägen, wird er bloß zu einem Abdruck seines Geschäfts, seiner Wissenschaft.[54]

Der Anspruch, durch ästhetische Erfahrungen im weitesten Sinne zur Ausbildung von Persönlichkeiten beizutragen, die miteinander friedlich in Austausch treten können, ohne dass es einer maßregelnden Obrigkeit bedarf, verbindet Schillers Überlegungen mit den Bestrebungen der *counterculture*. Dass dieser Zusammenhang bereits in den 1960er-Jahren ersichtlich war, legt ein Kommentar Roszaks nahe. Indem er die angestrebte Alternative zur technokratischen Massengesellschaft beschreibt, verweist er auf jene als „Kalokagathie" bezeichnete Idee einer Vervollkommnung von Körper und Geist, die als „Rezeptionsformel [für das] spezifische Humanitätsverständnis der Weimarer Klassik"[55] verstanden wurde:

> In its place, there must be a new culture in which the non-intellective capacities of the personality—those capacities that take fire from visionary splendor and the experience of human communion—become the arbiters of the good, the true, and the beautiful.[56]

Mithin scheint es naheliegend, auch das Schaffen Moores auf den Niederschlag dieser frühbürgerlichen Rezeption einer idealisierten Antike hin zu untersuchen. Zwar legt die begriffliche Kluft zwischen einer literarischen Klassik und dem zeitgleichen „Klassizismus" in bildender Kunst und Architektur eine Trennung nahe, die im englischsprachigen *neoclassicism* noch deutlicher zutage tritt. Davon abgesehen aber, dass diese sprachliche Scheidung längst als irreführend infrage gestellt wurde,[57] zeichnet sich auch eine klassizistische Architektur dadurch aus, dass sie „die großen Mittelmeerstile in einem späten Licht vielfach gebrochen aufscheinen"[58] lässt.

Ganz klassisch?

Die Begeisterung, die Bloomer und Moore gerade der Architektur des griechischen Altertums entgegenbrachten, geht aus einer Beschreibung des Parthenon hervor, die in *Body, Memory, and Architecture* zu finden ist: „Of all places in the world, this is the most likely to cause the Western visitor to go weak in the knees, for just about all the reasons that establish a special place."[59] Wird die Akropolis durch die Autoren zugleich als frühes Beispiel einer körpergemäßen Architektur angeführt,[60] stellen sie Kresge College als deren unprätentiöse Wiederaufführung vor.[61] Von einer vergleichbaren Wertschätzung des antiken Roms kündet die Beschreibung des Sea Ranch Swim Clubs, der in *The Place of Houses* als Neufassung der römischen Thermen mit einfachen Mitteln geschildert wird.[62]

Abseits dieser unmittelbaren Bezugnahme auf das Altertum, die den Bauten anzusehen ist oder zumindest durch die Architekten insinuiert wurde, haben sich Moore und seine Mitstreiter:innen wiederholt auch an Architekten orientiert, deren Werke ihrerseits auf antiken Referenzen fußen. Durch die Säulen etwa, die die Piazza d'Italia in New Orleans zieren und dabei den fünf Ordnungen des italienischen Architekten und Theoretikers Giacomo Barozzi da Vignola folgen, wird eine Verbindung zum Humanismus der frühen Neuzeit hergestellt. Auf ältere Versuche, einer als vorbildlich empfundenen Antike nachzueifern, nimmt Moore bei der Platzgestaltung somit ebenso Bezug wie durch seine lobende Erwähnung der Architekten „Soane, Schinkel, and Jefferson" im gleichnamigen Aufsatz. Schließlich hat Moore betont, dass er sich einer neuhumanistischen Inanspruchnahme des Altertums auch familiär verbunden fühle:

> [M]y great-grandfather lived in a beautiful Greek Revival farmhouse. But he was also eager to express his connections to the Old World in a more personal way, so he kept his farm records in Latin and his personal diary in Greek, languages that had been passed down from my great-great-grandfather who had managed to learn them while he studied at Dartmouth for two years.[63]

Wenn es dennoch unangemessen anmutet, Moores Architektur als klassizistisch zu charakterisieren, liegt das vor allem daran, dass ihr oftmals „Einfachheit und Maß"[64] abgehen, die als wesentliche Züge des Klassizismus beschrieben wurden. „[E]ine edle Einfalt, und eine stille Grösse"[65], wie Johann Joachim Winckelmann sie der Antike attestiert hatte, lässt die neonbelichtete Piazza d'Italia ebenso vermissen wie der Wonderwall, der anlässlich der Louisiana World Exposition 1984 nach Entwürfen eines Komitees, dem auch Moore angehörte, in New Orleans errichtet wurde. In die Gerüststruktur, die sich auf mehreren Hundert Metern entlang der Hauptachse des Messegeländes erstreckte, waren architektonische Versatzstücke eingepasst, die durch die Antikenstiche Giovanni Battista Piranesis inspiriert waren und an die Renaissance erinnerten, zugleich aber auch orientalisierende Referenzen aufwiesen.[66] Bekrönt wurde die temporäre Architektur schließlich durch bunte Chamäleons, riesige Pelikane und überlebensgroße Alligatoren. Der Plan des Rodes House, das sich durch eine für das

Werk Moores außergewöhnliche Zurückhaltung auszeichnet, offenbart, dass selbst die Residenz in den Crestwood Hills nur vermeintlich symmetrisch angelegt ist. Die klassische Klarheit, die den Grundriss des Rudolph House II in Williamstown, Massachusetts, bestimmt, bleibt in Moores Schaffen eine Ausnahme.

West und Ost

Zudem stehen die klassisch-antiken Referenzen in Moores Architektur keineswegs allein, sind doch gleichermaßen Bezugnahmen auf andere Kulturen zu finden. So manifestiert sich ein asiatischer Einfluss in einigen der Häuser, die in den 1950er-Jahren nach Moores Entwürfen an der Monterey Bay entstanden sind, ebenso wie im Rückgriff auf die Ädikula, die Summerson zufolge von besonderer Bedeutung für die indische Architektur ist. Nachdem er bereits in „Toward Making Places" auf japanische Gestaltungsprinzipien eingegangen war, beleuchtete Moore architektonische Entwicklungen auch späterhin unter Verweis auf asiatische Kulturphänomene: Indem er etwa die Adaption einer Fischkonservenfabrik in San Francisco beschrieb, erklärte er, dass der architektonische Reiz des Umbaus durch seinen Kollegen Joseph Esherick allein auf dem bedachten Umgang mit praktischen Erfordernissen wie der Installation von Rolltreppen beruhe. Moore kann darin eine Nähe zur japanischen Ästhetik des *Wabi-Sabi* erkennen.[67] In den wiederkehrenden Auseinandersetzungen zwischen Modernist:innen und Traditionalist:innen entdeckte der Architekt hingegen eine gewaltsame Trennung der kosmischen Kräfte, die sich nach Auffassung des Daoismus wechselseitig ergänzen. Demgegenüber schlug er in einem Beitrag zu jenem Katalog, der anlässlich der Ausstellungen seiner Arbeiten in Williamstown und Frankfurt am Main veröffentlicht wurde, vor, die vermeintlichen Gegensätze in einen sinnvollen Zusammenhang zu bringen.[68] Im selben Essay wies er darauf hin, dass die Gestalt seines eigenen Hauses in Orinda durch das Gedicht eines chinesischen Poeten (wahrscheinlich, meint Moore sich zu erinnern, von Li Bai[69]) inspiriert worden sei.

Wenngleich offenbleibt, wie tiefgehend die Beschäftigung mit diesen Referenzen in jedem Fall gewesen ist, steht außer Zweifel, dass Moore auf diese Weise an eine lange Tradition anknüpfte. Relevant erscheint in diesem Kontext „eine Rezeptionsgeschichte ‚asiatischer Philosophien' in Europa, in der diese vor allem als Lehren der Weisheit und der Lebensführung"[70] angenommen wurden. Indem Roszak betont, dass dementsprechend auch die *counterculture* den östlichen Glaubenslehren großes Interesse entgegengebracht habe, benennt er wiederum die dem westlichen Denken fremde Idee einer Vereinigung der Gegensätze als möglichen Grund:

> Here we have a tradition that calls radically into question the validity of the scientific world view, the supremacy of cerebral cognition, the value of technological prowess; but does so in the most quiet and measured of tones, with humor, with tenderness, even with a deal of cunning argumentation. If there is anything off-putting to the scientific mind about this tradition, it does not result from any unwillingness on the part of the Eastern religions to indulge in analysis and debate. It results, rather, from their assertion of the intellectual value of paradox and from their conviction that analysis and debate must finally yield to the claims of ineffable experience.[71]

Dass sich diese Begeisterung für ein „östliches Wissen" in der *counterculture* mit der Anknüpfung an eine romantische Tradition verband,[72] kann kaum überraschen. So erklärte Safranski, dass schon die historische Romantik ein besonderes Interesse am „geistige[n] Kontinent des Ostens"[73] gezeigt habe, welches durch Napoleons Ägyptenfeldzug befördert worden sei. Dabei stehe die Beschäftigung mit einem idealisierten „Orient", dem Ägypten ebenso wie Indien und China zugerechnet wurden, für ein gewandeltes Verständnis der Geschichte. Indem das „von Winckelmann geprägte Bild der Antike"[74] an Strahlkraft verloren habe, fand die Romantik mit ihrem „Sinn fürs Unendliche […] Geschmack an der Tiefe der Vergangenheit, an den Abgründen der Vorgeschichte"[75].

Romantische Architektur

Wenn sich damit die Frage stellt, ob auch das Werk Moores als romantisch bezeichnet werden kann, muss zumindest seine vermeintlich „klassizistische" Begeisterung für die Antike dieser Folgerung nicht im Wege stehen. Längst wird diskutiert, wie sinnvoll die Unterscheidung zwischen einem mediterran geprägten Klassizismus und einer Romantik ist, die auch „orientalische" Vorbilder inkorporiert. So beschreibt der Kunsthistoriker Andreas Beyer eine „,Doppelgesichtigkeit' der Epoche"[76] und plädiert für „die Überwindung einer als verunglückt betrachteten Rezeptionsgeschichte, die die sogenannte ,Weimarer Klassik' als antithetisches Konstrukt zur gesamteuropäischen Romantik aufgebaut"[77] hat. Demgemäß wurde auch Schiller, als Protagonist der Weimarer Klassik unbestritten, als wichtiger Wegbereiter der Romantik vorgestellt.[78] Bedeutsam für diese Argumentation sind insbesondere die Briefe an den Prinzen von Augustenburg, in denen der Verfasser nach Einschätzung Safranskis für die „Person als Totalität im kleinen"[79] eintritt. Zudem habe Schiller der Romantik insofern vorgegriffen, als er eine „bis dahin beispiellose Rangerhöhung von Kunst und Literatur bewirkt"[80] habe.

Genau da aber zeigt sich die Schwierigkeit, die einer einfachen Kategorisierung von Moores Schaffen als „romantisch" im Wege steht. Anders als in Literatur, Malerei und Musik ist der Begriff in der Architektur kaum bestimmt. Wo dennoch Versuche unternommen wurden, in der Architektur um 1800 eine romantische Strömung auszumachen, ist etwa die Verwendung mittelalterlicher Referenzen als Kriterium angeführt worden. Als „explicitely Romantic spaces"[81] finden sich dementsprechend auch die gotisch ausgestatteten Räume in John Soanes Haus in den Lincoln's Inn Fields bezeichnet. Ungeachtet aber der Vorbildlichkeit, die er dem Schaffen seines britischen Kollegen wie auch dem Londoner Architektenhaus beimaß, stellte das Mittelalter für Moore keinen herausragenden Bezugspunkt dar.

Von einer weiter gefassten Auffassung romantischer Architektur ging Sigfried Giedion in seiner Dissertation *Spätbarocker und romantischer Klassizismus* aus: „Romantische Bauten sind ein einziges und inbrünstiges Fortsehnen aus aller Gegenwart. Erfüllung liegt irgendwo in der Ferne, in vergessenen Stilen, in Orten in fantastischen, wunderlichen Formungen."[82] Dass auch die Architektur der Moderne romantische Züge trägt, legt Giedion in seiner darauffolgenden Publikation, dem 1928 erschienenen Buch *Bauen in Frankreich, Bauen in Eisen, Bauen in Eisenbeton*, nahe. Unter Verweis auf die von Le Corbusier entworfene Villa Lipchitz-Miestchaninoff schreibt er: „Man hat Corbusier vorgeworfen, daß er Romantismus [sic] treibe, indem er – etwa in seinem Beginn – ganze Formkomplexe von Schiffsbauten herübernehme."[83] Durch die zeitgenössische Kritik beanstandet, ist es gerade diese „romantische" Ausgestaltung der Villa in Boulogne-sur-Mer, die der in *The Place of Houses* erhobenen Forderung entspricht, wonach ein Haus „*like* something"[84] sein müsse. Dem entsprechenden Postulat lassen Moore, Allen, Lyndon die Beschreibung von Le Corbusiers Villa Savoye folgen, die das Bild eines Überseedampfers ihrer Meinung nach in vorbildlicher Weise evoziert.[85]

Wo sich die europäische Moderne allerdings immer wieder und zu verschiedenen Bauaufgaben des Dampfermotivs bedient hat,[86] verlangen Moore, Allen und Lyndon nach einer Architektur, in der sich die Aufführung der fernen und vielleicht auch nur imaginierten Orte an den je persönlichen Wünschen der künftigen Nutzer:innen orientiert. Es ist aber ebendiese, im ausgehenden 18. Jahrhundert an die Stelle einer Regelästhetik getretene Berücksichtigung des persönlichen Architekturgeschmacks, die Joseph Mordaunt Crook als romantisch bezeichnet hat:

> Architectural skill was still thought to consist in the manipulation of standardised components. But there had been a distinct shift in aesthetic attitudes: from objective to subjective, from the pursuit of harmony to the cult of sensibility, from absolute standards to relative values, from unitary style to plurality of choice, from mimetic to expressive, from classic to eclectic. We call that shift of taste Romanticism.[87]

Über das Individuum hinaus

Ungeachtet dieser Hinwendung zur Subjektivität kann die Romantik, der es auch nach Giedions Auffassung „um das Individuum zu tun"[88] ist, nicht zuletzt im Vertrauen auf eine ästhetische Bildung im Sinne Schillers davon ausgehen, dass die Berücksichtigung der jeweiligen Einzigartigkeit nicht zum Konflikt zwischen divergierenden persönlichen Interessen führt. Entsprechende Integrationsbestrebungen der Romantik, „die in faszinierender Weise nach Ausgleich gegen einen omnipräsenten Zug zur Differenzierung und Spezialisierung"[89] strebten, konnte Bettina Gruber auch am Beispiel romantischer Traumtheorien aufzeigen. In ihrem Aufsatz „Romantische Psychoanalyse?" stellt sie einerseits die Überlegungen vor, die Gotthilf Heinrich Schubert in seiner 1814 erschienenen *Symbolik des Traumes* entwickelte. Der Mediziner, Naturforscher und Mystiker habe ein Verständnis vertreten, nach dem „Poesie und Traum ursprüngliche Universalsprachen"[90] seien, in der sich „der americanische Wilde und der Neuseeländer"[91] gleichermaßen verständigen könnten. Andererseits verweist Gruber auf Carl Gustav Carus, der in seinem 1846 unter dem Titel *Psyche* veröffentlichten Werk erklärte, dass die Seele im unbewussten Zustand des Traumes Anteil am „Miteingeflochtensein im Allgemeinen"[92] habe.
Während die Romantik, wie die Literaturwissenschaftlerin erklärt, kaum Einfluss auf das Denken Freuds gehabt habe, erfahre sie in ihrer Mischung „aus wissenschaftlichem, religiösem und künstlerischem Interesse"[93] im Werk Jungs eine „problematische wie offenbar lebensästhetisch fesselnde Revitalisierung"[94]. Dabei finde sich die romantische Idee einer verbindenden Totalität, die die Schriften von Schubert und Carus bestimmt, auch in Jungs Konzeption des Selbst wieder:

> Der Individuationsprozeß macht den analytischen Vorgang zu einem Bildungsroman in Träumen. Eine Präferenz für die Untersuchung ganzer Traumserien ist das notwendige Äquivalent einer solchen Konzeption. Damit verbindet sich die Setzung einer überbietenden und integrierenden Ich-Instanz, die Freud nicht kennt, welche den Romantikern aber wohlvertraut war, nämlich das Selbst.[95]

Als selbsterklärter Jungianer konnte mithin auch Moore annehmen, dass eine im Verständnis der Analytischen Psychologie durch die Individuation erreichte Ganzheit „den Graben zwischen Subjekt und Welt, den jedes konstruktivistische Denken zwangsläufig aufreißt, zu schließen vermag"[96]. Sowenig sich die Richtigkeit dieser Überlegungen bestätigen lässt, ist, zumal auf einer abstrakten Ebene, auch kaum ein Gegenbeweis zu erbringen. Anders sieht es aus, wenn diese Ideen in der Architektur eine Materialisierung erfahren. Dazu erklärte Adolf Behne, dass ein romantischer Funktionalismus, der im „unbedingte[n] Individualismus"[97] gründe und sich „schaffend auf die unendliche Natur beruft"[98], als „Absage an die Gesellschaft"[99] zu verstehen sei: „Der Naturschwärmer liebt die Einsamkeit. Einordnung in die Natur ist nur ein besserer Name für Vereinzelung, für Absage an die Natur."[100] Zur Erklärung verweist der Autor auf die Schwierigkeit, die das „Zusammenordnen mehrerer ovaler, kreisrunder oder geschwungener Räume"[101] bereite. Entsprechend lassen die von Behne angeführten Beispiele, darunter Scharouns Wettbewerbsbeitrag zum Königsberger „Börsenhof", auch erahnen, dass eine Formgebung, die auf funktionalen Erfordernissen beruht, dem städtischen Arrangement der Baukörper zuwiderläuft.

Obwohl aber Moore und seine Koautoren das Wohnhaus in *The Place of Houses* als selbstgenügsamen Ort vorstellen, der zuvorderst den Erfordernissen der Nutzer:innen entsprechen müsse, messen sie dem Zusammenspiel verschiedener Bauten sehr wohl Bedeutung zu. Dass die Mittelpunkte der Welt gleichwohl nicht allein nebeneinanderstehen, sondern wiederum einen Ort bilden sollen, führt zu der Frage, welche Auffassung der Stadt Moore seiner Arbeit zugrunde gelegt hat.

Anmerkungen

1 Ebd., 65.
2 Ebd.
3 Ebd., 109.
4 Ebd.
5 Zitiert nach Jung 1984, 412.
6 Jacobi 1989, 110.
7 Ebd.
8 Ebd., 36.
9 Ebd., 104.
10 Ebd., 110.
11 Ebd.
12 Ebd., 108.
13 Zitiert nach Jung 1984, 412.
14 Jacobi 1989, 20.
15 Zitiert nach Jung 1984, 410.
16 Jacobi 1989, 10.
17 Ebd., 54–55.
18 Jung 1984, 229.
19 Ebd. Noch bei der Ausmalung seines Arbeitszimmers, so schreibt Jung, habe er all das zum Ausdruck bringen können, was ihn „aus der Gegenwart in die Zeitlosigkeit" (Jung 1984, 228) transportiere.
20 Moore/Allen/Lyndon 2000, 129.
21 Ebd., 127.
22 Vgl. Bloomer/Moore 1977, 51.
23 Vgl. Otero-Pailos 2010, 104–106.
24 Ehrmann 1966, 572.
25 Vgl. Bachelard 1981.
26 Ehrmann 1966, 575.
27 Morawska 2021, 43–44.
28 Zitiert nach Jung 1984, 414.
29 Ebd., 204–205.
30 Bloomer/Moore 1977, 50–51.
31 Ebd., 51.
32 Ebd., 50.
33 Zitiert nach Jung 1984, 160.
34 Vgl. Evers 1987, 129–153.
35 Vgl. Roszak 1969, 52 Anm. 4.
36 Anna Halprin ließ sich Mitte der 1960er-Jahre durch den Jungianer Joseph Henderson analysieren und beraten, vgl. Ross 2007, 180. Dass auch ihre tänzerische Auseinandersetzung mit dem Mythos auf den Einfluss Jungs zurückzuführen sei, hat die Biografin Janice Ross nahegelegt, vgl. ebd., 223.
37 Vgl. Giedion 1962, 88. Auch wenn Giedion in der Folge Julius Schwabes Kritik an Jungs Verständnis der Archetypen folgt, setzt er sich mit den Überlegungen des Psychiaters doch ernsthaft auseinander.
38 Nelson 1957, 74.
39 Mumford 1944, 419.
40 Siehe ebd., 8: „In society man faces himself and realizes himself; and in a free society, mobile and democratic, like Athens in the fifth century B.C., each citizen has an opportunity to plumb all his potentialities: the specialized fragments are reunited in the whole man."
41 Ebd., 417.
42 Bishop 2014, 29.
43 Vgl. ebd., 22–30.
44 Jung 1984, 41.
45 Ebd., 209.
46 Ebd., 66.
47 Ebd., 197.
48 Eckermann 1836, 68.
49 Ebd.
50 Safranski 2013, 369.
51 Ebd.
52 Safranski 2007, 36.
53 Schiller 1967, 93.
54 Ebd., 92.
55 Franz 1998, 1115.
56 Roszak 1969, 50–51.
57 Vgl. Beyer 2006, 10.
58 Hederer 1976, 7.
59 Bloomer/Moore 1977, 107.
60 Dabei berufen sich die Autoren auch auf die Untersuchung des griechischen Stadtplaners Konstantinos Doxiadis, wonach die Anlage der Tempelbauten nicht einer übergeordneten Geometrie geschuldet sei, sondern mit der menschlichen Wahrnehmungsweise korrespondiere, vgl. ebd., 97–98.
61 Vgl. ebd., 114.
62 Vgl. Moore/Allen/Lyndon 2000, 121.
63 Zitiert nach Keim 1996, 23. Entsprechend hat Moore sich in einem Interview mit Drexel Turner geäußert, das 1987 unter dem Titel „Reflections of a Less Critical Regionalism and Other Burdensome Matters" veröffentlicht wurde, vgl. Moore 1987, 12. Der Neuhumanismus des 19. Jahrhunderts, der sich hier nicht nur in der Kenntnis alter Sprachen, sondern auch im Rückgriff auf antikisierende Architekturformen manifestiert, entspricht einem Bildungskonzept, das der Philosoph und Theologe Friedrich

Immanuel Niethammer 1808 in seiner Schrift „Der Streit des Philanthropinismus und Humanismus in der Theorie des Erziehungsunterrichts unserer Zeit" vorgestellt hatte. Die Erziehung nach dem Vorbild einer idealisierten Antike wurde dabei als Alternative zu dem „aus der Aufklärung hervorgegangenen, stark zweck- und praxisorientierten Unterrichtskonzept des Philanthropinismus" (Baab 2013, 29) verstanden.
64 Hederer 1976, 7.
65 Winckelmann 1885, 24.
66 Vgl. Littlejohn 1984, 296.
67 Vgl. Moore 1976c, 73.
68 Vgl. Moore 1986b, 15.
69 Vgl. ebd., 16.
70 Schmücker/Heubel 2013, 9.
71 Roszak 1969, 82.
72 Vgl. ebd., 73 Anm. 18. Zudem weist Roszak darauf hin, dass auch die Stichwortgeber der Jugendkultur, Herbert Marcuse und Norman Brown, für die Wiederbesinnung auf eine „rich German Romantic tradition" (Roszak 1969, 91) stünden. Auch Andreas Reckwitz merkt an, dass die Gegenkultur der 1960er- und 1970er-Jahre an das „umfassende Kulturalisierungs- und Singularisierungsprogramm der Romantik" (Reckwitz 2017, 105) angeknüpft habe.
73 Safranski 2007, 156.
74 Ebd.
75 Ebd., 157.
76 Beyer 2006, 9.
77 Ebd. 10.
78 Vgl. Berlin 1999, 78–88.
79 Safranski 2007, 45.
80 Ebd., 47.
81 Reynolds 2010, 114.
82 Giedion 1922, 14–15.
83 Giedion 2000, 102.
84 Moore/Allen/Lyndon 2000, 125.
85 Vgl. ebd., 139.
86 Vgl. Kähler 1981, 159–160.
87 Crook 1987, 19.
88 Giedion 1922, 15.
89 Gruber 2005, 348.
90 Ebd., 344.
91 Schubert 1814, 3.
92 Carus 1846, 219.
93 Gruber 2005, 349.
94 Ebd.
95 Ebd., 355.
96 Ebd., 353.
97 Behne 1998, 52.
98 Ebd., 51.
99 Ebd.
100 Ebd.
101 Ebd., 52.

7
Platz statt Straße

Auch die Suburbanisierung hat romantische Wurzeln. Becky Nicolaides und Andrew Wiese erklären, dass „early elite communities"[1] sich bereits im ausgehenden 18. Jahrhundert in „Romantic suburbs"[2] wie Clapham bei London angesiedelt hätten, um ein friedliches und vermeintlich naturnahes Leben abseits der Metropole zu führen. Zunächst ein „bourgeoises Utopia"[3] für wenige Vermögende, habe sich die Vorstadt, wie Petra Lütke und Gerald Wood schreiben, in den Vereinigten Staaten „während der zweiten Hälfte des 20. Jahrhunderts immer mehr zum dominierenden Lebensort der Bevölkerung entwickelt"[4]. Die gesellschaftlichen Konsequenzen dieser Entwicklung hat Dianne Harris aufgezeigt: Wiederholt befasste sie sich mit den Versuchen Elizabeth Gordons, die von 1941 bis 1964 die Zeitschrift *House Beautiful* leitete, durch das Magazin „freethinking and individuality expressed through design of the home"[5] zu propagieren. Um einer zunehmenden Konformität zu begegnen, die ihrer Meinung nach die Vereinigten Staaten bedrohte, hatte Gordon eine „private residential world separated from community, neighbors and public life"[6] befürwortet. Trug sie auf dieses Weise dazu bei, dass die amerikanische Bevölkerung in den anderthalb Dekaden nach dem Zweiten Weltkrieg „more privately than ever before"[7] wohnte, seien inmitten der restaurativen Nachkriegsatmosphäre zwar Freiräume für deviante sexuelle Neigungen, politische Ansichten oder religiöse Überzeugungen entstanden. Zugleich aber, so merkt Harris kritisch an, habe diese Privatheit auch dazu beigetragen, „racial, ethnic, and class identities"[8] zu konstruieren und zu verfestigen.

Dabei verband sich das Bemühen um private Wohnsphären mit einer Kritik am Internationalen Stil, den Gordon als „subversive, foreign, autocratic, communist, and even fascistic"[9] aufgefasst habe. Als Alternative stellte sie in *House Beautiful* eine moderate amerikanische Moderne vor, wie sie etwa in den kalifornischen Wohnbauten William Wursters, Joseph Eshericks oder Gardner Daileys zu entdecken war.[10] Mithin bewarb Gordon auch die Architektur des zweiten *Bay Region style*, die (wie zuvor bereits Lewis Mumford nahegelegt hatte[11]) jene Rückzugsmöglichkeiten bieten sollte, die andere Wohnbauten der Moderne ihren Nutzer:innen vorenthielten.

Deutlich wird Moores Nähe zu den Forderungen Gordons schon dadurch, dass ihn die Kritik am Internationalen Stil gleichfalls zur kalifornischen

Moderne führte. Weiterhin suchte er durch seine Wohnhausentwürfe, die vielfach für Auftraggeber:innen aus der weißen Mittel- und Oberschicht entstanden sind, einer gesellschaftlichen Gleichförmigkeit entgegenzuwirken, die auch die Publizistin kritisiert hatte. Sind es in den Häusern Burns und Rodes zudem hochkulturelle Referenzen, die zu einer Konsolidierung der bürgerlichen Identität ihrer jeweiligen Bewohner beitragen können, stellt sich auch die Frage, inwieweit ein als selbstgenügsamer Ort verstandenes Haus der abgeschotteten „residential fortress"[12] gleichkommt, wie sie Harris zufolge charakteristisch für die Nachkriegszeit ist.

Nicht ohne Schwierigkeiten lässt sich schließlich Moores Haltung gegenüber einer Suburbanisierung benennen, die zu diesem privateren Wohnen erheblich beigetragen hat. Die Äußerungen des Architekten sind in dieser Hinsicht widersprüchlich. Einerseits hatte Moore die wuchernden Vorstädte in „The Shapes of Our Time" entschieden kritisiert und als eine Herausforderung dargestellt, der Architektur und Planung sich annehmen müssten.[13] Als das Thema andererseits im Interview mit Heinrich Klotz und John Cook zur Sprache kam, entgegnete Moore lakonisch, dass der Bundesstaat Nevada noch viel Platz für Neubauten biete.[14] Aber mag der Architekt auch durch den Entwurf zahlreicher Einfamilienhäuser maßgeblich zum *sprawl* beigetragen haben, hielt er doch an einer europäisch geprägten Vorstellung der Stadt mitsamt ihren öffentlichen Räumen fest – zu einer Zeit, da genau diese Auffassung der Stadt äußerst umstritten war.

Stadt ohne Zukunft?

Dass die Stadt, in ihrer bisherigen Form zumindest, obsolet sei, hatte John Dyckman in seinem 1961 veröffentlichten Text „The Changing Uses of the City" konstatiert. Ihren Bedeutungsverlust als politische Sphäre begründet der Planer dabei sowohl mit einer Suburbanisierung, die er auf verbesserte Kommunikations- und Transportmöglichkeiten zurückführt,[15] als auch mit einem ökonomischen Wandel. Dieser betreffe nicht allein den Übergang von einer Industrie- zu einer Wissensökonomie, sondern zeige sich auch in einer zunehmenden Marktkonzentration und der damit verbundenen Herausbildung großer Konzerne. Indem aber die lokalen Ökonomien einer nationalen wichen, würden zwar die wirtschaftlichen Entscheidungen vermehrt in den Finanzzentren getroffen; zugleich aber würde die Arbeit auf eine Vielzahl von Standorten über das ganze Land verteilt werden.[16] Da die Erwerbstätigkeit der Stadtbürger:innen somit nicht länger an lokale Märkte gekoppelt sei, müsse auch eine „local town-meeting democracy"[17] ihre Bedeutung verlieren. Wenn jedoch nicht länger alle Lebensbereiche in der Stadt ihren Platz fänden und die Bürger:innen an unterschiedlicher Stelle arbeiteten, wohnten und ihre Freizeit verlebten, seien sie dem Gemeinwesen auch nur noch in Teilzeit zugehörig und „the old geographical basis for representation will have had the *coup de grâce*".[18] Indem die Stadt aber ihre Bedeutung als politische Einheit einbüße, könnten, wie Dyckman unter Berufung auf den Philosophen Scott Buchanan schreibt, die Konzerne an ihre Stelle treten:

> To Plato, Aristotle, and Augustine, the „city" was a synonym for the ruling political and social organization of human relations and for the governing of man. In contemporary America, the corporation has largely usurped that image. Scott Buchanan has suggested that the corporation is the archetype of organization itself in our society, and its rules are the guide for the evolving form of our political relations. To the extent that this is so, the concept of place, around which Utopian reformers have woven the tapestry of the good life, will lose some of its meaning.[19]

Dyckmans Thesen sind nicht ohne Widerspruch geblieben. Aldo van Eyck etwa reagierte mit Empörung auf den Aufsatz und stellte der beschriebenen Stadt der Konzerne die Agora der griechischen Polis gegenüber, die auch lange nach dem Untergang von „America's present corporative society"[20] noch von Bedeutung sein werde. Dass Moore die Forderung van Eycks nach öffentlichen Stadträumen teilte, die allein dem menschlichen Zusammenschluss dienen sollen, geht aus seinem bereits erwähnten Aufsatz „You Have to Pay for the Public Life" hervor.

Amerikanische Urbanität

In dem 1964 verfassten und im Folgejahr in *Perspecta* veröffentlichten Text schildert Moore seine Suche nach Orten des öffentlichen Lebens in Kalifornien. Während der Architekt darauf verzichtet, im Vorfeld Begriffe wie „civic" oder „public" zu erörtern, wird seine Recherche von der Annahme geleitet, dass zwischen Urbanität und Monumentalität ein enger Zusammenhang bestehe.[21] Indem er auf diese Weise, wie schon Martino Stierli feststellte, einen dominanten stadtplanerischen Diskurs der Nachkriegszeit fortschreibt, begreift Moore Monumentalität als „jene kommunikative Funktion der Architektur, die symbolisch die kollektiven Werte einer Gesellschaft repräsentiert"[22]. Moore folgt dabei Überlegungen, die Sigfried Giedion bereits in den 1940er-Jahren in dem gemeinsam mit Josep Lluís Sert und Fernand Léger verfassten Text „Nine Points on Monumentality" dargelegt hatte. In ihrem Beitrag zur neuerlichen „organization of community life"[23] schreiben die Autoren, dass die Wichtigkeit der Monumente als „human landmarks"[24] darin beruhe, dass sie „the expression of man's highest cultural needs"[25] seien. Zwar habe eine Entwertung dieser Monumentalität in den vorhergehenden hundert Jahren zu Vorbehalten gegenüber derartigen Manifestationen architektonischer Größe geführt; nun aber würden die Nachkriegsgesellschaften wieder Anspruch auf Bauten erheben, die jenseits bloßer Zweckerfüllung sowohl soziales Empfinden als auch gemeinschaftliches Leben zum Ausdruck bringen können.

Schon diese Forderung nach einer monumentalen Architektur lässt eine erste Distanzierung von der Stadtauffassung erkennen, die in der 1933 durch die CIAM verabschiedeten „Charta von Athen" Ausdruck gefunden hatte. Eine weitergehende Abkehr vom Konzept einer gegliederten Stadt, in der dem Arbeiten und dem Wohnen, der Freizeit und dem Verkehr je eigene Sektoren zugewiesen sind, war schließlich Thema des achten Kongresses der Architektenvereinigung. Auf der 1951 im britischen Hoddesdon unter dem Motto „The Heart of the City" abgehaltenen Tagung betonte die Stadtplanerin Jaqueline Tyrwhitt die Wichtigkeit der Zentren als Orte der Zusammenkunft:

> The big city, the residential neighbourhood, small towns, and country villages [...] each must have its own heart or nucleus or Core. [...] The Core is not the seat of civic dignity: the Core is the gathering place of the people. [...] Somewhere, whether planned or not planned, a place exists that provides a physical setting for the expression of collective emotion.[26]

Im Anschluss an den Kongress sollte Giedion erklären, dass das „Interesse am *Core* [...] ein Teil des allgemeinen Humanisierungsprozesses [sei]: der Rückkehr zum menschlichen Maß, zur Besinnung auf die Rechte des Individuums gegenüber der Tyrannei der Maschine"[27]. Ideal vorgezeichnet findet auch er ein solches Stadtwesen im Altertum:

> Nie wieder nach dem fünften Jahrhundert v. Chr., jener Zeit, da die Lebensform, die wir die demokratische nennen, Gestalt annahm, ist so viel liebevolle Sorgfalt auf die Versammlungsplätze des Volkes verwandt worden. Auch hat die Stätte, wo die Entscheidungen des Volkes getroffen und verkündet wurden, niemals wieder so ausgesprochen die physische und moralische Struktur der Stadt beherrscht, so wie dies bei der Agora der griechischen Städte der Fall war.[28]

Die Diskrepanz zur gegenwärtigen städtischen Realität hebt Giedion hervor, indem er auch auf die Vereinigten Staaten verweist, wo Plätze, „an denen man einfach verweilen kann, um sich zu entspannen, um auszuruhen, um sich zu treffen"[29], eine Seltenheit seien. Dass aber die Bewohner:innen Kaliforniens womöglich gar nicht wüssten, wozu dieser öffentliche Raum gut sei und wer ihn eigentlich bräuchte, legt Moore wenige Jahre später in „You Have to Pay for the Public Life" nahe. Entsprechend werde die Debatte um monumentale städtische Architektur an der Westküste „less about what we have than about what we have instead"[30] geführt.

Revolution in Kalifornien

Dem geringen Interesse an der öffentlichen Sphäre stünde eine umso größere Aufmerksamkeit für das häusliche Leben gegenüber, dem die „domestic architecture we can call [...] the Bay Region Style"[31] Rechnung trage. Gerade aber weil die Entwicklung Kaliforniens „at a domestic scale"[32] erfolgt sei, zeige sich der Bundesstaat als ein Meer von Einfamilienhäusern. Nicht weniger als die Fahrzeuge, in denen die Einwohner:innen des Golden State auf dieser suburbanen See trieben, kämen auch die meisten Wohnbauten Booten gleich. Obschon nicht mobil, seien die Häuser – austauschbar und kurzlebig – ebenso wenig wie die Autos an eine feste Position gebunden. Einerseits findet in dieser Feststellung Susanne Langers Beschreibung der *ethnic domain* einen Widerhall, nach der das Schiff nicht minder als ein Bauwerk einen Ort konstituieren könne. Andererseits lässt Moores Feststellung an eine Schilderung Reyner Banhams denken, nach der die Grenzen zwischen Wohnstatt, Straße und Fahrzeug immer weiter verschwimmen würden. In seinem Buch *Los Angeles. The Architecture of Four Ecologies* beschreibt er die Insassin eines voranfahrenden Autos, die sich noch vor Erreichen der Ausfahrt die Haare richtete, als mache sie sich bereit, durch die Haustür zu treten: „[T]he mile or two of ground-level streets counts as no more than the front drive of the house."[33]

Ständig auf Achse, „adrift in the suburban sea"[34], müssten demnach gerade die öffentlichen Einrichtungen den Bewohner:innen Kaliforniens die dringend erforderlichen Häfen bieten. Ein Bauwerk wie der nach Plänen Frank Lloyd Wrights entstandene Verwaltungskomplex in Marin County, der als „drive-in Civic Center"[35] den Highway 101 säumt, werde diesem Anspruch allerdings kaum gerecht. Wenngleich Wright ein möglicherweise bedeutendes Werk geschaffen habe, das zudem von der Presse überraschend wohlwollend aufgenommen worden sei, ist nach Moores Einschätzung nichts als ein weiteres, wenngleich größeres Schiff entstanden. Da aber auch andere Bauten des Gemeinwesens, wie das Federal Building in San Francisco oder die Los Angeles City Hall, dem öffentlichen Leben Kaliforniens keinen Platz böten, schlägt Moore einen „revolution test"[36] vor: Er stellt die Frage, wohin man sich in Los Angeles wenden müsse, um eine Revolution zu beginnen."[37] Indem er seine Suche auf andere Städte Kaliforniens ausweitet, zieht Moore nicht nur Hochschulen, Kinos, Bankfilialen und Diner in Betracht, sondern widmet sich auch Disneyland. Dabei gelangt er zu dem Urteil, dass der Freizeitpark in Anaheim einen Eindruck von Urbanität vermittele, der in Südkalifornien ansonsten nirgends zu finden sei. Dass Disneyland Eintritt koste, lässt er als Einwand nicht gelten, habe doch irgendjemand auch für Versailles aufkommen müssen – man müsse für den öffentlichen Raum eben bezahlen. Gleichwohl scheitere Disneyland am Revolutionstest, biete es doch keineswegs die „full range of public experience"[38].

Dass der Architekt, der sich jeder Erklärung enthält, dabei die Eigentumsverhältnisse als ausschlaggebend erachtet, erscheint nicht nur deshalb naheliegend, weil sich der Freizeitpark im Besitz eines privaten Unternehmens befindet. Zutreffend mutet die Annahme auch deshalb an, weil ihn die Suche nach dem öffentlichen Leben schließlich zu den kalifornischen *freeways* führt. Die Schnellstraßen qualifizierten sich als Monumente nicht allein dadurch, dass sie für den Bundesstaat charakteristisch und von enormen Ausmaßen seien. Betreut durch das State Highway Department als „the largest single patron available to be pressed into the service of the public realm"[39], befinden sie sich zudem auch in öffentlicher Hand.

Dass Moore dabei insbesondere die sequenzielle Stadtansicht von San Francisco lobt, die sich den Insassen des fahrenden Autos biete, hat Stierli zu der Einschätzung veranlasst, nach der „der öffentliche Raum in der amerikanischen Stadt der Nachkriegszeit zum Bild geworden [sei]; jenem Bild, das sich dem Autofahrer von der Straße aus präsentiert".[40] Mithin könnte der Eindruck entstehen, dass der Architekt jene Idee der amerikanischen Stadt vorwegnehme, die Robert Venturi, Denise Scott Brown und Steven Izenour sieben Jahre später in ihrer Veröffentlichung *Learning from Las Vegas* beschreiben sollten. In Las Vegas entdeckten die Autor:innen ein genuin amerikanisches Modell der Stadt, das einerseits der neuen Automobilität Rechnung trägt, um sich andererseits auch durch eine bildhafte Architektur auszuzeichnen, die als Alternative zu einer als obsolet erachteten Moderne aufgefasst wurde.[41]

Nicht allein der Umstand, dass Venturi und Scott Brown ebenfalls durch John Brinckerhoff Jacksons Auseinandersetzung mit der amerikanischen Landschaft geprägt wurden, spricht für die Annahme, dass Moore genau die Idee der Urbanität vertrat, die auch in *Learning from Las Vegas* beschrieben wird. Zudem hatte er das Seminar an der Yale University, aus dem die Publikation hervorging, als Chairman tatkräftig unterstützt.[42] Mit seinem drei Jahre zuvor publizierten Aufsatz zur öffentlichen Sphäre Kaliforniens, der sich in der Literaturliste des Kurses angeführt fand, hatte er außerdem eine wichtige Referenz beigesteuert,[43] um die zugehörige Veröffentlichung schließlich enthusiastisch zu begrüßen.[44] Allerdings lassen sich neben den augenfälligen Gemeinsamkeiten auch grundlegende Differenzen feststellen.

Entlang der Straße

Die Entscheidung, im Herbst 1968 ein Seminar zum Urbanismus von Las Vegas abzuhalten, begründeten Venturi, Scott Brown und Izenour damit, dass der Glücksspielmetropole eine Vorbildlichkeit zukäme, wie man sie noch zwei Jahrzehnte zuvor der ewigen Stadt Rom beigemessen hätte.[45] Wenngleich aber die Fassaden von Las Vegas einen reichen architekturhistorischen Zitatenschatz zur Schau trügen, blieben diese Bezüge zur Geschichte allein äußerliches Blendwerk. Da die Baukörper ohne Zusammenhang beieinanderstünden, erwachse nirgends ein Stadtraum, der etwa der italienischen Piazza gleichkäme. So mache eine Auseinandersetzung mit der Struktur der Wüstenstadt, die einem modernistischen Urbanismus ebenso wie den Kriterien einer tradierten Stadtplanung zuwiderläuft, es nicht nur erforderlich, die professionelle Hybris zu unterdrücken. Auch gelte es gemäß der Auffassung Henri Bergsons, nach der Chaos nichts anderes als eine noch unerkannte Ordnung sei,[46] neue Forschungsinstrumente zu entwickeln.
Statt Freiräume und Bauten in einem Schwarzplan zu kartieren, dokumentierten die Forscher:innen aus Connecticut die Casinostadt unter anderem mithilfe einer auf dem Auto montierten Kamera. Sie folgten damit der These, dass die Architektur mit einer neuen Wahrnehmungsweise korrespondiere und allein sequenziell, in der automobilen Bewegung zu erfahren sei. Anders als den Fußgänger:innen, die die italienische Piazza durchqueren, bleibe den

Fahrzeuginsassen, die sich mit hoher Geschwindigkeit auf dem *Las Vegas Strip* bewegten, nur sehr begrenzte Zeit, um die visuellen Reize längs der Straße zu erfassen. Deshalb ziele die Architektur der „decorated shed[s]"[47], die aus einem schlichten Baukörper und einem auffälligen, womöglich sogar beleuchteten Zeichen bestehen, darauf ab, die Aufmerksamkeit der Fahrer:innen und Passagiere zu erregen.

Da diese dekorierten Schuppen aber vor allem kommerzielle Nutzungen beherbergen, muss sich die Frage nach den öffentlichen Räumen von Las Vegas stellen. Nicht ohne Ironie verweisen Venturi, Scott Brown und Izenour dazu auf Giovanni Battista Nollis 1748 veröffentlichte *Nuova Pianta di Roma*. Hatte Nolli in seinem römischen Stadtplan neben Außen- auch zugängliche Innenräume verzeichnet, werden in *Learning from Las Vegas* die Hotellobbys wie die Casinos genannt, die längs des *Strip* zu finden sind. Gleichwohl lassen Venturi, Scott Brown und Izenour keinen Zweifel daran, dass diese Interieurs grundverschieden von jener Architektur sind, die Giedion in seiner Publikation *Architektur und Gemeinschaft* mit dem „*Wölbungsproblem*"[48] verknüpft hatte. Wo der Architekturhistoriker überkuppelte Hallenbauten vorstellte, die auch größeren Zusammenkünften Platz bieten können, sitze man in den Restaurants von Las Vegas, einer neuen Form der Monumentalität entsprechend, auf Separées verteilt unter einer niedrigen Decke beisammen. Statt den Raum unter großen Mühen zu weiten, würden seine Grenzen und damit die Unterscheidung von „innen" und „außen" illusionistisch aufgehoben und die Stadt allein als Bild vergegenwärtigt:

> The controlled sources of artificial and colored light within the dark enclosures expand and unify the space by obscuring its physical limits. You are no longer in the bounded piazza but in the twinkling lights of the city at night.[49]

Gegenüber dieser Idee einer neuartigen, privatwirtschaftlichen Monumentalität, die auf einer virtuellen Entgrenzung beruht, führt Moore in „You Have to Pay for the Public Life" nicht nur die öffentliche Übereinkunft als Voraussetzung des Monuments an.[50] Auch hält er an der Auffassung fest, dass ein solches Monument einen Raum umschließen oder seine Mitte einnehmen müsse. Jenseits der bloß bildlichen Inszenierung einer generischen Stadt, wie Venturi, Scott Brown und Izenour sie beschreiben, erhebt Moore damit die Forderung nach öffentlichen Orten.

> [A] monument is an object whose function is to mark a *place*, either at that place's boundary or at its heart. [...] a monument must make a place of more than private importance or interest. The act of marking is then a public act, and the act of recognition an expectable public act among the members of the society that possesses the place. Monumentality, considered this way, is not a product of compositional techniques (such as symmetry about several axes), of flamboyance of form, or even of conspicuous consumption of space, time, or money. It is, rather, a function of the society's taking possession of or agreeing upon extraordinarily important places on the earth's surface, and of the society's celebrating their pre-eminence.[51]

Allerdings scheint der *freeway*, auf den Moore am Ende seiner Recherchen stößt, der Vorstellung des Ortes entgegenzustehen. So hatte Lewis Mumford im Entstehungsjahr von „You Have to Pay for the Public Life" beklagt, dass Pendler:innen Stunden ihres Lebens im Auto verbrächten, nur um einen Vorort zu erreichen, der sich ebenso trostlos wie alle anderen ausnehme.[52] Entsprechend räumt auch Moore ein, dass den Schnellstraßen ein Potenzial als „serious generalizers of place"[53] eigne.

Indem er Kritik an der US-amerikanischen Verkehrsplanung übte, plädierte Mumford in seinem Buch *The Highway and the City* dafür, dass die Schnellstraßen nicht durch die Stadt führen dürften. Stattdessen müsste der Verkehr durch eine Struktur kleinerer „Blutgefäße" und „Arterien" ins Zentrum geleitet werden.[54] Indem Moore die entgegengesetzte Auffassung vertritt, stimmt er mit Alison und Peter Smithson überein: Nur wenige Jahre zuvor hatte das britische Architektenpaar in der Zeitschrift *Uppercase* erklärt, dass ein identitätsstiftendes Zentrum traditionellerweise durch „some unchanging large-scale thing"[55] markiert werde. In der Vergangenheit etwa die Athener Akropolis oder ein Fluss oder ein Kanal, könnte nun die Schnellstraße als das Monument begriffen werden, dessen die moderne Großstadt so dringend bedarf. So wie die Smithsons die *motorways* folglich weniger als Bedrohung städtischer Strukturen erachteten, um ihnen stattdessen, durchaus doppeldeutig, eine „unifying function"[56] zuzuschreiben, wollte auch Moore die *freeways* gleichermaßen als Verkehrswege und Ortsmarken verstanden wissen.[57] Dabei nahm er jedoch keineswegs an, dass die Schnellstraßen den öffentlichen Stadtraum ersetzen würden. Vielmehr verlangte er, dass an ihren Rändern jene „sort of dock to which our floating populace might come"[58] entstehen sollte, die Wright den Kalifornier:innen vorenthalten hatte. Entsprechend schlug er vor, die Bereiche zu nutzen, die sich unter und neben den Trassen auftun:

> [F]reeways are not for individual people, as living rooms are and as confused planners would have you believe the whole city ought to be; they are for the public use, a part of the public realm; and if the fidgety structures beside them and the deserts for parking – or for nothing – under them don't yet make sense, it is surely because there has so far been too little provision for and contribution to and understanding of the public realm, not too much.[59]

Dass der Vorschlag, dem kalifornischen Defizit abzuhelfen und den Westküstenstaat mit öffentlichen Räumen längs der Schnellstraßen zu versehen, beinahe einer nachträglichen Stadtgründung gleichkommt, legt der Vergleich mit den Schilderungen José Ortega y Gassets nahe, die auch zu Beginn von „You Have to Pay for the Public Life" Erwähnung finden.[60] Um die Vorrangstellung Europas nach dem Ersten Weltkrieg zu behaupten, hatte Ortega y Gasset die Forderung nach einer europäischen Einigung erhoben. Nationalistisch geprägten Einwänden gegenüber der Künstlichkeit eines solchen supranationalen Gebildes kam der Autor zuvor, indem er auf die als Anbeginn einer europäischen Kultur verstandenen antiken Stadtstaaten verwies. Keineswegs als gottgegeben aufgefasst, seien diese durch die Bürger allein infolge politischer Notwendigkeit gegründet worden. Entwickelt haben sich diese Gemeinwesen in der Vorstellung Ortega y Gassets aus dem Platzraum: Von der Umgebung abgegrenzt, frei von Pflanzen wie von Tieren, habe er als allein menschliche Sphäre „el espacio civil"[61] dargestellt.

Lernen von Camillo Sitte

Dass er als Anhänger dieser Idee der Agora (oder auch des Forums) einer grundlegend anderen Auffassung der Stadt folgte, als sie in *Learning from Las Vegas* beschrieben wird, hat Moore schließlich im Gespräch mit Klotz und Cook deutlich gemacht. Sehr wahrscheinlich, mutmaßte der Architekt, würde die von ihm entworfene Wohnanlage Church Street South in New Haven, die eine Reihe von Plätzen umschließt, das Missfallen Venturis erregen – vertrete dieser doch eine „antipiazza, prostreet attitude"[62]. Scott Browns Urteil, wonach *Learning from Las Vegas* einen Scheidepunkt darstelle, von dem an ihre gemeinsame Arbeit mit Robert Venturi einer anderen Richtung gefolgt sei als das Schaffen Moores,[63] legt allerdings nahe, dass die beiden Architekten in dieser Frage zunächst einer Meinung gewesen seien. Und wirklich hatten sich Moore und Venturi gleichermaßen für Camillo Sittes 1889 veröffentlichtes Buch *Der Städtebau nach seinen künstlerischen Grundsätzen* begeistert, das erstmals 1945 in englischsprachiger Übersetzung erschienen war. So hob Venturi in einem unveröffentlichten Bericht über seine Europareise des Jahres 1948 den Einfluss hervor, den das Werk des Wiener Stadtplaners auf ihn ausgeübt habe.[64] Während aber in *Learning from Las Vegas*, wie Stierli erklärt, „der städtische Platz, der im Zentrum von Sittes Interesse steht, der Autostrasse als städtebaulicher Leitkategorie gewichen ist"[65], hat Moore nicht nur bis zum Ende seines Lebens immer wieder auf das Werk des Wiener Planers verwiesen;[66] Anfang der 1950er-Jahre hegte er sogar den Plan, eine Fortsetzung zu Sittes Werk zu verfassen. Dabei berief er sich auf seine Erfahrungen als Dozent an der University of Utah: „In my teaching, I have discovered that many of our students find it difficult to grasp the idea of visual control of open space. […] With this in mind, I should like to extend [Camillo Sitte's] book".[67]

Der Lösungsvorschlag, den Sitte offeriert, liegt in der architektonischen Schließung des städtischen Raumes durch umlaufende Platzwände.[68] Seit der Antike bewährt, sei diese Idee durch die Beschränkung seiner Zeitgenoss:innen auf technische Aspekte vernachlässigt worden. Sitte, der weder die Wichtigkeit infrastruktureller Maßnahmen infrage stellte noch die Forderung nach einer vollständigen Neugestaltung der Stadt erhob, vernachlässigte jene Gebiete, in denen sich die Stadt im „Werktagskleide"[69] zeigte. Stattdessen konzentrierte er sich in seiner Schrift ganz allein auf die Gestaltung von Plätzen und widmete sich somit jenen Bereichen der Stadt, die „zum Stolz und zur Freude der Bewohner, zur Erweckung des Heimatgefühles, zur steten Heranbildung großer edler Empfindungen bei der heranwachsenden Jugend"[70] dienen sollten.

Mit diesen Empfindungen, die Sitte durch seine Platzanlagen zu erregen suchte, hat Anne Brandl sich im Zuge ihrer Untersuchung *Die sinnliche Wahrnehmung von Stadtraum* befasst. Einerseits konstatiert sie, werde die Stadt durch die Planungstheorie „auf ihre visuell-objekthaften Eigenschaften reduziert"[71], während andererseits „vor allem das Versorgungsbedürfnis des Menschen, sein rationales Handeln hervorgehoben, aber die Gesamtheit seiner Sinne sowie seine emotionale und kreative Seite vernachlässigt werden"[72]. Demgegenüber spreche aus Sittes Schrift des Jahres 1889 der Anspruch, Städte so zu bauen, dass sie, den Überlegungen Aristoteles' folgend, nicht nur sicher, sondern auch dem Glück förderlich seien.[73] Maßgeblich seien für Sitte „nicht das Gebaute einer Stadt, funktionale oder ökonomische Überlegungen, sondern der Mensch im Allgemeinen sowie seine sinnlichen Erfahrungen im Besonderen".[74]

So deutlich bereits hier die Verwandtschaft zu den Bestrebungen Moores wird, fährt die Autorin fort, indem sie urteilt, dass die Theorie des Wiener Planers „eher als eine Orts- denn als eine Raumtheorie zu begreifen"[75] sei. Da der Platz in der Vorstellung Sittes „in seiner bühnenbildartigen Geschlossenheit überschaut und gesehen werden kann"[76], sei er, so Brandl, nicht anders denn „als Ort zu verstehen"[77]. Wenn auf diese Weise auch die Relevanz deutlich wird, die Moore dem Werk Sittes zuschreiben musste, konnte er das Publikationsprojekt, das er mindestens bis in die späten 1950er-Jahre verfolgte,[78] nie abschließen. Moores Entwürfe und Bauten lassen allerdings immer wieder Übereinstimmungen mit den Ausführungen Sittes erkennen. Gerade dadurch aber entsprechen sie der Intention des Autors, der erklärt hatte, „Material samt theoretischen Ableitungen für den Praktiker"[79] bereitstellen zu wollen.

Der öffentliche Raum als Bühne

Das bereits erwähnte Kresge College der University of California in Santa Cruz ist nach Plänen von Moore, William Turnbull und ihren Kollegen oberhalb der Pazifikküste inmitten eines dichten Nadelwaldes entstanden. Die zwei- und dreigeschossigen Bauten der Anlage säumen einen vielfach geknickten Fußgängerpfad, der vom tiefer liegenden Parkplatz bis zur Mensa am oberen Ende führt. Indem sich dieser Weg immer wieder aufweitet und verengt, entsteht eine Folge von Plätzen, deren größter, zentral gelegen, durch eine Rednertribüne als Versammlungsstätte ausgewiesen ist.[80] Die Geschlossenheit der Anlage, aus der sich nur vereinzelt Ausblicke in den umgebenden Wald bieten, wird nicht allein durch die Torsituationen, die den Übergang von innen und außen markieren, sondern auch durch die Farbgebung der Fassaden akzentuiert. Während der weiße Putz auf der dem Weg zugewandten Seite die Zusammengehörigkeit der Bauten unterstreicht, besorgt er auch die Abgrenzung zum umgebenden Nadelwald, mit dem der erdige Ton der Außenwände korrespondiert.

Dass die dorfähnliche Gestalt dabei nicht nur ästhetischen Gesichtspunkten, sondern auch der Prämisse folgt, den Baumbestand so weit wie möglich zu erhalten,[81] steht keineswegs im Widerspruch zu den Ausführungen Sittes. Künstliche „Krummziehungen, Straßenwinkel, Unregelmäßigkeiten"[82], hatte er erklärt, seien als „Freuden kindlicher Heiterkeit [...] einer Kulturstufe versagt, in welcher man nicht mehr so gleichsam in den Tag hineinbaut"[83]. Den Überlegungen, die in *Der Städtebau nach seinen künstlerischen Grundsätzen* angestellt werden, entspricht weiterhin, dass die Architekten bei der Gestaltung des Kresge College auf jenen „malerischen Hausrat der Bühnenarchitektur"[84] zurückgriffen, zu dem Sitte auch „öftere Fluchtstörungen, gebrochene oder gewundene Straßenzüge, ungleiche Straßenbreiten, verschiedene Haushöhen, Freitreppen [sowie] Loggen [sic]"[85] gezählt hatte, welche „am Ende kein Unglück für eine moderne Stadt"[86] bedeuteten. Während jedoch Sitte, wie Brandl nahelegt, von einem „sehende[n] und im wesentlichen stehende[n] Fussgänger, ein[em] meist passive[n] Zuschauer"[87] ausgegangen war, nehmen die Autoren von *Body, Memory, and Architecture* an, dass die

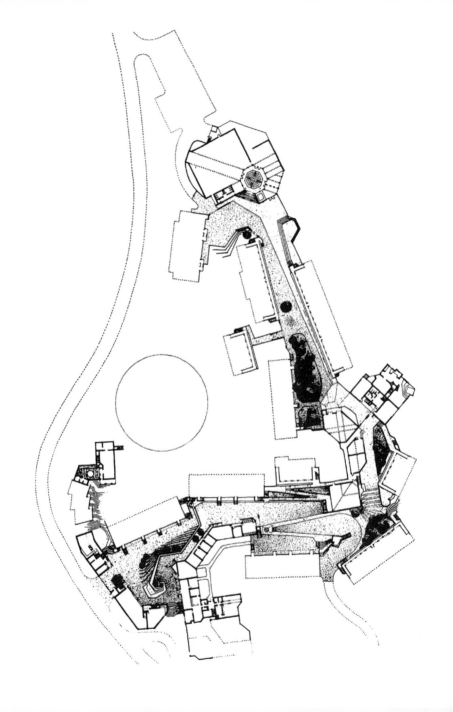

MLTW Moore-Turnbull mit Marvin Buchanan, Robert Calderwood und Robert Simpson: Kresge College, Santa Cruz CA (1966-1974)

Anlage mit dem ganzen Körper und in der Bewegung erlebt wird. Nachdem sie den Campus zunächst als Spielstätte einer vier Jahre währenden Operette vorstellen,[88] schreiben sie:

> The choreographic possibilities of such a vision fascinated the architects, and they fashioned the white gallery walls, which they painted bright colors on their reverse sides, into cut-out-planes, like stage-flats, adding other cut-out walls so that people walking in the street, especially conscious of their own bodies moving *through* planes, would feel themselves important, like dancers on a stage.[89]

Dass den Studierenden aber dadurch nicht nur ein Gemeinschaftsgefühl vermittelt, sondern auch eine „awareness of self"[90] ermöglicht werden soll, legt eine enge Verwandtschaft zwischen öffentlichen und privaten Orten, zwischen Platzraum und Haus, nahe. Dabei ist jedoch zu bedenken, dass das Kresge College zwar einer Kategorie angehört, die in „You Have to Pay for the Public Life" als Stätte öffentlichen Lebens untersucht wird. Als Hochschulanlage zeichne sich der Komplex allerdings, wie Bloomer und Moore einräumen, eher durch eine Metaphorik der Stadt aus, als dass er tatsächliche Urbanität böte.[91] Indessen prägt der Bühnencharakter, der den Wohnhäusern des Architekten eignet und in „You Have to Pay for the Public Life" als Charakteristikum der öffentlichen Sphäre beschrieben wird,[92] auch einen wirklichen Stadtraum wie die Piazza d'Italia in New Orleans: Nach Einschätzung von David Littlejohn stellt die Platzanlage „the supreme outdoor stage set of our time […] suited […] for the daily human comedy"[93] dar.

Sizilien im Herzen

Ausgehend von zwei verschiedenen Wettbewerbsbeiträgen, plante das ortsansässige Büro August Perez Associates den Stadtraum gemeinsam mit Moore

Charles W. Moore Associates und Urban Innovations Group mit
August Perez Associates: Piazza d'Italia, New Orleans LA (1975–1978)

und der Urban Innovations Group, einer der UCLA angegliederten baupraktischen Abteilung.[94] Südlich des French Quarter ist er auch als Treffpunkt und Veranstaltungsort für die Mitglieder italienischstämmiger Gemeinschaften entstanden, deren Wurzeln größtenteils in Sizilien liegen. Das südöstliche Drittel des annähernd kreisrunden Platzes, der inmitten eines Blockes zwischen Poydras und Lafayette Street liegt, wird durch eine architektonisch durchgestaltete Platzwand abgeschlossen. Mit Säulen geschmückt, die sich durch vielfältige Materialität, nächtliche Neon-Illumination und Wasserspiele auszeichnen, wird der Hochpunkt der Anlage durch ein Palladio-Motiv nobilitiert, das zugleich den darunterliegenden Brunnen auszeichnet. Das hier quellende Wasser fließt über eine Stufenfolge auf den Platz und lässt dabei eine künstliche Halbinsel hervortreten, die vom Zentrum bis zum Platzrand reicht und deren Kontur dem „italienischen Stiefel" nachempfunden ist. Wenngleich voller Anspielungen, in denen sich architekturhistorische Versatzstücke, durch nerdige Ironie gebrochen, mit den technischen Möglichkeiten wie den ästhetischen Vorlieben der 1970er-Jahre verbinden, könnte der Kontrast zum *Strip* von Las Vegas kaum größer sein. Keine kommerzielle Anlage, sondern mit öffentlichen Geldern finanziert,[95] steht die aufwendig gestaltete Platzarchitektur in deutlichem Gegensatz zum dekorierten Schuppen, dessen billige Konstruktion allein durch das Ornament „aufgehübscht" wird. Dass die Piazza d'Italia zudem mehr als eine Freizeitarchitektur bietet, legt das Rednerpodest in der Platzmitte nahe, die durch eine Nachbildung Siziliens eingenommen wird. Offiziell zur Begehung italienischer Feiertage vorgesehen, ertüchtigt es die Piazza d'Italia zugleich zur politischen Bühne – gerade so, als gelte es, alle Voraussetzungen zu schaffen, damit auch von diesem öffentlichen Ort eine Revolution ausgehen kann.

Während das zentral platzierte Podium einer der Lektionen aus *Der Städtebau nach seinen künstlerischen Grundsätzen* widerspricht, wonach die Mitte eines Platzes von Einbauten freizuhalten ist, blieb auch die vollständige Schließung der Anlage aus. Ein Gebäudekomplex, der den Platz hätte fassen sollen, wurde

nie realisiert. Gleichwohl ist der Einfluss Sittes auch in New Orleans unübersehbar. Nicht nur, dass sich die Anlage in Louisiana durch ihre Brunnenanlage zu den von Sitte beschriebenen „eingerichteten [...] Plätzen"[96] zählen lässt; auch dass der Blick beim Betreten des Stadtraumes auf eine Platzwand und nicht in eine gegenüberliegende Straße fällt, entspricht den durch Sitte aufgestellten Regeln. Zugleich hatte der Planer als ein „Hilfsmittel der Alten, eine Platzwand geschlossen zusammenzuhalten"[97], den „überbaute[n] weitgespannte[n] Torbogen"[98] angeführt. Als dessen neuzeitliches Beispiel führt er den Portico degli Uffici in Florenz an, dem das Portal, das von der Lafayette Street zur Piazza d'Italia führt, auffallend ähnlich sieht.

Die Geschlossenheit, die der Bogen dem Stadtraum im Zusammenspiel mit einer umgebenden Bebauung verliehen hätte, wäre der Illusion eines selbstgenügsamen Ortes zugutegekommen, wie Susanne Langer sie in *Feeling and*

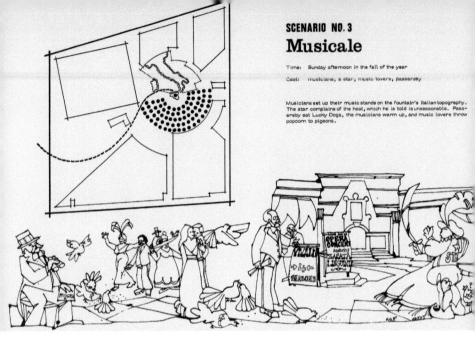

Form beschrieben hat. Ebenso wird der Anspruch, einen Mittelpunkt der Welt zu konstituieren, durch die Nachbildung des italienischen Eilands im Zentrum des Platzes unterstrichen. Anders als die Orgel im Burns House kann die Anlage dabei nicht nur einem einzelnen Bauherrn, sondern allen Mitgliedern der sizilianischen Community von New Orleans Identifikationspotenzial bieten – oder sogar einem noch größeren Teil der Bevölkerung, der die italienischen Einflüsse als charakterprägend für das Wesen der eigenen Stadt anerkennt.

Dass der Stadtraum schließlich auch Langers Einschätzung entspricht, nach der ein architektonischer Ort die Bewegungsmuster seiner Nutzer:innen reflektieren müsse, legt eine undatierte Präsentation zur Piazza d'Italia nahe. Im Archiv der University of Texas in Austin erhalten, lassen die mit „Sackett" unterzeichneten Darstellungen erkennen, wie unterschiedliche Nutzungsszenarien mit der Platzgestaltung korrespondieren sollen.[99] Zu den in Bild und Text geschilderten Geschehnissen gehört neben dem St Joseph's Day, dem zentralen Feiertag im italienisch-amerikanischen Jahr von New Orleans,

Charles W. Moore Associates und Urban Innovations Group mit August Perez Associates: Piazza d'Italia, New Orleans LA (1975–1978)

auch der Karneval. Außer der täglichen Mittagspause und einem als „Piazza asciutta" beschriebenen Abendprogramm ist schließlich auch die Nutzung durch ein *musicale* angeführt. Dabei wird die jeweilige Nutzerschaft als Besetzung präsentiert, deren Bewegungen in einer Lageplanskizze, einer Choreografie gleich, notiert sind.

Dass auch die Piazza d'Italia als Bühne vorgestellt wird, legt eine Verwandtschaft zwischen Haus und Platz nahe, die in den Erläuterungen Sittes ihre Entsprechung findet. Schon Sitte hatte die rhetorische Frage gestellt, was denn „ein Forum anderes als eine Art Theater" [100] sei. Zudem hatte er Parallelen zwischen Platz und Sakralbau, insbesondere dem ungedeckten Hypäthraltempel, gezogen, um schließlich zu erklären, dass das Forum „für die ganze Stadt dasselbe [sei], was für ein einzelnes Familienhaus das Atrium ist, der wohleingerichtete, gleichsam reich möblierte Hauptsaal"[101]. Wenngleich Moore in „You Have to Pay For The Public Life" betont hatte, dass der öffentliche Raum nicht mit einem privaten Wohnzimmer zu verwechseln sei, tritt die Verwandtschaft zwischen Haus- und Stadtraum in seinem Werk sogar wechselseitig in Erscheinung: Fasste er den öffentlichen Platz wie den Saal eines Hauses auf, setzte er auch das Innere seiner Wohnbauten kleinen Städten gleich, in denen der Zentralraum einem urbanen Hauptplatz entspricht.

Anmerkungen

1. Nicolaides/Wiese 2006, 2.
2. Ebd.
3. Lütke/Wood 2016, 351.
4. Ebd., 349.
5. Harris 2006, 136.
6. Harris 2002, 180.
7. Harris 2013, 117.
8. Ebd., 1.
9. Harris 2002, 181.
10. Vgl. ebd., 182–183.
11. Vgl. Barr/Hitchcock/Gropius/Nelson/Walker/Tunnard/Gutheim/Breuer/Blake/Kallmann/Hamlin/Mumford/Koch 1948, 19.
12. Harris 2013, 111.
13. Vgl. Moore 1958, 64.
14. Vgl. Klotz/Cook 1973, 227.
15. Dyckman nahm somit ein Argument vorweg, das sein Kollege Melvin Webber wenige Jahre später in dem vielbeachteten Aufsatz „The City and the Nonplace Urban Realm" vorstellen sollte, vgl. Webber 1971. Nach Auffassung Martino Stierlis hatte Webbers Text maßgeblichen Einfluss auf *Learning From Las Vegas*, siehe Stierli 2010, 294: „Indem Venturi und Scott Brown die Stadt als Kommunikationssystem begriffen, distanzierten sie sich von der traditionellen Vorstellung der Stadt als einer physisch geschlossenen Einheit nach dem Vorbild der mittelalterlichen Stadt. Den massgeblichen theoretischen Hintergrund dafür lieferte der Stadtplaner Melvin Webber, der im amerikanischen Architekturdiskurs der 1960er Jahre eine Gegenposition zu stark an der traditionellen europäischen Stadt ausgerichteten Idealvorstellungen einnahm, indem er Los Angeles und damit die autoorientierte Stadt des amerikanischen Westens par excellence als urbanes Leitbild der Gegenwart propagierte." Wie kritisch Moore dieser Auffassung gegenübersteht, zeigt sich schon anhand der in „Plug It in, Rameses, ..." getroffenen Feststellung, dass etwa das Liebeswerben die Grenzen der elektronischen Kommunikation erkennen lasse, vgl. Moore 1967, 35.
16. Dyckman 1961, 120.
17. Ebd., 121.
18. Ebd.
19. Ebd., 120.
20. van Eyck 2008a, 151.
21. Vgl. Moore 1965, 58.
22. Vgl. Stierli 2010, 303.
23. Sert/Léger/Giedion 1993, 29.
24. Ebd.
25. Ebd.
26. Zitiert nach Welter 2005, 259.
27. Giedion 1956, 73.
28. Ebd., 78.
29. Ebd.
30. Moore 1965, 58.
31. Ebd., 86.
32. Ebd.
33. Vgl. Banham 1976, 213.
34. Moore 1965, 59.
35. Ebd.
36. Ebd., 65.
37. Vgl. ebd., 63. In seinem Aufsatz „Plug It in, Rameses, ...", der in der nachfolgenden *Perspecta*-Ausgabe erschienen ist, erklärte Moore, durch die Watts Riots des Jahres 1965 eines Besseren belehrt worden zu sein, habe sich Los Angeles doch als durchaus geeigneter Ort für eine Revolution erwiesen, vgl. Moore 1967, 36.
38. Moore 1965, 83.
39. Ebd., 95.
40. Stierli 2011, 120.
41. Dabei wird etwa das Guild House in Philadelphia als Beispiel einer Architektur angeführt, die sich, „ugly and ordinary" (Venturi/Scott Brown/Izenour 1977, 93), von der heroischen Moderne deutlich unterscheide.
42. Vgl. Stierli 2010, 27.
43. Vgl. ebd., 313 Anm. 63.
44. Vgl. Moore 1973b. Es handelt sich um eine Doppelbesprechung von *Learning from Las Vegas* und Joseph Rykwerts Buch *On Adam's House in Paradise*, die unter dem Titel „Learning from Adam's House" in der Zeitschrift *Architectural Record* erschienen ist.
45. Vgl. Venturi/Scott Brown/Izenour 1977, 18.
46. Vgl. ebd., 52.
47. Ebd., 87.
48. Giedion 1956, 110.
49. Venturi/Scott Brown/Izenour 1977, 50.
50. Vgl. Moore 1965, 58.
51. Ebd.
52. Vgl. Mumford 1964b, 245.
53. Moore 1965, 95.

54 Vgl. Mumford 1964b, 245.
55 Zitiert nach Smithson 1968, 48.
56 Zitiert nach ebd.
57 Zeitgleich mit den Smithsons hatte sich auch Louis Kahn den Möglichkeiten gewidmet, die die Straße bei der Strukturierung der Stadt bieten kann. In Kahns Bestreben, die Auffassung eines homogenen Universalraums zu überwinden, entdecken Tzonis und Lefaivre den Versuch, die Differenzierung zwischen dienenden und bedienten Räumen auch im städtischen Maßstab zu verwirklichen, siehe Tzonis/Lefaivre 1999, 99/101: „In his influential essay of 1953, *Toward a Plan for Midtown Philadelphia*, he called for a return to the ‚street', ‚for order and convenience', a model of structuring urban and building space according to a model of the servant and served [...]. Similar ideas were voiced at the same time by two other members of Team Ten, the Smithsons. [...] What Kahn had in mind, like many members of Team Ten who were taking their cue from Kahn, was to give back to built environment a structure which universal space had taken away: ‚servant' spaces to assist better technological functioning and ‚served' spaces to protect human community." Kahn ist nicht nur 1959 beim Gründungstreffen des Team 10 im niederländischen Otterlo zugegen gewesen, seine Überlegungen zu Stadt und Straße haben auch Eingang in den durch Alison Smithson herausgegebenen *Team 10 Primer* gefunden, vgl. Smithson 1968, 53.
58 Moore 1965, 59.
59 Ebd., 97.
60 Vgl. ebd., 58. Umfassender findet sich dieselbe Passage in *Body, Memory, and Architecture* zitiert, vgl. Bloomer/Moore 1977, 5.
61 Ortega y Gasset 1930, 250.
62 Klotz/Cook 1973, 230.
63 Vgl. Keim 1996, 269.
64 Vgl. Stierli 2010, 122.
65 Ebd.
66 Vgl. Moore/Lyndon 1994, 18.
67 Zitiert nach Keim 1996, 33.
68 Vgl. Sitte 2002, 38.
69 Ebd., 102.
70 Ebd.
71 Brandl 2013, 12.
72 Ebd.
73 Vgl. ebd., 53.
74 Ebd., 56.
75 Ebd., 59.
76 Ebd.
77 Ebd.
78 Vgl. Keim 1996, 64.
79 Sitte 2002, VII.
80 Vgl. Woodbridge 1974, 76.
81 Vgl. Bloomer/Moore 1977, 115.
82 Sitte 2002, 123.
83 Ebd.
84 Ebd. 121.
85 Ebd.
86 Ebd.
87 Brandl 2013, 55.
88 Vgl. Bloomer/Moore 1977, 116.
89 Ebd.
90 Ebd., 115.
91 Ebd., 116.
92 Indem Moore erklärt, dass Disneyland Möglichkeiten biete, die für den öffentlichen Raum charakteristisch, in Los Angeles aber kaum zu finden seien, hatte er den künstlichen Stadtraum des Freizeitparks in „You Have to Pay for the Public Life" mit einer Bühne verglichen, siehe Moore 1965, 65: „It allows play-acting, both to be watched and to be participated in, in a public sphere."
93 Littlejohn 1984, 261.
94 Nachdem der 1974 abgehaltene Wettbewerb, an dem auch das Büro Moore Grover Harper teilgenommen hatte, zugunsten des Beitrags von August Perez Associates ausgegangen war, lud man Moore zur Mitwirkung als Berater ein. Dabei seien die Aufgaben zwischen dem Büro aus Louisiana und dem Architekten, der mit der Studierendengruppe zusammenarbeitete, klar verteilt gewesen, wie Ron Filson als Direktor der UIG rekapitulierte, siehe Keim 1996, 187: „UIG had the principal design responsibility, while Perez Associates in New Orleans assumed the day-to-day management of the project." Auch Littlejohn legt nahe, dass die Gestaltung des Platzes ganz wesentlich durch das Team um Moore bestimmt worden sei, vgl. Littlejohn 1984, 255-256: Während die Abkehr von einer Ellipse zugunsten der Kreisform wie auch die Struktur, die ganz im Norden den Zugang markiert, und schließlich die Kontur Italiens auf die Mitarbeiter von Perez Associates zurückzuführen sei, oblag der Entwurf des Brunnens – und damit des zentralen Elements – Moore und der Urban Innovations Group. Diese Zusammenarbeit zwischen einem „postmodernen"

175

Architekten und einem großen Planungskonzern illustriert dabei aufs Beste die eingangs angeführte These Sylvia Lavins, siehe Lavin 2020, 21: „Rather than opposing or isolating, this study examines the exchanges between bureaucrats and geniuses and between postmodernization and postmodernism that took place between roughly 1965 and 1990."

95 Vgl. Littlejohn 1984, 253.
96 Sitte 2002, 38.
97 Ebd., 44.
98 Ebd.
99 Vgl. o. A.: Präsentation zur Piazza d'Italia in New Orleans, o. J. University of Texas in Austin, Alexander Architectural Archives, Urban Innovations Group Records.
100 Sitte 2002, 8.
101 Ebd., 10.

8
Stadt als Haus, Haus als Stadt

Die Schilderung, die Bloomer und Moore in *Body, Memory, and Architecture* von der Übertragung des Körperschemas auf die bauliche Umwelt geben, lässt an die *Matrjoschka* genannte Holzpuppe denken. Statt allein die Wände des Hauses als Entsprechung einer Körpergrenze zu begreifen, die gemäß der *body image theory* die menschliche Physis umgibt, gehen die Autoren von einer ganzen Folge architektonischer Schalen aus, die den menschlichen Leib in sich bergen. Demnach hätten die Maßgaben, die für den Entwurf des Hauses bestimmend sind, auch für die Anlage der Stadt zu gelten: „The same orientations and sensibilities that function in the house must also exist in the city if it is to have a human identity."[1] Umgekehrt schreiben sie, dass sich die Zimmertüren dem Wohnraum wie die Fassaden der Stadt zuwendeten. Folglich kämen auch die Räume der Familienmitglieder kleinen Gehäusen gleich, die einen Platz umgeben: „Doors to these personal places within the house have a psychic orientation which is facial and inward-looking, toward the body of the house, a miniaturization of the facade and front door of the house facing outward to the city."[2]

Schon einige der als *single stages* beschriebenen Innenräume in den Wohnhäusern der frühen 1960er-Jahre muten wie miniaturisierte Stadträume an. Einer Altstadtszenerie, wie sie auf einer Theaterbühne gezeigt wird, kam das Innere des Talbert House gerade dadurch gleich, dass der aufragende Hauptraum durch fenstergleiche Öffnungen mit den in den *saddlebags* untergebrachten Nebenräumen verbunden war.[3] Auf diese Weise findet eine Vervielfachung von Innen- und Außenraum statt, die auch die Ädikulahäuser bestimmt. Gerade wo mehrere dieser Einbauten versammelt sind, entsteht der Eindruck, man sähe sich inmitten des Gebäudes einer kleinen Siedlung gegenüber. Erstmals im Architektenhaus in Orinda festzustellen, das gleich zwei dieser Häuschen im Hause beherbergt, wird das nach Plänen von Moore und Turnbull in Westport, Connecticut, errichtete Koizim House durch eine ganze Reihe von Ädikulä gegliedert:

> In this case the empty stages are the space left between tightly knit rooms inside the little houses. From the vantage point of the aedicular shelters the larger rooms are „outside." The outside rooms are indoors, but they

**MLTW Moore-Turnbull:
Koizim House, Westport CT
(1969-1971)**

are more public than the rest, imaginable as a „plaza" for the aedicular village.[4]

Die Analogie von Stadt und Haus ist ein wiederkehrendes Thema der Architekturgeschichte. Bereits Mitte des 15. Jahrhunderts hatte der Florentiner Humanist Leon Battista Alberti im ersten Band seines Traktats *De re aedificatoria* erklärt, dass die Stadt einem großen Haus gleiche, wohingegen das Haus einer kleinen Stadt entspreche.[5] Zu Beginn des neunten Kapitels, das der zweckhaften, würdevollen und angenehmen Gliederung gewidmet ist, gebraucht Alberti diese Analogie, um seine Ausführungen zu Angemessenheit und Verhältnismäßigkeit einzuleiten:

> Erit ergo eiusmodi, ut membrorum in ea nihilo plus desideretur, quam quod adsit, et nihil, quod adsit, ulla ex parte improbetur.
> Neque item omnia unica tantum linearum ductione et terminatione perscribi velim, ita ut nulla re inter se differant; sed alia delectabunt, si maiora sint, alia conferent, si minora sint, alia ex istorum mediocritate laudem assequentur. Ergo placebunt hae rectis constitutae lineis, hae alterae flexis, ac demum aliae utraque linearum ductione praefinitae comprobabuntur;

modo id serves, quod saepe admoneo, ne in id vitium incidas, ut fecisse monstrum imparibus aut humeris aut lateribus videare.[6]

Die von Alberti beschriebene Idee eines in sich abgeschlossenen Baukörpers von geometrischer Vollkommenheit findet im Werk Moores allerdings kaum eine Entsprechung. War schon anhand des Jobson House deutlich geworden, dass viele der Bauten Moores von ihrem Zentrum aus frei in die Umgebung ausgreifen, hat der Architekt auch immer wieder Zubauten für eigene wie fremde Entwürfe konzipiert und damit die Auffassung einer idealen und damit unveränderlichen Kubatur konterkariert. In der Absicht, das Verhältnis von Haus und Stadt in Moores Architektur zu bestimmen, erscheint die Beschäftigung mit Albertis Traktat daher wenig hilfreich.

Alberti und das Team 10

Allerdings haben sich nicht wenige Architekt:innen die Analogie von Haus und Stadt in den nachfolgenden Jahrhunderten zu eigen gemacht, um sie entsprechend dem gegebenen Interpretationsspielraum auszulegen. Ein Echo findet die genannte Wechselbeziehung etwa in Josef Franks schon angeführtem Aufsatz „Das Haus als Weg und Platz". In seinem kurzen Text legt Frank, der an der Wiener Technischen Hochschule *Über die ursprüngliche Gestalt der kirchlichen Bauten des Leone Battista Alberti* promoviert hatte,[7] die Überlegungen dar, die den Entwurf der kurz zuvor fertiggestellten Villa Beer bestimmen:

> Ein gut organisiertes Haus ist wie eine Stadt anzulegen mit Straßen und Wegen, die zwangsläufig zu Plätzen führen, welche vom Verkehr ausgeschaltet sind, so daß man auf ihnen ausruhen kann. […] Ein gut angelegtes Haus gleicht jenen schönen alten Städten, in denen sich selbst der Fremde sofort auskennt und, ohne danach zu fragen, Rathaus und Marktplatz findet.[8]

Aber schon weil Moore der Wiener Moderne, wie erläutert, kaum Aufmerksamkeit entgegengebracht hat, scheint diese Interpretation ungeeignet, um Aufschluss über seine Vorstellung von Haus und Stadt zu gewinnen. Vielversprechender mutet deshalb die Inanspruchnahme dieser Analogie durch eine Gruppe junger Architekt:innen an, der die Kurskorrekturen der CIAM nach dem Zweiten Weltkrieg nicht weit genug gingen. Statt die gegliederte Stadt lediglich um ein urbanes Zentrum zu bereichern, traten sie für ein Verständnis der menschlichen Umwelt als „Habitat" ein, das nebst den körperlichen Erfordernissen auch die spirituellen und intellektuellen Bedürfnisse des Menschen befriedigen sollte.[9] Maßgeblich war dabei der Anspruch, nicht nur den baulichen Kontext, sondern auch jene Vielfalt menschlicher Beziehungen stärker zu berücksichtigen, denen einstmals die verschiedenen Maßstabsebenen von Haus, Straße, Quartier und Stadt entsprochen hatten.

Als Angehörige dieser Runde betonten Alison und Peter Smithson, dass eine bloße Imitation historischer Bautypen gleichwohl nicht genüge. Entsprechend erhoben sie die Forderung, den vielfältigen Formen menschlicher Interaktion durch neue architektonische Mittel differenzierten Ausdruck zu geben: „It is important to realise that the terms used: Street, District, etc. are not to be taken as the reality but as the idea and that it is our task to find new equivalents for these forms of association in our new, non-demonstrative society."[10] Dieser kritische Umgang mit der Architekturgeschichte war für das Werk der Smithsons schon zuvor bestimmend gewesen. Anfang der 1950er-Jahre und damit noch vor ihrer Hinwendung zu „communities and human associations"[11] wie auch der Auseinandersetzung mit vorgefundenen Strukturen, die in ihrer Beschreibung der identitätsstiftenden Schnellstraße deutlich wird, war ihr Wettbewerbsbeitrag für den Wiederaufbau der Kathedrale von Coventry entstanden. Indem Reyner Banham, ohne *The Architectural Principles of Humanism* ausdrücklich zu erwähnen, auf den Einfluss Rudolf Wittkowers hinwies, hat er den Kirchenentwurf als Ergebnis einer Auseinandersetzung mit der Architektur der frühen Neuzeit beschrieben.[12]

Eingedenk dieser Prägung kann es kaum überraschen, dass auch eine durch die Smithsons erhobene Forderung nach wechselseitigen Beziehungen zwischen Haus und Stadt mit einer Lektüre von Albertis architekturtheoretischem Werk in Verbindung gebracht wurde. Nelson Mota, Gonçalo Canto Moniz und Mário Krüger haben in ihrem Essay „From Alberti to Team 10. Towards a Welfare Humanism" die Versuche der Nachkriegsmoderne, und dabei gerade der Smithsons, beleuchtet, in ihrem Streben nach einer beziehungsreichen Umwelt an die Überlegungen des Florentiner Theoretikers anzuknüpfen. In diesem Bemühen erkennen die Autoren eine „reconceptualisation of the Athens Charter through the lens of Alberti's aforementioned *dictum* ‚a house is like a small city and a city is like a big house'"[13].

Nachdem Peter Smithson nebst drei anderen Kritikern der funktional gegliederten Stadt – Jaap Bakema, Georges Candilis und Rolf Gutmann – mit der Planung der zehnten CIAM-Tagung beauftragt worden war, die 1956 im jugoslawischen Dubrovnik stattfand, wurde dieses Team 10 durch Gleichgesinnte verstärkt. Neben Alison Smithson gehörten zu ihnen auch die Architekten Aldo van Eyck, Shadrach Woods und Giancarlo De Carlo. Schließlich beschlossen die Angehörigen der Gruppe bei einem Treffen, das 1959 im niederländischen Otterlo stattfand, die eigenmächtige Auflösung der CIAM, um gleichsam deren Nachfolge anzutreten. Mehr als zwei Jahrzehnte lang sollte der Zusammenschluss den Architekturdiskurs beiderseits des Eisernen Vorhangs prägen.

Ohne dass Moore der Gruppe angehört oder an deren Treffen teilgenommen hätte, stand er mit ihren Mitgliedern in Kontakt. Wenn die Überlegungen des Team 10 auch deshalb geeignet erscheinen, um die Wechselbeziehung von Stadt und Haus im Werk des Architekten nachzuvollziehen, bietet sich dazu insbesondere die Arbeit Aldo van Eycks an, auf die Moore immer wieder Bezug genommen hat. Schließlich belegt eine an Moore ergangene Einladung zum Team-10-Treffen des Jahres 1966, dass es auch van Eyck war, der sich gemeinsam mit Giancarlo De Carlo für eine Mitwirkung des amerikanischen Kollegen in der Gruppe eingesetzt hatte.[14]

Versöhnung der Zwillingsphänomene

Seine Unzufriedenheit mit den Positionen der etablierten Architekturmoderne erläuterte van Eyck in einem Brief, den er im Dezember 1960 an Sigfried Giedion geschrieben hatte.[15] Dem niederländischen Architekten war der vormalige Sekretär der CIAM als Ehemann seiner einstigen Förderin Carola Giedion-

Welcker gleichfalls freundschaftlich verbunden. Umso sorgfältiger suchte van Eyck in seinem Schreiben die Auflösung der CIAM durch das Team 10 zu rechtfertigen. Dabei konstatierte er, dass die Arbeit der 1928 gegründeten Institution auf einem Denkfehler beruht habe. In Vorwegnahme der Kritik, die Moores „Recollections from a Watermelon or Six Flights from a Dialectic" bestimmen sollte, erklärte van Eyck, dass dieser Fehler in einer dualistischen Logik gründe: „CIAM split fundamental dual phenomena into arbitrary polarities as all the fools still do from pulpit, council rooms and governments […]."[16] Ebendiese Dualitäten suchte van Eyck in seiner Arbeit zu versöhnen, indem er, ganz den Prinzipien des Team 10 entsprechend, auf Beziehungen zwischen den Teilen pochte. Deutlich wird das vor allem anhand seines Buches *The Child, the City and the Artist*, das der Architekt 1962 verfasst hatte, nachdem ihm während einer Gastprofessur in Philadelphia ein Stipendium der Rockefeller Foundation zugesprochen worden war. Das Buch, das für Jahrzehnte nur als Typoskript an amerikanischen Hochschulen zirkulierte,[17] beinhaltet eine Reihe von Aufsätzen, denen die Kritik an einer allein zweckrationalen Weltsicht gemein ist. Diese Anschauung, so schreibt van Eyck, würde schon Kindern mittels einer Pädagogik anerzogen, die kreative Aspekte außer Acht lasse. Einer „huge well-oiled machine"[18] gleich, produziere sie ausschließlich unfreie Männer und Frauen. Wenn der Architekt demgegenüber fordert, dass die Künstler:innen, wie er mit romantischer Sentimentalität schreibt, eine „spiritual alliance"[19] mit dem Kind eingehen müssten, ist das auch als Aufforderung an die Architekt:innen zu verstehen. Nicht anders als die „great gang"[20] der bildenden Künste, mit der Giedion-Welcker ihn bekannt gemacht hatte, gelte es, die Barriere zwischen vermeintlichen Polaritäten einzureißen und damit die künstlichen Grenzziehungen, die das abendländische Denken bestimmten, zu überwinden:

> Insofar as the meaning of the Great Riot rests upon the destruction of the barriers thrown up by mechanical thinking between aggressive polarities, it is this riot that has actually re-established the unity between subject and object, conscious and the unconscious world (reality and dream, reality and myth), imagination and common sense, matter and energy, mind and body, the organic and the inorganic world.[21]

Van Eyck beruft sich dazu auf den Religionsphilosophen Martin Buber, der in seinem 1923 erschienenen Werk *Ich und Du* postuliert hatte, dass weder Individualismus noch Kollektivismus dem Menschen gerecht werden könnten:[22] „[B]oth lead to frustration, isolation and despair"[23], wie van Eyck folgert. Demgegenüber verlangt er, dem „in-between"[24] als einem gleichermaßen trennenden wie verbindenden Zwischenraum eine größere Aufmerksamkeit zuteilwerden zu lassen. Anstatt sich allein auf das Konzept der Türschwelle zu beschränken, dem im Denken des Team 10 eine besondere Bedeutung zukam,[25] müsse sich die Disziplin auch der Untrennbarkeit von Stadt und Haus bewusst sein, um der Zusammengehörigkeit sogenannter „Zwillingsphänomene" Genüge zu tun:

> In whatever we make, the architectural reciprocity of university-diversity and part-whole (closely linked twin phenomena) should to some extent at least cover the human reciprocity of individual-collective. [...] The mere fact that habitat planning is arbitrarily split into two disciplines – architecture and urbanism – demonstrates that the principle of reciprocity has not yet opened the determinist mind to the necessity of transforming the mechanism of design process. [...] Yes, we must stop splitting the making of a habitat into two disciplines – architecture and urbanism. [...] a house is like a small city if it's to be a real house – a city like a large house if it's to be a real city.[26]

Indem van Eyck seinen Aufenthalt in den USA nutzte, um sich Klarheit über die Prämissen seiner Arbeit zu verschaffen, theoretisierte er einen Ansatz, der in den vorhergehenden Monaten bereits eine Umsetzung im Bau des Amsterdamer Waisenhauses gefunden hatte. Beim Entwurf des Wohnheims, das über einhundert Kinder zwischen Geburt und Volljährigkeit beherbergte, sollte den verschiedenartigen Erfordernissen der jungen Bewohnerschaft Rechnung getragen, das Bauwerk aber zugleich als Ort der Gemeinschaft kenntlich werden. Modular aufgebaut, ist der lang gestreckte Personaltrakt, der vom Amstelveenseweg nach Westen reicht, deshalb in einen teppichartigen Komplex aus 328 Häusern gebettet. Durchsetzt sind diese Häuser von den größeren Gemeinschaftsbauten, die, ebenfalls quadratisch und gleichermaßen überkuppelt,

Plätzen ähneln. Der Erschließung dienen hingegen Korridore, die wie Straßen anmuten. Indem van Eyck den Komplex wie eine Stadt organisiert, stellt er die strikte Scheidung von Innen und Außenraum ebenso Infrage wie eine Trennung von Architektur und Urbanismus – oder von Haus und Stadt.

Ein unveröffentlichtes Exposé zu *Body, Memory, and Architecture* offenbart, dass es genau diese Überlegungen van Eycks sind, die dem Buch von Bloomer und Moore als Referenz, wenn nicht als Inspiration zugrunde liegen: „Back to Aldo van Eyck, with his switches of scale, we see what implications lie in the notion of city as house and house as city, of hall way as street and of street as corridor."[27] So deutlich die Unterschiede sind, die sich zwischen *Learning from Las Vegas* und der Stadtauffassung Moores auftun, ist die Verwandtschaft seiner Überlegungen zum Denken van Eycks und des Team 10 nicht zu übersehen.[28] Damit schließt sich allerdings die Frage an, weshalb Moore an der Gestaltung von Plätzen festgehalten und einer Überwindung der Polaritäten im Fall von Haus und Stadt eine so herausragende Bedeutung beigemessen hat. Zu berücksichtigen ist dabei, dass der Zusammenhang von privatem Raum und öffentlicher Sphäre selbstverständlicherweise nicht nur Inhalt architektonischer Debatten gewesen ist, sondern auch durch die politische Theorie erörtert wurde[29] – so auch in Hannah Arendts Buch *The Human Condition*.

Agora und *oikos*

Indem sie der Massengesellschaft abermals das Ideal der Antike gegenüberstellt, beschreibt die Philosophin in ihrem 1958 erschienenen Werk die Polis als Ort des Handelns. Vom Arbeiten wie vom Herstellen verschieden, sei dieses Handeln, das in Arendts Verständnis auf sprachlichem Austausch beruht, als allein menschliches Vorrecht zu verstehen. Indem die Polis dem Handeln eine Bühne biete, sei zugleich dem Einzelnen die Möglichkeit gegeben, sich hervorzutun: „The public realm, with other words, was reserved for individuality; it was the only place were men could show who they really and inexchangeably were."[30] Demgegenüber diente der private Bereich des *oikos* dazu, das Überleben zu sichern und somit die unverzichtbaren Grundlagen für das befreite Handeln in der Polis zu schaffen.

> What prevented the *polis* from violating the private lives of its citizens and made it hold sacred the boundaries surrounding each property was not respect for private property as we understand it, but the fact that without owning a house a man could not participate in the affairs of the world because he had no location in it which was properly his own. [...] The distinctive trait of the household sphere was that in it men lived together because they were driven by their wants and needs. [...] The realm of the *polis*, on the contrary, was the sphere of freedom, and if there was a relationship between these two spheres, it was a matter of course that the mastering of the necessities of life in the household was the condition for freedom of the *polis*.[31]

In der Neuzeit aber sei diese Wechselbeziehung zwischen Stadt und Haus außer Kraft gesetzt worden: „[T]he collective of families economically organized into the facsimile of one super-human family is what we call ‚society,' and its political form of organization is called ‚nation.'"[32] Nicht nur dass in dieser großen Familie ein „non-behavior"[33] an die Stelle des Handelns getreten sei; auch habe der Anspruch, sich in der Öffentlichkeit auszuzeichnen, einem Konformismus Platz gemacht, der nach Arendts Auffassung Kennzeichen einer jeden Gesellschaft ist.[34] Ihren Höhepunkt finde diese Entwicklung allerdings in der modernen Massengesellschaft:

> [W]ith the emergence of mass society, the realm of the social has finally, after several centuries of development, reached the point where it embraces and controls all members of a given community equally and with equal strength. But society equalizes under all circumstances, and the victory of equality in the modern world is only the political and legal recognition of the fact that society has conquered the public realm, and that distinction and difference have become private matters of the individual.[35]

Wo die griechischen Stadtstaaten ihre politische Handlungsfähigkeit durch eine Begrenzung der Bevölkerungszahl sicherzustellen wussten, verliere das

Individuum bei zunehmender Größe des Gemeinwesens an Bedeutung: „Politically, this means that the larger the population in any given body politic, the more likely it will be the social rather than the political that constitutes the public realm."[36] Die Konsequenzen einer solchen „Vergesellschaftung" beurteilt Arendt als schwerwiegend. Sie führt aus, dass der Austausch mit den Mitbürger:innen, in dem die unterschiedlichen Sichtweisen offenbar werden, für eine Realität maßgeblich sei, die nicht auf der Idee einer gemeinsamen menschlichen Natur beruht: „Under the conditions of a common world, reality is not guaranteed primarily by the ‚common nature' of all men who constitute it, but rather by the fact that, differences of position and the resulting variety of perspectives notwithstanding, everybody is always concerned with the same subject."[37] Hatte schon Aristoteles die Vielstimmigkeit als wesentliche Bedingung der Polis benannt,[38] schreibt Arendt, dass eine gesellschaftliche Öffentlichkeit, die durch die Nivellierung aller Differenzen den Dialog unmöglich mache, einen Verlust ebendieser Realität zur Folge haben müsse: „The end of the common world has come when it is seen only under one aspect and is permitted to present itself in only one perspective."[39]

Wie aber die Massengesellschaft die politische Öffentlichkeit beschädige, beraube sie den Menschen auch der Rückzugsmöglichkeit ins Private.[40] Durch jedwede Enteignung sei der private Grundbesitz dabei ebenso bedroht wie durch die Auffassung, nach der dem Boden allein ein Immobilienwert zukomme. So würden auch die „[m]odern advocates of private property"[41] übersehen, dass der eigene Grund die erforderliche Voraussetzung für die politische Tätigkeit ist. Dabei macht Arendt deutlich, dass die private Sphäre nicht allein dazu diene, die materiellen Grundlagen für das öffentliche Wirken zu erwirtschaften. Vielmehr komme ihr auch die Aufgabe zu, die Bewohner:innen vor einer Verflachung zu bewahren, wie sie ein allein in der Öffentlichkeit verbrachtes Leben zur Folge habe: „A life spent entirely in public, in the presence of others, becomes, as we would say, shallow."[42]

Ohne dass Arendt bei Moore Erwähnung gefunden hätte, führt dieses Verständnis, wonach der *oikos* nicht nur die ökonomischen, sondern auch die psychischen Voraussetzungen für das Wirken in der Öffentlichkeit schafft, zurück zu den Häusern des Architekten. Wenn der Widerstreit im öffentlichen

Raum, wie in *The Human Condition* erläutert, auf der Vielheit und Verschiedenheit der Stimmen beruht, muss eine Wohnarchitektur, die die massengesellschaftliche Gleichförmigkeit der Bewohner:innen noch verstärkt, verheerend erscheinen. Indem Moore allerdings, im erkennbaren Unterschied zur Moderne eines Le Corbusier, auch die individuelle Eigenheit der Nutzer:innen berücksichtigt und sie dadurch in ihrer Einzigartigkeit bestärkt, suchte er die Voraussetzungen für ein politisches Handeln zu schaffen. Umso weitreichender wirkt er damit einem technokratischen Regime und dementsprechend auch jener „kind of no-man rule"[43] entgegen, die Arendt zufolge der Bürokratie als „the most ‚social' form of government"[44] eigen sei. Die Wechselbeziehung aber, die demnach zwischen öffentlicher Sphäre und privatem Raum besteht, zeigt Moore durch die Gestaltung der platzgleichen Zentralräume seiner Wohnbauten ebenso auf wie durch den Entwurf von Versammlungsstätten, die er als offene Säle konzipierte.

Öde in Beverly Hills

Umstritten bleibt, wie sinnvoll eine bauliche Umsetzung dieser Wechselbeziehung ist. So fand die Wertschätzung, die der Architekt Herman Hertzberger, ein Schüler van Eycks, für das Amsterdamer Waisenhaus empfand, zwar in seinen erfolgreichen Bemühungen einen Ausdruck, das Mitte der 1980er-Jahre vom Abriss bedrohte Gebäude vor der Zerstörung zu bewahren.[45] An der Gleichsetzung von Stadt und Haus, die die Architektur des Burgerweeshuis bestimmt, hat Hertzberger gleichwohl sehr unvermittelte Kritik geübt. Seine Vorbehalte begründete er in dem Buch *Space and the Architect* mit den ganz unterschiedlichen Anforderungen, die Haus- und Stadträume zu erfüllen hätten:

> Regarded in a sociological light, to see the city as a house is too limited and, more to the point, too narrow. City for us implies an openness to the world, the availability of choice, space. Excitement, adventure, risk and danger are part and parcel of it. House by contrast presupposes contain-

ment, protection, somewhere to yourself; where you can relax, rest, reflect and gather your wits together. The privacy behind the front door of your house is a real luxury, one that is seldom found in the past when it was the privilege of only the most wealthy.[46]

Wenn dieser Widerspruch auch die Bauten Moores betrifft, wird er besonders deutlich anhand einer Planung, die der Architekt abermals gemeinsam mit der Urban Innovations Group erarbeitete: 1982 erhielt er die Gelegenheit, ein Civic Center in Kalifornien zu gestalten und der treibenden Bevölkerung somit zu jenem Dock zu verhelfen, das Frank Lloyd Wright den Bewohner:innen des Golden State nicht bieten konnte.

Unmittelbar an der California State Route 2, die in diesem Abschnitt den Namen Santa Monica Boulevard trägt, liegt das in den 1930er-Jahren errichtete und stilistisch am iberoamerikanischen Barock orientierte Beverly Hills Civic Center. Ein halbes Jahrhundert später sollte der Bau um eine Feuerwache, ein Polizeirevier samt Gefängnis, ein Parkhaus und eine Bücherei erweitert werden. Der Entwurf von Moore und der Urban Innovations Group reagiert dabei auf die Feststellung des Architekten, dass sich die Einzelglieder des Bestandsgebäudes, anders als die Charakterisierung als „Center" vermuten ließe, allesamt voneinander abwendeten.[47] Um demgegenüber einen Zusammenhang zu schaffen, wurden die neuen Bauten längs einer Achse aufgereiht, die den gesamten Komplex durchmisst und dabei durch zwei Blocks schneidet. Indem sie sich fortwährend weitet und verengt, bildet sie vier elliptische Platzräume aus. Zeigt sich darin der Versuch, der amerikanischen Downtown zu fußgängerfreundlichen Freiräumen zu verhelfen, offenbart das Civic Center zugleich das aus anderen Projekten bekannte Ansinnen, städtische Plätze wie Innenräume zu gestalten. Mit dem Anspruch „to continue into the outdoors […] the sense of what was already there"[48] beabsichtigte Moore, die Architektur des bestehenden Gebäudes auch in der Platzfolge erfahrbar zu machen. Zudem hat der Architekturhistoriker Eugene Johnson unter Verweis auf das Hôtel de Montmorency von Claude-Nicolas Ledoux und Francesco Borrominis Entwurf für den Palazzo Carpegna in Rom auf die formale Beziehung zwischen den vier elliptischen Stadträumen des Beverly Hills Civic

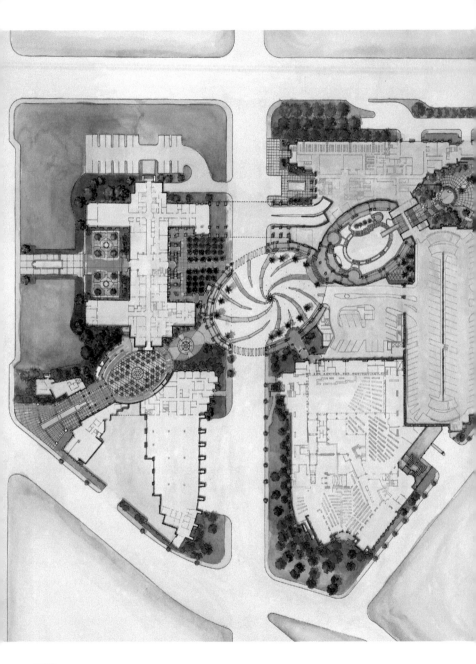

Charles W. Moore und Urban Innovations Group mit Albert C. Martin and Associates: Beverly Hills Civic Center, Beverly Hills CA (1982–1990)

Center und historischen Wohnarchitekturen hingewiesen.[49] Indem die Sequenz der Plätze, ringsum geschlossen, wiederum an Festsäle unter freiem Himmel denken lässt, zeugt somit auch das Beverly Hills Civic Center vom Einfluss Camillo Sittes.[50]

Wenn Moore aber schreibt, dass die Achse weniger dazu gedacht sei, abgeschritten zu werden, als vielmehr die Vorstellungskraft in Bewegung zu setzen,[51] mutet das fast wie eine Ausrede an. Selbst ein Autor, der dem Architekten äußerst wohlgesonnen ist, räumt ein, dass die Platzfolge heute vor allem öde und verlassen anmutet.[52] Dabei sind die Gründe dafür, dass mit dem Beverly Hills Civic Center kein Dock für die schwimmende Bevölkerung, sondern eine unbewohnte Insel entstanden ist, vielfältiger Natur. Der alleinige Verweis auf ein fehlendes Programm, das Anreize stiftete, die Platzfolge nicht nur in der Vorstellung, sondern auch zu Fuß zu durchqueren, erscheint unzureichend. Vielmehr offenbart das Civic Center den Widerspruch, der sich zwischen dem Aufsatz „You Have to Pay for the Public Life" und den Freiräumen auftut, die der Architekt gestaltet hat: Fasste Moore den Platzraum einerseits, Langer folgend und seinen Hausentwürfen entsprechend, als abgeschlossenen und selbstgenügsamen Ort auf, hatte er in seinem Text andererseits gefordert, dass öffentliche Anlagen jene Bezugspunkte bieten müssten, die die Bevölkerung in der Wohnarchitektur nicht finden kann.

Ihrer Bedeutung entsprechend, suchte Moore die Sichtbarkeit wie auch die Zugänglichkeit der Platzräume dadurch sicherzustellen, dass er sie an die Straße rückte, statt sie allein im Einfamilienhäusermeer auszusetzen. Um trotzdem zu gewährleisten, dass ihre öffentliche Nutzerschaft sie auch in Besitz nehmen kann, sorgte er nach dem Vorbild Sittes für ihre Geschlossenheit. Wenn aber die Raumfolge des Beverly Hills Civic Center, etwa im Rahmen einer politischen Veranstaltung, als öffentliche Bühne genutzt würde, dürften die Autofahrer:innen auf den umgebenden Straßen davon kaum Notiz nehmen. Von Niveauunterschieden abgesehen, sorgen vor allem die Platzwände

Charles W. Moore und
Urban Innovations Group
mit Albert C. Martin and
Associates: Beverly Hills
Civic Center, Beverly Hills
CA (1982–1990)

dafür, dass alle Geschehnisse, denen die Anlage einen Ort bietet, den Augen der Passant:innen verborgen bleiben. Zeigt die Erweiterung des Beverly Hills Civic Center somit die Schwierigkeit, ein in früheren Jahrhunderten bewährtes Modell auf eine autoaffine Millionenmetropole wie Los Angeles zu übertragen, erscheint es auch fraglich, ob Plätze, die einstmals als Zentren klar umgrenzter Gemeinwesen angelegt wurden, dazu taugen, der offenen Stadt der Moderne eingeschrieben zu werden. Müssen somit bereits die Bemühungen Sittes Anlass zum Zweifel geben, gilt das umso mehr für die Bestrebungen Moores, den Bewohner:innen der weithin wuchernden Westküstenmetropole öffentliche Orte zu schaffen, die nicht allein der Erbauung dienen, sondern auch als politische Zentren fungieren sollten.

Anmerkungen

1. Bloomer/Moore 1977, 51.
2. Ebd., 48.
3. Entsprechend wird das Haus als mehrgeschossige Bühne charakterisiert, siehe Moore/Allen/Lyndon 2000, 59: „These walls are both the literal and figurative structure for the place, for they create a multi-level stage, while the machinery that supports the drama is relegated to the saddlebags."
4. Ebd., 208.
5. Vgl. Alberti 1966, 65.
6. Ebd., 67/69.
7. Vgl. Frank 1910.
8. Frank 2004, 140-141.
9. Vgl. Pedret 2013, 83-91.
10. Zitiert nach Welter 2005, 261.
11. Welter 2005, 259.
12. Vgl. Banham 1966, 41.
13. Mota/Canto Moniz/Krüger 2014, 715.
14. Vgl. De Carlo, Giancarlo: Einladungsschreiben zum Treffen des Team 10 in Urbino, 19. Juli 1966. University of Texas in Austin, Alexander Architectural Archives, Charles W. Moore Archives, B2.
15. Vgl. van Eyck 2008b, 208-211.
16. Ebd., 209.
17. Vgl. van Eyck 2008a, 8.
18. Ebd., 22.
19. Ebd., 23.
20. Ebd., 29.
21. Ebd., 70.
22. Vgl. Buber 1966.
23. van Eyck 2008a, 54.
24. Ebd.
25. In dem von Alison Smithson herausgegebenen *Team Ten Primer*, der verschiedene programmatische Artikel der Mitglieder der Architektengruppe versammelt, ist das letzte Kapitel als „Doorstep" betitelt. Der Abschnitt beginnt mit einem Auszug aus van Eycks 1959 in Otterlo gehaltenem Vortrag, in dem sich der niederländische Architekt auf eine Stellungnahme bezieht, die die Smithsons 1953 auf dem CIAM-Treffen in Aix-en-Provence abgegeben hatten, siehe Smithson 1968, 96: „Take an example: the world of the house with me inside and you outside, or vice versa. [...] Two worlds clashing, no transition. The individual on one side, the collective on the other. It's terrifying. Between the two, society in general throws up lots of barriers, whilst architects in particular are so poor in spirit that they provide doors 2in. thick and 6ft. high [...] Well, perhaps the greater reality of a door is the localized setting for a wonderful human gesture: conscious entry and departure."
26. van Eyck 2008a, 60.
27. o. A.: Exposé zu *Body, Memory, and Architecture*, o. J. University of Texas in Austin, Alexander Architectural Archives, Charles W. Moore Archives, B8, o. S.
28. Wenngleich van Eyck gerade in den 1980er-Jahren Tiraden gegen etliche seiner Kollegen lancierte und dabei auch vor früheren Mitstreitern aus den Reihen des Team 10 wie Oswald Mathias Ungers nicht halt-machte, fand Moore sich von all seinen Angriffen ausgenommen. Das gilt auch für den 1981 gehaltenen Vortrag „R.P.P. (Rats, Posts and Other Pests)", einem wüsten Rundumschlag gegen die rationalistische und postmoderne Architektur, vgl. van Eyck 2008b, 537-548.
29. In *La rebelión de las masas* verweist Ortega y Gasset am Beispiel der antiken Polis auf das Verständnis der Stadt als eines größeren Hauses, um seinem Plädoyer für eine europäische Einigung größere Anschaulichkeit zu verleihen, siehe Ortega y Gasset 1930, 251: „La urbe es la supercasa, la superación de la casa o nido infrahumano, la creación de une entidad más abstracta y más alta que el *oikos* familiar."
30. Arendt 2018, 41.
31. Ebd., 29-31.
32. Ebd., 29.
33. Ebd., 43.
34. Vgl. ebd., 39.
35. Ebd., 41.
36. Ebd., 43.
37. Ebd., 57-58.
38. Vgl. ebd., 214-215.
39. Ebd., 58.
40. Vgl. ebd., 59.
41. Ebd., 66.
42. Ebd., 71.
43. Ebd., 40.
44. Ebd.
45. Vgl. Strauven 1996, 44.
46. Hertzberger 2010, 172.
47. Vgl. Littlejohn 1984, 310.
48. Moore 1986b, 19.
49. Vgl. Johnson 1986, 88.

50 Tatsächlich hatte Moore die Achse des Beverly Hills Civic Center in *Chambers for a Memory Palace* mit Sittes Lehrsätzen in Verbindung gebracht. So schildert er die „axial vistas" (Lyndon/Moore 1994, 17), die die Umgestaltung Roms unter Sixtus V., den Karlsruher Fächerplan sowie Pierre Charles L'Enfants Anlage der Hauptstadt Washington bestimmen. Ergänzend verweist er auf die Überlegungen Camillo Sittes, siehe ebd., 18: „Nearly a century later Camillo Sitte was to write a treatise against infinite expanses in his *Art of Building Cities*, to urge that an axis would end in a solid, to make, in a more medieval way, a strong sense of enclosure, and no infinities. It's an axis either way; the difference is what you reach for." Offenbar bezieht Moore sich dabei auf die Forderung Sittes, wonach die in einen Platz einmündenden Straßen „nach Art von Turbinenarmen" (Sitte 2002, 40) versetzt angeordnet sein sollten. Obschon die Achse in Beverly Hills nicht auf Baukörper zuläuft, findet sie sich doch durch den ellipsoiden Zuschnitt der Plätze wie auch durch die Portale begrenzt.
51 Vgl. Lyndon/Moore 1994, 20.
52 Vgl. Keim 2001, xix.

9
Göttergleich

Geeignet, die kalifornische Platzfolge unzeitgemäß erscheinen zu lassen, sind zudem die Überlegungen, die Richard Sennett in seinem Buch *The Fall of Public Man* anstellte. Seine Publikation, die der Erweiterung des Beverly Hills Civic Center nur um wenige Jahre vorausging, eröffnet der Soziologe mit der Feststellung, dass die Vergleiche zwischen der Gegenwart und dem späten Römischen Reich (aller „silliness"[1] zum Trotz) einer Grundlage nicht entbehrten. Geeint seien das nachaugusteische Rom und die Gegenwart durch ein Desinteresse am öffentlichen Leben. Seit einer Hochzeit, die die öffentliche Sphäre im 18. Jahrhundert erlebt habe, indem sie es im besten Falle auch einander zuvor unbekannten Menschen gestattete, miteinander ins Gespräch zu kommen, habe ihr Niedergang eingesetzt:

> In the mid-19th Century there grew up in Paris and London, and thence in other Western capitals, a pattern of behavior unlike what was known in London or Paris a century before, or is known in most of the non-Western world today. There grew up the notion that strangers had no right to speak to each other, that each man possessed as a public right an invisible shield, a right to be left alone.[2]

Anhand verschiedener Planungen des 20. Jahrhunderts verdeutlicht Sennett, dass die Architektur der Moderne dem öffentlichen Leben kaum noch einen Ort biete: „In the Defense Center, as with Lever House and Brunswick Center, the public space is an area to move through, not be in."[3] Allerdings liege der Grund für den Verfall der Öffentlichkeit keineswegs in der Architektur. Stattdessen markierten die genannten Projekte nur den Endpunkt eines langen Prozesses: „They are the results of a change that began with the fall of the *ancien régime* and the formation of a new capitalist, secular, urban culture."[4] Manifest werde dieser Wandel im Verlust konventionalisierter Verhaltensweisen, die vormals die Voraussetzung für einen öffentlichen Verkehr darstellten. Als „union of aesthetics and social reality"[5] hätten diese Umgangsformen einst im Bild des *Theatrum mundi* Ausdruck gefunden: „In the middle of the 18th Century a social life did exist in which the aesthetics of the theater were intertwined with behavior in ordinary life."[6] Diesem Ideal komme in der Moderne allerdings kaum noch Bedeutung zu, „people have become actors without an art"[7].

Im Angesicht dieser These muss der Ansatz Moores, städtische Räume nach historischem Vorbild zu schaffen, noch fragwürdiger erscheinen. Zwar lassen die durch die Urban Innovations Group angefertigten Darstellungen der Piazza d'Italia erkennen, dass die Anlage jenseits des bloßen Transits auch zur Bewegung innerhalb des Stadtraums einladen sollte. Im Hinblick auf die skizzierten, dabei aber äußerst vage gehaltenen Bewegungsmuster stellt sich dennoch die Frage, ob die dahinter stehenden Überlegungen über eine private Choreografie hinausgehen, wie Moore und seine Kollegen sie den Wohnhäusern einschrieben. Hatte Anna Halprin jenseits ihrer Meditationsübungen auch kollektive Rituale entwickelt, scheint der Architekt keine gesonderte Vorstellung von einem neuerlich kunstvollen Gebrauch des öffentlichen Raumes gehabt zu haben.

Eine narzisstische Gesellschaft

Als Ursache für den grundlegenden Wandel des öffentlichen Lebens, das schließlich nur noch „a matter of observation, of passive participation, of a certain kind of voyeurism"[8] geworden sei, beschreibt Sennett eine Moderne, die nicht allein durch „impersonality, alienation, and coldness"[9] bestimmt sei, sondern auch durch die vielfältigen und schon frühzeitigen Versuche, diesen Missständen abzuhelfen. Durch eine gesteigerte Wertschätzung der Intimität im Sinne von „warmth, trust and open expression of feeling"[10] sei die Nähe zu den „inner psychological concerns of each person"[11] im 19. Jahrhundert zum entscheidenden Kriterium sozialer Beziehungen erhoben worden. Intimität, zuvor an die private Sphäre gebunden, werde seither auch im öffentlichen Umgang erwartet. Sowenig sich dieses authentischere Betragen aber mit den geregelten Umgangsformen des *Theatrum mundi* vereinen ließe, bringe es auch veränderte Erwartungen an die Umwelt mit sich. Diese deutet Sennett als Ausdruck eines Narzissmus. Keineswegs als übersteigerte Selbstliebe zu verstehen, begreift er Narzissmus als eine Selbstbefangenheit, die jede Erfahrung des anderen oder Fremden unmöglich mache:[12]

Narcissism in the clinical sense diverges from the popular idea love of own's own beauty; more strictly, and as a character disorder, it is self-absorption which prevents one from understanding what belongs within the domain of the self and self-gratification and what belongs outside it. Thus narcissism is an obsession with „what this person, that event means to me." This question about the personal relevance of other people and outside acts is posed so repetitively that a clear perception of those persons and events in themselves is obscured. This absorption in self, oddly enough, prevents gratification of self needs; it makes the person at attaining an end or connecting with another person feel that „this isn't what I wanted."[13]

Kurze Zeit nach *The Fall of Public Man* erschienen, bemängelte Christopher Lasch in seinem Buch *The Culture of Narcissism*, dass Sennett einerseits Klassengegensätze vernachlässigt, andererseits den Einfluss der Ideologie auf historische Entwicklungen überbewertet habe. Weiterhin beanstandete der Historiker, dass Sennett einen bürgerlichen Liberalismus im Geiste Alexis de Tocquevilles als einzig zivilisierte Form der Politik vorstelle, andere politische Ansätze aber als narzisstisch abtue: „Sennett's adoption of a Tocquevillian perspective leaves him unable to distinguish between the corruption of radical politics in the late 1960s by the irrational elements in American culture and the validity of many radical goals."[14] Entsprechend suspekt lasse der Soziologe alle Bemühungen um eine Gesellschaft erscheinen, die nicht auf Ausbeutung beruht. Dem hält Lasch einen Narzissmus entgegen, der seine Wurzeln in einer bestimmten Form des von Sennett verfochtenen Liberalismus habe:

> Having overthrown feudalism and slavery and then outgrown its own personal and familiar form, capitalism has evolved a new political ideology, welfare individualism, which absolves individuals of moral responsibility and treats them as victims of social circumstance. […] It has given rise to a new culture, the narcissistic culture of our time, which has translated the predatory individualism of the American Adam into a therapeutic jargon that celebrates not so much individualism as solipsism, justifying self absorption as „authenticity" and „awareness."[15]

Da der liberale Wohlfahrtsstaat nicht nur die Arbeitsbedingungen kontrolliere, sondern auch das Privatleben regele, charakterisiert Lasch ihn als paternalistisch. Dabei unterminierten die Institutionen, mittels derer Unternehmen und Staat Ungerechtigkeiten unkenntlich zu machen versuchten, die Selbstständigkeit des Einzelnen. Anders als man seit Max Weber angenommen habe, weiche die individuelle Abhängigkeit somit nicht einer bürokratischen Rationalität, sondern einer bürokratischen Abhängigkeit.[16] Erkennbar werde die Herabsetzung des Individuums durch diesen fürsorgenden Liberalismus im Umgang mit deviantem Verhalten. Eine Handhabung nämlich, die nicht Strafe, sondern Therapie vorsieht, „pronounces the patient unfit to manage his own life"[17]. Die narzisstische Kultur habe ihre Ursache in genau dieser auferlegten Unselbstständigkeit: „In its pathological form, narcissism originates as a defense against feelings of helpless dependency in early life, which it tries to counter with ‚blind optimism' and grandiose illusions of personal self-sufficiency."[18] Demnach hätten die Kritiker:innen der 1940er- und 1950er-Jahre, zu denen Lasch nicht nur Riesman, Whyte und Fromm, sondern auch Karen Horney, Margaret Mead und Geoffrey Gorer zählt, geirrt. Indem sie den Amerikaner:innen Harmoniestreben, Anpassungsbereitschaft und das Trachten nach Anerkennung attestierten, hätten sie die oberflächliche Erscheinung mit der tieferen Wirklichkeit verwechselt:[19]

> The new paternalism preaches not self-denial but self-fulfillment. It sides with narcissistic impulses and discourages their modification by the pleasure of becoming self-reliant, even in a limited domain, which under favorable conditions accompanies maturity. While it encourages grandiose dreams of omnipotence, moreover, the new paternalism undermines more modest fantasies, erodes the capacity to suspend disbelief, and thus makes less and less accessible the harmless substitute-gratifications, notably art and play, that help to mitigate the sense of powerlessness and the fear of dependence that otherwise express themselves in narcissistic traits.[20]

Bereits der kritische Kommentar zu Sennetts Untersuchung verrät, dass die Entwicklungen der 1960er-Jahre nach Laschs Einschätzung keineswegs zur Überwindung des beschriebenen Narzissmus beitragen konnten: „In those years, there was a growing recognition—by no means confined to those associated with the new left—that personal crisis on the scale it has now assumed represents a political issue in its own right [...]."[21] Indem sich die Amerikaner:innen in der Folge noch intensiver in persönliche Dinge vertieften, habe das Therapeutische nicht nur das politische Handeln, sondern auch die Religion verdrängt.[22]

Übermenschlich

Mithin aber findet sich der Mensch, ohnmächtig und behandlungsbedürftig, selbst zum übermächtigen Gott erklärt. Einen Eindruck dieser Überhöhung vermitteln die ersten Absätze des *Whole Earth Catalog*, der als „zentrales Dokument und Archiv der kalifornischen Gegenkultur"[23] verstanden wurde. Der von 1968 an durch Stewart Brand herausgegebene Katalog bot den Kommunard:innen Hilfe in ihrem Unterfangen, abseits der Städte alternative Lebensweisen zu erproben. Die Publikation listet zahlreiche Werkzeuge auf, die ein autarkes Dasein in den neu gegründeten Siedlungen ermöglichen sollten. In den Worten, mit denen Brand die erste Ausgabe eröffnet, erreicht die Vorstellung eigener Allmacht eine übermenschliche Qualität: „We are as gods and we might as well get good at it. So far, remotely done power and glory—as via government, big business, formal education, church—has succeeded to the point where gross obscure actual gains."[24] Aus Brands Feststellung, dass man Göttern ähnlich sei und es darin sogar zu Geschick bringen könne, spricht allerdings eine Ironie, die im New Age weniger deutlich zutage tritt. Dass es von den nordamerikanischen Kommunen gleichwohl nicht weit bis zur „Self spirituality"[25] dieser Bewegung ist, offenbart ein Bekenntnis Shirley MacLaines. Der Religionssoziologe Paul Heelas zitiert die Schauspielerin und Oscar-Preisträgerin, die seit den 1980er-Jahren auch als Verfasserin esoterischer Schriften in Erscheinung getreten ist, in seinem Buch *The New Age Movement* mit den Worten: „If everyone was taught one basic spiritual law, your world would be a happier, healthier place. And that law is: Everyone is God. Everyone."[26]

Die aus der *counterculture* hervorgegangene New-Age-Bewegung hat Heelas als „eclectic hotch-potch of beliefs, practices and ways of life"[27] beschrieben. Folglich nur mit Mühen zu fassen, stellt das New Age aus religionswissenschaftlicher Perspektive eine „large-scale, decentralized religious subculture that drew its principal inspiration from sources outside of the Judeo-Christian tradition"[28] dar. Zwar lehnten die Anhänger:innen religiöse Traditionen und Autoritäten ab, versuchten aus ihnen aber gleichwohl „ewige Wahrheiten" zu schöpfen: „The solution to this seeming paradox lies with the fact that New Agers are perennialists."[29] Dass es Jung ist, den Heelas neben der Okkultistin Helena Blavatsky und dem Esoteriker Georges Gurdjieff als bedeutenden Stichwortgeber des New Age benennt, kann eingedenk der Beschäftigung des Psychiaters mit den vermeintlich überzeitlichen Archetypen kaum verwundern: „Drawing on the perennial – ‚archetypal' – components found in religions east and west, Jung developed all the great themes of Self-spirituality."[30] Allerdings haben die Überlegungen Jungs nicht erst im New Age eine spirituelle Dimension erlangt. Indem Jolande Jacobi keineswegs nur die „eminent seelenführerische, erzieherische, persönlichkeitsbildende Fähigkeit"[31] von Jungs Anschauung betont, sondern darüber hinaus erklärt, dass sie „zur Lehre und zum Weg"[32] werde, zeigt sich eine religiöse Bedeutung, die auch der Analytischen Psychologie selbst beigemessen wird.

Philip Rieff ist dieser Auffassung in seinem Buch *The Triumph of the Therapeutic* nachgegangen. Dabei nahm der Soziologe an, dass einer jeden Kultur durch ihre symbolische Integration der Welt eine therapeutische Funktion zukomme. Wäre Freud allerdings davon ausgegangen, dass diese therapeutischen Gemeinschaften in der Moderne keinen Platz mehr hätten, seien die Psychiater:innen und Psycholog:innen der nachfolgenden Generation um die Schaffung einer neuen Kultur und mithin einer neuen Moral bemüht gewesen. Zu ihnen zählt Rieff auch den Begründer der Analytischen Psychologie: „In Jung, psychology itself was to take on the mythic style, although rationally, for the sake of personal integration, and thus serve the saving purpose once served, less rationally, by religions."[33]

Den Entbehrungen einer säkularen Moderne begegnete Jung dabei nicht nur durch das Versprechen einer allumfassenden Verbundenheit durch das kollektive Unbewusste. Vergleichbar einer religiösen Heilslehre, bietet die Selbstverwirklichung, die sich zumeist in fortgeschrittenem Alter vollzieht, schon dadurch Aussicht auf ein ewiges oder zumindest immer neues Leben, dass das kollektive Unbewusste wieder und wieder in den Menschen Ausprägung findet. Vor diesem Hintergrund wird verständlich, weshalb die „innere Ruhe und Zufriedenheit"[34] nach Jungs Auffassung davon abhängt, „ob die historische Familie, welche durch das Individuum personifiziert wird, mit den ephemeren Bedingungen unseres Heute übereinstimmt oder nicht".[35] An anderer Stelle erklärt Jung: „Die entscheidende Frage für den Menschen ist: Bist du auf Unendliches bezogen oder nicht? Das ist das Kriterium seines Lebens."[36]

Ist bereits deutlich geworden, dass die Analytische Psychologie an Konzeptionen der Romantik anschließt, kann es nicht überraschen, dass Jung auch die romantische Begeisterung für „morgenländische" Glaubenslehren teilte. Bereits vor seiner Indienreise des Jahres 1938 hatte er erklärt, „viel über indische Philosophie und Religionsgeschichte gelesen"[37] zu haben, zumal er „vom Wert östlicher Weisheit zutiefst überzeugt"[38] sei. In seinem Aufsatz „Psychologie und Religion" sollte er gar konstatieren, dass seine Konzeption des Selbst maßgeblich auf den Einfluss der *Upanishaden* zurückgehe, die als Teil der *Veden* zu den heiligen Schriften des Hinduismus gehören:

> Ich habe den Ausdruck „Selbst" gewählt, um die Totalität des Menschen, die Summe seiner bewußten und unbewußten Gegebenheiten, zu bezeichnen. Diesen Ausdruck habe ich übernommen in Übereinstimmung mit der östlichen Philosophie, welche sich seit Jahrhunderten mit denjenigen Problemen beschäftigt hat, die sich dann ergeben, wenn sogar die Menschwerdung der Götter überschritten ist. Die Philosophie der Upanishaden entspricht einer Psychologie, welche vor langer Zeit schon die Relativität der Götter erkannte.[39]

Zentral für die *Upanishaden*, die zwischen dem 7. und 2. vorchristlichen Jahrhundert entstanden sind, ist nach der einflussreichen Interpretation des Philosophen Shankara die Vorstellung einer Identität von individueller Seele (*ātman*) und kosmisch-göttlicher Kraft (*brahman*).[40] Der Unterschied zwischen Mensch und Kosmos ist damit aufgehoben. Stattdessen wird, in deutlichem Gegensatz zu einem westlichen Denken in Polaritäten, wie es die Modernekritik des 20. Jahrhunderts vielfach infrage gestellt hat, die Nicht-Dualität betont.

So eindeutig die Nähe zu Sennetts Beschreibung ist, wonach dem narzisstischen Individuum eine Grenzziehung zur Umwelt schwerfalle, finden diese Überlegungen auch in der Architektur Moores unmissverständlichen Widerhall. Mutet die Ausstattung des Wohnhauses mit der religiös konnotierten Ädikula angesichts der von Jung beschriebenen „Relativität der Götter" nur konsequent an, lässt es das beschriebene Korrespondenzverhältnis zwischen Mikro- und Makrokosmos auch folgerichtig erscheinen, dass den Bewohner:innen die vier Elemente verfügbar gemacht werden: Der seiner Gestaltungsmacht beraubte Mensch der bürokratischen Massengesellschaft wird dadurch auf ein göttliches Niveau gehoben.

Noch bevor Lasch betonen sollte, dass der an persönlichen Anliegen orientierten Politik der 1960er-Jahre ein Rückzug in private Belange gefolgt sei,[41] hatte Rieff darauf hingewiesen, dass die Vorstellung der Individuation das Erfordernis menschlicher Zusammenschlüsse unnötig erscheinen lasse – „Jung is recommending an essentially private religiosity without institutional reference or communal membership for the individual in need of an integrated symbolism".[42] Nicht allein dass Jung die Mythen, die er als bloße Variationen der immer gleichen Archetypen präsentiert, ihrer Kraft als sinnstiftende Erzählungen beraube. In der Annahme, dass durch das Selbst bereits eine überpersönliche Verbindung gegeben sei, finde sich der Mensch auch von sozialen und politischen Verpflichtungen entbunden: „Inside his private myth, the individual can safely claim his discharge of catholic obligations. In the ritual of dream and fantasy he gains membership in the invisible church of common meanings. A socially and politically inconsequential symbolic universe is thus constituted."[43]

Indem Moore den Wohnhäusern nicht nur mittels der vier Elemente den Kosmos einschrieb, sondern ihnen auch archetypische Formen verlieh und durch die lichte Höhe der Zentralräume auf die aufrechte Haltung als Wesenszug des Homo sapiens anspielte, brachte er den Bewohner:innen die Menschheit ins

Haus. Im Sessel sitzend, sind sie dem Universum allein durch die Architektur verbunden. Sollten sie dennoch vor die Türe treten, um etwa die durch Moore gestalteten Stadträume aufzusuchen, fehlte ihnen nicht nur eine Kunstfertigkeit, wie sie der öffentliche Verkehr erfordert. In der narzisstischen Gleichzeitigkeit von Ohnmacht und Großartigkeit ginge ihnen auch die Bereitschaft ab, in Kontakt zu anderen Menschen zu treten. So problematisch damit der Versuch erscheint, den nivellierenden Tendenzen der Massengesellschaft durch die architektonische Erinnerung an individuelle Einzigartigkeit wie an ein überpersönliches Selbst zu begegnen, mutet auch das Ansinnen, auf diese Weise ein politisches Handeln zu befördern, fragwürdig an.

Beteiligt, nicht verwaltet

Vielversprechender als die Idee einer Wechselbeziehung zwischen Haus und Platz, die in der baulichen Form ihren Ausdruck findet, nimmt sich daher Moores Ansatz aus, seine dialogische Entwurfsmethode auch auf die Gestaltung von öffentlichen Freiräumen und größeren Gebäuden anzuwenden. Aussichtsreicher als der Versuch, durch die Wohnarchitektur zu einer Vielstimmigkeit beizutragen, die eine in der Öffentlichkeit ausgetragene Debatte ermöglichen soll, wirken die Bestrebungen, die künftigen Nutzer:innen in die Planung einzubinden. Lassen sich auch im Hinblick auf diese Bemühungen um eine partizipative Planung Beziehungen zwischen Moore und den Mitgliedern des Team 10, so etwa zu Giancarlo De Carlo,[44] erkennen, dürften vor allem die durch Lawrence Halprin und Jim Burns entwickelten Überlegungen großen Einfluss auf die Arbeit des Architekten ausgeübt haben.[45] Gemäß dem Anspruch Anna Halprins, die Tänzer:innen in die Gestaltung der Choreografien einzubinden, beabsichtigte auch Lawrence Halprin, die künftigen Nutzer:innen nicht allein mit einem Planungsergebnis zu konfrontieren, um sie stattdessen am Entwurf zu beteiligen.[46] Zu Beginn seines 1969 erschienenen Buches *The RSVP Cycles* erklärte er, dass weder im Tanz noch in der Freiraumgestaltung die Aufmerksamkeit allein dem fertigen Projekt zukommen dürfe: „Both sources—the new theatre-dance and the environ-

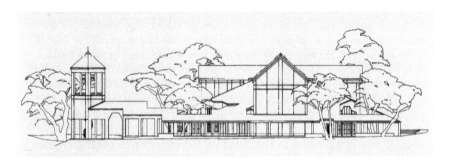

Moore Ruble Yudell: St Matthew's, Pacific Palisades,
Los Angeles CA (1979–1983)

ment as Ann and I have been practicing them—are nonstatic, very closely related in that they are process-oriented, rather than simply result-oriented."[47]
Das zyklische Verfahren zur Steuerung kollektiver Arbeitsprozesse, das Halprin in der Publikation vorstellt, nimmt seinen Ausgangspunkt in der Analyse der Bedingungen oder Ressourcen (R). Gemäß den Aufgaben, die Anna Halprin ihren Tanzschüler:innen erteilt hatte, sind es sogenannte *scores* (S), die in der Folge als offene Handlungsanweisungen dienen. Im Zuge der als „valuaction" (V) beschriebenen Beurteilung der Lösungsansätze soll dann ein Konsens gefunden werden, um die auf diese Weise erarbeitete Idee schließlich in den Dienst der Handlung, der Performance (P) zu stellen.
Nachdem die Kirche St Matthew's in Pacific Palisades, einem Stadtteil im Westen von Los Angeles, 1978 niedergebrannt und wenig später der langjährige Pfarrer verabschiedet worden war, hatten die Diskussionen um den Wiederaufbau tiefgreifende theologische Konflikte innerhalb der Gemeinde bloßgelegt.[48] Mithin sah sich das Büro Moore Ruble Yudell vor der Planung eines Neubaus zunächst der Herausforderung gegenüber, diese verschiedenen Ansprüche zu ergründen. Nach Klärung der Rahmenbedingungen boten die durch Jim Burns entwickelten *scores* deshalb eine Möglichkeit, den Gemeindemitgliedern jenseits abstrakter Vorstellungen ihre ganz konkreten Wünsche bewusst zu machen. Den Aufgaben ähnlich, die den Teilnehmer:innen der *Experiments in the Environment*-Workshops gestellt worden waren, zielte

zunächst ein Erkundungsgang auf eine Erforschung des Bauplatzes mit allen Sinnen:

> After short introductions by Moore and Jim Burns, the participants took an „Awareness Walk" (a California nature walk) to explore the thirty-seven-acre property. During the walk, they stopped at various stations and were asked to record observations, thoughts, images, visions, impressions, emotions, and desires for their new church, using the senses of sight, sound and smell.[49]

In einem weiteren Schritt bediente Moore sich eines Verfahrens, das er als „Ecclesiastical Rorschach test"[50] bezeichnet hat. Mit achtzig Dias unterschiedlicher Sakralbauten konfrontiert, sollten die Gemeindemitglieder einerseits vermerken, ob ihnen das gezeigte Gebäude gefällt, und andererseits angeben, ob es als Referenz für St Matthew's taugen könnte. Das Prozedere mag nur bedingte Ähnlichkeit mit dem durch den Schweizer Psychoanalytiker Hermann Rorschach entwickelten Diagnoseverfahren haben, das auf der Interpretation von Tintenklecksmustertafeln beruht. Allerdings legt die Namensgebung ein Bestreben nahe, das im Einfamilienhausentwurf bewährte „psychologische" Vorgehen auf eine umfassendere Bauaufgabe anzuwenden. Dabei korrespondiert die Herangehensweise mit der in *The Place of Houses* erhobenen Forderung, wonach die Auftraggeber:innen sich zunächst der eigenen Sehnsuchtsorte bewusst werden sollen, damit diese, in veränderter Form, in den Entwurf eingehen können. Im Falle von St Matthew's votierte die überwiegende Mehrheit gegen das Modell von Sankt Peter. Demgegenüber erfreute sich neben Bernard Maybecks First Church of Christ, Scientist in Berkeley die nach Plänen Alvar Aaltos errichtete Vuoksenniska-Kirche im finnischen Imatra der größten Beliebtheit.[51]

Die Beteiligung der Gemeindemitglieder, die ihren Wunschvorstellungen auch in Form von Arbeitsmodellen Ausdruck gaben, hat Moore späterhin als allein pragmatische Entscheidung dargestellt. Der im geschilderten Klima des Misstrauens getroffenen Festsetzung, dass mindestens zwei Drittel aller Mitglieder dem Entwurf zustimmen müssten, habe man nur durch eine Einbeziehung der Nutzer:innen gerecht werden können:

When we were selected to do the job, we thought that the only way to get such a majority for any scheme would be to have the scheme designed by the interested members of the parish, hoping we could get enough interested to carry the day voting for work for which they felt responsible.[52]

Diese Erklärung scheint allerdings kaum geeignet, um die vielfache Mitwirkung Moores in unterschiedlichen Beteiligungsprozessen zu erklären. Nicht anders als der Entstehung der episkopalen Kathedrale in Fargo, North Dakota, die zu Beginn der 1990er-Jahre nach einem Entwurf des Büros Moore/Andersson fertiggestellt wurde,[53] war auch der Planung für das Mündungsgebiet des San Gabriel River im kalifornischen Seal Beach ein partizipatives Verfahren vorausgegangen. Im Konflikt über die Nachnutzung der mehr als dreieinhalb Hektar großen Brachfläche hatte sich eine Partei für eine möglichst profitable Entwicklung ausgesprochen, während die andere forderte, das Areal unverändert zu belassen. Schließlich entwickelte Leland Burns, der gemeinsam mit Moore Ruble Yudell und Jim Burns an dem Verfahren mitwirkte, ein Gesellschaftsspiel, das einen Aushandlungsprozess und schließlich einen Kompromiss ermöglicht haben soll.[54] Die Bereitschaft, im Zuge der Nutzerbeteiligung neue Wege zu beschreiten, lassen ebenso die „design-a-thons"[55] erkennen, die Moore in den Jahren 1976 bis 1984 gemeinsam mit dem Architekten Chad Floyd abhielt. In einer Reihe von Live-Fernsehsendungen, in denen sich Elemente aus „telethons, game shows, and talk shows"[56] miteinander verbanden, erhielten die Zuschauer:innen die Möglichkeit, per Telefon Einfluss auf die Planungen zu nehmen. Dadurch, dass die „architectural short-order cooks"[57] die Wünsche sogleich in einen Entwurf umsetzten, erhielten die Anrufer:innen unmittelbare Rückmeldung.

Die Einschätzung, dass sich dieses Vorgehen, jenseits des bloßen Pragmatismus, wiederum als Entgegnung auf eine technokratische Expertenplanung begreifen lässt, deckt sich mit den Überlegungen, die Jim Burns und Lawrence Halprin in ihrem Buch *Taking Part* schildern. Ausgehend von den *RSVP Cycles,* stellen die Autoren darin ein Workshop-Format vor, das allen Formen kollektiver kreativer Arbeit dienlich sein soll. Auch in der 1974 erschienenen Publikation betonen sie die besondere Wichtigkeit, die der unmittelbaren ganzkörperlichen Erfahrung im Zuge des Arbeitsprozesses zukommt:

> Take Part Processes emphasize direct personal experience rather than secondhand experience. [...] Scores purposely involve people in experiences for themselves—make them sense, hear, touch, smell, feel things themselves; involve them in gut-level responses to and about things, environments, and other people.[58]

In dieser direkten und damit ganz subjektiven Ermittlung der Planungsgrundlagen und Entwurfsziele liegt Halprin und Burns zufolge die wesentliche Bedeutung partizipativer Prozesse. Auf diese Weise suchten sie einer zunehmenden Entfremdung entgegenzuwirken, deren Ursache sie in gesichtslosen Strukturen erkennen:

> One of the major problems in our world today is an increasing sense of alienation.
> It poisons our lives, isolates person from person, person from community, person from his centers of government and power.
> Alienation is caused in large measure by the feeling that nothing an individual does in any real way influences the broad decision making that affects his life.
> People feel that somehow, somewhere, decisions are being made by groups of insulated, faceless people with whom they have no contact and with whom they cannot talk and who will not listen anyway.[59]

Können diese Beteiligungsverfahren einerseits der Schaffung von Orten zugutekommen, die den Nutzer:innen eine Möglichkeit der Identifikation bieten, finden sich die Teilnehmer:innen andererseits ihrer Selbstwirksamkeit vergewissert. Sie erfahren die Wichtigkeit persönlicher Eindrücke und Einschätzungen, die eine diskursive Planung gerade durch ihre Eigenheit und Unterschiedlichkeit bereichern können. Statt die politische Handlungsfähigkeit zunächst durch die individuelle Wohnumgebung zu befördern, um sie dann auf städtischen Plätzen auszuleben, die als politische Bühnen angelegt sind, wird sie im Rahmen der Beteiligungsprozesse durch die Arbeit am konkreten Projekt erprobt.

Anmerkungen

1. Sennett 1992, 3.
2. Ebd., 27.
3. Ebd., 14.
4. Ebd., 16.
5. Ebd., 313.
6. Ebd.
7. Ebd., 314.
8. Ebd., 27.
9. Ebd., 259.
10. Ebd., 5.
11. Ebd.
12. Ebd., 324-325.
13. Ebd., 8.
14. Lasch 2018, 41.
15. Ebd., 259.
16. Ebd., 271.
17. Ebd., 273.
18. Ebd.
19. Vgl. ebd., 80.
20. Ebd., 274.
21. Ebd., 25.
22. Vgl. ebd., 23.
23. Diederichsen/Franke 2013, 8.
24. Brand 1968, 2.
25. Heelas 1996, 2.
26. Zitiert nach ebd., 2.
27. Ebd., 1.
28. Lewis/Melton 1992, ix.
29. Heelas 1996, 27.
30. Ebd., 46.
31. Jacobi 1989, 65.
32. Ebd., 55.
33. Rieff 1973, 96.
34. Jung 1984, 241.
35. Ebd.
36. Ebd., 327.
37. Ebd., 278.
38. Ebd.
39. Jung 1995, 100.
40. Vgl. Cohen S 2018, 5.
41. Vgl. Lasch 2018, 13.
42. Rieff 1973, 115.
43. Ebd., 119.
44. Nachdem De Carlo sich als Mitglied der Gruppe bereits 1966 gemeinsam mit Aldo van Eyck für Moores Teilnahme am Treffen in Urbino stark gemacht hatte, lud er ihn fünfzehn Jahre später erneut in die Marken ein, wo Moore seine Erfahrungen mit der Nutzerbeteiligung in Kalifornien schilderte, vgl. Moore 1982b. Anlass war Moores Dozententätigkeit in einem Workshop des International Laboratory of Architecture and Urban Design (ILAUD).
45. Vgl. Dodd 2014, 138.
46. Vgl. Barbiani 2008.
47. Halprin L 1969, 1.
48. Vgl. Keim 1996, 160-161.
49. Song 1986, 48.
50. Moore 1982b, 55.
51. Vgl. Song 1986, 49.
52. Zitiert nach Keim 1996, 161.
53. Vgl. ebd., 157.
54. Vgl. ebd., 215-217.
55. Dodd 2014, 21.
56. Ebd.
57. Zitiert nach Keim 1996, 159.
58. Halprin L/Burns 1974, 106.
59. Ebd., 10.

Zusammenfassung und Ausblick

Von der Architekturpostmoderne, die wichtige menschliche Bedürfnisse allzu schnell in eine „mannered, sometimes silly, often ugly new orthodoxy"[1] überführt habe, hat sich Moore distanziert. Wenn er bis heute trotzdem als deren bedeutender Protagonist gilt, dürfte das vor allem auf seine Mitwirkung an der Piazza d'Italia in New Orleans zurückzuführen sein. Dass sich sein Antlitz gar in der Platzarchitektur verewigt findet, scheint dabei alle Auffassungen über eine postmoderne Überhöhung des Baukünstlers zu bestätigen. Allerdings stehen nicht nur die Beteuerungen, wonach es sich bei den anthropomorphen Wasserspeiern um ein „secret tribute to him contrived by his associates"[2] handelt, dieser Deutung entgegen.

Der gesellschaftspolitische Anspruch, der Moores Arbeit zugrunde liegt, ist nicht zu bestreiten. Das Werk des Architekten muss als Reaktion auf die Zumutungen einer Massengesellschaft verstanden werden, die nicht nur jeder „individual initiative"[3] entgegenwirkte. Autoren wie Erich Fromm oder Lewis Mumford hatten eine Entfremdung, die durch die Bürokratisierung noch gesteigert worden sei, auch als Ursache gewaltsamer Konflikte benannt. Musste diese Argumentation zur Mitte des 20. Jahrhunderts schon angesichts der konkreten Gefahr einer nuklearen Selbstauslöschung Aufmerksamkeit finden, ist die massengesellschaftliche Gleichförmigkeit zudem als Bedrohung der Demokratie erachtet worden. Allzu deutlich stand der in den Nachkriegsdekaden kritisierte Konformismus im Gegensatz zur Auffassung Hannah Arendts, wonach die Vielstimmigkeit der Bürger:innen Voraussetzung für ein politisches Handeln in der Öffentlichkeit ist. Demgemäß vergewissern die von Moore entworfenen Häuser ihre Bewohner:innen nicht nur ihrer kulturellen Wurzeln und der Zugehörigkeit zur menschlichen Gattung, um ihnen zudem ihre persönlichen Eigenheiten zu vergegenwärtigen. Diese Wechselbeziehung von Wohnraum und öffentlicher Sphäre hat in Moores Architektur auch formalen Ausdruck gefunden.

Dass sich ein gesellschaftspolitisches Verantwortungsbewusstsein gerade in

Moores Häusern ganz anders manifestiert als in den wohlfahrtsstaatlichen Siedlungen einer industriellen Moderne, mag ein Grund dafür sein, dass entsprechende Intentionen des Architekten zuvor kaum Berücksichtigung gefunden haben. Weiterhin ist festzustellen, dass Moore sich zwar immer wieder zu Fragen von Architektur und Planung geäußert, dadurch aber nicht in jedem Fall für Klarheit gesorgt hat. Oftmals sind seine Bezugnahmen auf Philosophie, Soziologie, Psychologie und andere Disziplinen vage geblieben. Auch war Moore daran gelegen, sich diese Inhalte als Architekt anzueignen – eine kritisch-wissenschaftliche Auseinandersetzung strebte er nicht an. Wenn er sich etwa wiederholt auf die Ideen Susanne Langers berufen hat, verwies er ausschließlich auf die Definition des architektonischen Ortes, die im sechsten Kapitel ihres Buches *Feeling and Form* zu finden ist.

Widersprüchlich erscheinen die darauf fußenden Versuche, einen nach Langers Auffassung an kulturspezifische Bewegungsmuster gebundenen Ort durch architektonische Mittel auszuzeichnen, denen Moore eine überzeitliche und weltweite Bedeutung zuschrieb. Ebenso tut sich eine Kluft zwischen den Feststellungen, die Moore in dem Aufsatz „You Have to Pay for the Public Life" getroffen hatte, und den wenig später entstandenen Platzanlagen auf. Entgegen der Forderung nach öffentlichen Räumen, die als Komplemente des Hauses mit einem Wohnzimmer nicht zu verwechseln wären, schuf Moore Plätze, die der Auffassung Camillo Sittes gemäß städtischen Sälen gleichkommen.

Ewigkeit statt Zukunft

Obskur musste auch die wiederholte Feststellung des Architekten anmuten, wonach Orte den Nutzer:innen nicht allein vermitteln sollen, wo sie sich befinden, sondern auch, wer sie sind. Klarheit war allein dadurch zu schaffen, dass Moores Arbeit vor dem Hintergrund der *counterculture* und im Zusammenhang mit den Anschauungen Carl Gustav Jungs betrachtet wurde. So zeigt sich, dass Moores Architektur einer Auffassung des Selbst entspricht, wie sie zentral für die Analytische Psychologie ist: Über ein Ich hinausgehend, schließt dieses Selbst auch überpersönliche und damit überzeitliche Aspekte ein.

Zwar lassen die Verweise auf das Werk Le Corbusiers wie auch die Zusammenarbeit mit Anna und Lawrence Halprin erkennen, dass Moore eher eine kritische Auseinandersetzung als den Bruch mit der Moderne suchte. Die Vorstellung eines Neuen Menschen aber, die insbesondere in der Zeit zwischen den Weltkriegen den vielfachen Ausgangspunkt moderner Planungen darstellte, war Moore fremd. Seit dem 19. Jahrhundert immer wieder verschieden imaginiert,[4] hatte Adolf Behne den Bewohner einer sachlichen, von allen historischen Residuen bereinigten Architektur in seinem Buch *Neuer Mensch, Neue Wohnung* als einen Spezialisten vorgestellt, der sich durch „Offenheit, Vertrauen, Einfachheit"[5] auszeichnet. Von seiner fachspezifischen Kompetenz abgesehen, scheint es von diesem Neuen Menschen nicht weit bis zum „well-rounded man"[6], den William Whyte in den 1950er-Jahren beschreiben sollte.

In Abgrenzung zu dieser Moderne, die ihr Emanzipationsversprechen unerfüllt ließ, ist die veränderte Zielsetzung der Selbstverwirklichung zu verstehen. Dabei stellt die Individuation im Sinne Jungs nach Einschätzung Jolande Jacobis „eine intensive analytische Arbeit dar, die [...] durch höchste Aktivierung der Inhalte des Unbewußten alle Gegensatzpaare auflockert, ihre Struktur lebendig erfährt und durch alle Fährnisse einer aus den Fugen geratenen Psyche hindurch, Schicht um Schicht durchackernd, bis zu jener Mitte hinführt, die Quelle und letzter Grund unseres psychischen Seins ist: zum inneren Kern, zum *Selbst*"[7]. Von der Idee der eigenen Neuerfindung deutlich verschieden, mutet dieses durch den Architekten vertretene Konzept nicht minder radikal an. Zumal die Vorstellung, wonach der Mensch einen „Wesenskern" besitzt, schon zu Zeiten Moores in Zweifel gezogen wurde.

Während sich der Architekt noch um ein Selbst bemühte, fand sich die tradierte Subjektphilosophie bereits durch den Poststrukturalismus infrage gestellt. Neben einem „epistemologischen und moraltheoretischen Hauptstrang"[8], der von René Descartes bis zum deutschen Idealismus reicht, wird seither auch ein „zweiter, stärker sozialtheoretischer Zweig"[9] hinterfragt, als deren Vertreter Andreas Reckwitz Thomas Hobbes und John Locke nennt.

Eine dritte, ebenso kritisierte Linie der Subjektphilosophie, die „sich permanent im Kontext der Romantik findet, begreift das Subjekt primär als ein Selbst, als einen expressiven Kern der Selbstverwirklichung, der anfällig für Entfremdungen ist"[10]. Alle genannten Tendenzen beruhen dabei auf der Annahme einer *„Autonomie des Subjekts"*[11], die in den 1960er-Jahren nachhaltig erschüttert wurde. In der Folge findet sich der Diskurs durch das Verständnis eines Subjekts bestimmt, das „nicht als ,vorhanden' zu betrachten ist, sondern immer im Prozess seiner permanenten kulturellen Produktion"[12]. Betrachtungen dieser Art sind dem Architekten ebenso fremd gewesen wie Zweifel an der bereits eingangs vorgestellten Auffassung, dass einem jeden Menschen der (weitgehend) gleiche Körper eigne.

An die Prämissen von Moores Arbeit rühren aber auch die Überlegungen Christopher Laschs, wonach die in den 1940er- und 1950er-Jahren vorgebrachte Kritik an der Massengesellschaft auf einem Irrtum gefußt habe. Wenn ein paternalistischer Wohlfahrtsstaat statt „Selbstvergessenheit" einen gesellschaftlichen Narzissmus befördert haben sollte, ist dieser durch die Entwicklungen der 1960er-Jahre (mitsamt ihrer gesteigerten Aufmerksamkeit für das Persönliche) womöglich noch verschärft worden. Dieser Einwand muss die Architektur Moores ebenso betreffen wie das Urteil Philip Rieffs, der einen Zusammenhang zwischen der Analytischen Psychologie als einer therapeutischen Religion und einer Vernachlässigung politischer wie sozialer Fragen konstatiert hatte: Wenn das Selbst nach Auffassung Jungs „ebenso der oder die anderen, wie das Ich"[13] ist, kann die Auseinandersetzung mit den Mitmenschen überflüssig erscheinen. Die Schwierigkeit, an Moores Arbeit anzuknüpfen, zeigt sich heute aber noch aus anderer Perspektive. So ist der Individualismus, den die *counterculture* einer konformistischen Nachkriegsgesellschaft entgegensetzte, längst durch die Ökonomie vereinnahmt worden.

Der Zwang, besonders zu sein

In einem kulturellen Kapitalismus der Spätmoderne, wie Reckwitz ihn in seinem Buch *Die Gesellschaft der Singularitäten* beschreibt, gerät das

Allgemeine ins Hintertreffen, während das Besondere eine immer größere Bedeutung gewinnt. Insofern diese Entwicklung nicht allein Menschen, sondern auch Waren betreffe, müsse, so der Soziologe, jenseits einer Individualisierung eine „Singularisierung" konstatiert werden. Dabei wird betont, dass eine „*soziale Logik des Besonderen*"[14] keineswegs als „Vereinzelung und Isolation"[15] zu verstehen sei:

> Standen in der alten Industriegesellschaft eindeutige formale Qualifikationen und Leistungsanforderungen im Vordergrund, so geht es in der neuen Wissens- und Kulturökonomie darum, dass die Arbeitssubjekte ein außergewöhnliches „Profil" entwickeln. Belohnt werden nun jene, die Außerordentliches leisten oder zu leisten versprechen, das den Durchschnitt hinter sich lässt, während Arbeitnehmer mit profanen Routinetätigkeiten das Nachsehen haben.[16]

Damit sei Whytes Organisationsmensch und ganz allgemein der „bis in die 1970er Jahre herrschende westliche Subjekttypus, den David Riesman als ‚sozial angepasste Persönlichkeit' beschrieb, der Durchschnittsangestellte mit Durchschnittsfamilie in der Vorstadt, [...] in den westlichen Gesellschaften zur konformistisch erscheinenden Negativfolie geworden, von der sich das spätmoderne Subjekt abheben will"[17]. Als Ursachen dieser Singularisierung führt Reckwitz nebst dem Bemühen, durch eine Aufwertung der Waren zu Kulturgütern eine neue Nachfrage zu stimulieren, und den Möglichkeiten zur Personalisierung, wie sie die Digitalisierung biete, auch ein neues Interesse an der Kultur an. In der Industriegesellschaft allein ein prekäres Randphänomen, sei deren Bedeutungszuwachs insbesondere der *counterculture* als der „historische[n] Gelenkstelle zwischen der kulturellen Gegenbewegung der Romantik und der neuen Mittelklasse"[18] zuzuschreiben.

> Die historische Romantik der Zeit um 1800 markiert den Ausgangspunkt einer Linie künstlerisch-ästhetischer Gegenkulturen, die über die Bohème des 19. Jahrhunderts, die Lebensreformer und Avantgarden um 1900 bis zur Counter Culture um 1970 reicht. Fast zweihundert Jahre lang handelt es sich im Wesentlichen um gegen den Mainstream gerichtete Subkulturen

von begrenztem Einfluss. Die Counter Culture der 1970er Jahre, die mit dem Etikett „1968" behelfsmäßig beschrieben werden kann und deren wirkungsmächtiges Epizentrum der „kalifornische Lebensstil" ist, markiert den historischen Wendepunkt. Da infolge der Bildungsexpansion nun viele ihrer Ideen von einer kritischen Masse der Bevölkerung, eben der aufsteigenden neuen Mittelklasse, geteilt wurden, konnte die „stille Revolution" eines Wertewandels von Pflicht-, Akzeptanz- und Statuswerten zu den postmaterialistischen Werten der Selbstverwirklichung stattfinden.[19]

Als folgenreich erweise sich diese „postromantische Authentizitätsrevolution"[20] schließlich auch in der raumwissenschaftlichen Hinwendung zum Ort: „Die dortige Unterscheidung zwischen *space* und *place* meint nichts anderes als die Differenz zwischen Räumlichkeiten innerhalb einer sozialen Logik des Allgemeinen und einer der Einzigartigkeiten."[21] Nach der Vernachlässigung oder sogar Negation regionaler Spezifika durch die Architektur der industriellen Moderne zeugten postmoderne Bauten demgemäß von einer Sehnsucht nach „wiedererkennbare[n] einzelne[n] *Orten* mit je eigener Atmosphäre, an die sich spezifische Narrationen und Erinnerungen heften"[22]. Abzulesen sei diese Singularisierung der Lokalitäten auch noch der Wohnung des spätmodernen Subjekts, die einem „*Kuratierte[n] Wohnen*"[23] Platz biete:

> Es geht um die kluge Zusammenstellung des Heterogenen in seiner Vielfalt und Interessantheit, aus der sich trotzdem ein stimmiges Ganzes ergibt. In der Komposition von singulären Dingen ergibt sich insgesamt eine räumliche Einzigartigkeit von erheblicher Eigenkomplexität, ein *Ort des Selbst*. [...] Was die allgemeinen Raumqualitäten angeht, erwartet das spätmoderne Subjekt von seiner Wohnung, dass sie die Qualität einer Bühne entfaltet – einer Bühne für die Dinge, die in ihr platziert werden, und für die Menschen, die sie bewohnen.[24]

Mag angesichts dieser Schilderungen der Eindruck entstehen, als sei Moores kritisches Projekt in den Mainstream eingegangen, sind gleichwohl grundlegende Unterschiede feststellbar. Eine ganzkörperliche Erfahrung im Wohnen, der der Architekt so große Bedeutung beigemessen hatte, findet in Reckwitz' Schilderungen ebenso wenig Erwähnung wie eine Selbstverwirklichung, die im Sinne Jungs über die eigene Person hinausweist. Vor allem aber wird deutlich, dass das Bemühen um eine Individualität, die Moore durch architektonische Mittel befördern wollte, nicht mehr nur „subjektiver Wunsch, sondern paradoxe gesellschaftliche *Erwartung*"[25] geworden ist. Wenn somit das eigene Dasein, wie Reckwitz schreibt, auch durch ein Publikum „als ‚attraktives Leben' anerkannt"[26] werden müsse, dient gerade die Wohnung der „Darstellung von Selbstverwirklichung"[27]. Hatten die Bewohner:innen von Park Forest ihre Konformität im Panoramafenster zur Schau gestellt, bietet die spätmoderne Wohnung nun einen Hintergrund, um das uniform-besondere Dasein auch über digitale Kanäle vorzuführen.

Mithin lässt sich Moores Arbeit nicht ohne Weiteres fortschreiben. Wenn dem Schaffen des Architekten gleichwohl Vorbildlichkeit zukommt, dürfte diese in der Einbeziehung der künftigen Nutzer:innen liegen. Ungeachtet des gesellschaftlichen Wandels, der in den 1960er-Jahren einsetzte, sind es gesellschaftliche Strukturen, die, oftmals in bürokratischer Gestalt, bis heute den Eindruck persönlicher Ohnmacht bewirken. Demgegenüber kann eine Einbindung in die Planung den Beteiligten nicht nur zu „ansprechender" Architektur verhelfen, um sie darüber hinaus auch der Wichtigkeit ihrer eigenen Bedürfnisse und Ansprüche sowie ihrer individuellen Wirkmacht zu vergewissern. Dass sich neben einer Beschäftigung mit den Entstehungsprozessen aber auch die Auseinandersetzung mit den Projekten Moores anbietet, verdankt sich der besonderen architektonischen Qualität seiner Entwürfe. Viele der Bauten, die nach seinen Plänen entstanden sind, vermögen die Nutzer:innen und Besucher:innen zu überraschen und zu bewegen: Im Bemühen, der Welt neue Mittelpunkte zu stiften, ist es dem Architekten immer wieder gelungen, außergewöhnliche Orte zu schaffen.

Anmerkungen

1 American Institute of Architects 1983, 244.
2 Littlejohn 1984, 258.
3 Moore 1958, 64.
4 Vgl. Küenzlen 2018.
5 Behne 1927, 106.
6 Whyte 1963, 129.
7 Jacobi 1989, 109.
8 Reckwitz 2021, 15.
9 Ebd.
10 Ebd.
11 Ebd.
12 Ebd., 14.
13 Zitiert nach Jung 1984, 412.
14 Reckwitz 2017, 11.
15 Ebd., 13.
16 Ebd., 8.
17 Ebd., 9.
18 Ebd., 104-105.
19 Ebd., 286-287.
20 Ebd., 287.
21 Ebd., 60.
22 Ebd., 8.
23 Ebd., 317.
24 Ebd.
25 Ebd., 9.
26 Ebd., 305.
27 Ebd.

Literatur

Ackermann 2019 Ackermann, Ute: „,Bodies Drilled in Freedom': Nudity, Body Culture, and Classical Gymnastics at the Early Bauhaus", in: Otto, Elizabeth/Rössler, Patrick (Hg.), *Bauhaus Bodies. Gender, Sexuality, and Body Culture in Modernism's Legendary Art School*, New York u. a.: Bloomsbury 2019, 25-48.

Alberti 1966 Alberti, Leon Battista: *L'architettura* [1443-1452], Mailand: Polifilo 1966.

American Institute of Architects 1983 „Postmodernism: Definition and Debate", in: *AIA Journal* 72,5 (1983), 238-247/286-301.

Arendt 2018 Arendt, Hannah: *The Human Condition* [1958], Chicago: University of Chicago Press 2018.

Baab 2013 Baab, Florian: *Was ist Humanismus? Geschichte des Begriffes, Gegenkonzepte, säkulare Humanismen heute*, Regensburg: Friedrich Pustet 2013.

Bachelard 1961 Bachelard, Gaston: *La poétique de l'espace* [1957], Paris: Presses Universitaires des France 1961.

Bachelard 1981 Bachelard, Gaston: *La psychanalyse du feu* [1938], Paris: Gallimard 1981.

Banham 1966 Banham, Reyner: *The New Brutalism*, London: Architectural Press 1966.

Banham 1976 Banham, Reyner: *Los Angeles. The Architecture of Four Ecologies* [1971], Harmondsworth: Penguin 1976.

Banham 2011 Banham, Reyner: „The New Brutalism", in: *October* 136 (2011), 19-28.

Barbiani 2008 Barbiani, Cristina: „*The Process is the Purpose*". *Notazione dello spazio e creatività collettiva. Il caso di Anna e Lawrence Halprin*, 2008 (Dissertation, IUAV Venedig).

Barr/Hitchcock/Gropius/Nelson/Walker/Tunnard/Gutheim/Breuer/Blake/Kallmann/Hamlin/Mumford/Koch 1948 Barr, Alfred H./Hitchcock, Henry-Russell/Gropius, Walter/Nelson, George/Walker, Ralph T./Tunnard, Christopher/Gutheim, Frederick/Breuer, Marcel/Blake, Peter/Kallmann, Gerhard/Hamlin, Talbot/Mumford, Lewis/Koch, Carl: „What Is Happening to Modern Architecture?", in: *The Bulletin of the Museum of Modern Art* 15,3 (1948), 4-20.

Beebe 1980 Beebe, Tina: „Coloring Space", in: *GA Houses* 7 (1980), 158-165.

Behne 1927 Behne, Adolf: *Neues Wohnen, Neues Bauen*, Leipzig: Hesse und Becker 1927.

Behne 1998 Behne, Adolf: *Der moderne Zweckbau* [1926], Berlin: Gebrüder Mann 1998.

Bennahum 2017 Bennahum, Ninotchka: „Anna Halprin's Radical Body in Motion", in: dies./Perron, Wendy/Robertson, Bruce (Hg.), *Radical Bodies. Anna Halprin, Simone Forti, and Yvonne Rainer in California and New York 1955-1971*, Santa Barbara: Art, Design & Architecture Museum 2017, 56-87.

Berlin 1999 Berlin, Isaiah: *The Roots of Romanticism* [1965], Princeton: Princeton University Press 1999.

Beyer 2006 Beyer, Andreas: „Klassik und Romantik - Zwei Enden einer Epoche", in: ders. (Hg.), *Klassik und Romantik*, „Geschichte der bildenden Kunst in Deutschland", Bd. 6, München u. a.: Prestel 2006, 9-37.

Bishop 2014 Bishop, Paul: *Carl Jung*, London: Reaktion Books 2014.

Bloomer 1975 Bloomer, Kent C.: „The Body Matrix", in: *Journal of Architectural Education* 29,1 (1975), 8-11.

Bloomer/Moore 1977 Bloomer, Kent C./Moore, Charles W.: *Body, Memory, and Architecture*, New Haven u. a.: Yale University Press 1977.

Brand 1968 Brand, Stewart (Hg.): *Whole Earth Catalog*, Menlo Park: Portola Institute 1968.

Brandl 2013 Brandl, Anne: *Die sinnliche Wahrnehmung von Stadtraum. Städtebautheoretische Überlegungen*, 2013 (Dissertation, ETH Zürich).

Braunstein 2002 Braunstein, Peter: „Forever Young. Insurgent Youth and the Sixties Culture of Rejuvenation", in: ders./Doyle, Michael William (Hg.), *Imagine Nation. The American Counterculture of the 1960s and '70s*, London u. a.: Routledge 2002, 243-274.

Braunstein/Doyle 2002 Braunstein, Peter/Doyle, Michael William: „Historicizing the American Counterculture of the 1960s and '70s", in: dies. (Hg.), *Imagine Nation. The American Counterculture of the 1960s and '70s*, London u. a.: Routledge 2002, 5-14.

Buber 1966 Buber, Martin: *Ich und Du* [1923], Köln: Hegner 1966.

Burchert 2019 Burchert, Linn: „The Spiritual Enhancement of the Body: Johannes Itten, Gertrud Grunow, and Mazdaznan at the Early Bauhaus", in: Otto, Elizabeth/Rössler, Patrick (Hg.), *Bauhaus Bodies. Gender, Sexuality, and Body Culture in Modernism's Legendary Art School*, New York u. a.: Bloomsbury 2019, 49-72.

Burns 1967　Burns, James T.: „Experiments in the Environment", in: *Progressive Architecture* 48,7 (1967), 131–137.

Burr 1980　Burr, F. Andrus: „Learning under Moore", in: *GA Houses* 7 (1980), 173–179.

Carus 1846　Carus, Carl Gustav: *Psyche. Zur Entwicklungsgeschichte der Seele*, Pforzheim: Flammer und Hoffmann 1846.

Cohen R 2014　Cohen, Robert (Hg.): *The Essential Mario Savio. Speeches and Writings that Changed America*, Oakland: University of California Press 2014.

Cohen S 2018　Cohen, Signe: „Introduction: What is an Upaniṣad?", in: dies. (Hg.), *The Upaniṣads. A Complete Guide*, London u. a.: Routledge 2018, 1–8.

Colomina 1994　Colomina, Beatriz: *Privacy and Publicity. Modern Architecture as Mass Media*, Cambridge, MA, u. a.: MIT Press 1994.

Colquhoun 1985　Colquhoun, Alan: „Modern Architecture and Historicity", in: ders., *Essays in Architectural Criticism*, Cambridge, MA, u. a.: MIT Press 1985, 11–19.

Colquhoun 2002　Colquhoun, Alan: *Modern Architecture*, Oxford u. a.: Oxford University Press 2002.

Crook 1987　Crook, Joseph Mordaunt: *The Dilemma of Style. Architectural Ideas from the Picturesque to the Postmodern*, Chicago: University of Chicago Press 1987.

de Beauvoir 1999　de Beauvoir, Simone: *Le deuxième sexe* [1949], Paris: Gallimard 1999.

Dengerink Chaplin 2019　Dengerink Chaplin, Adrienne: *The Philosophy of Susanne Langer. Embodied Meaning in Logic, Art and Feeling*, London: Bloomsbury 2019.

Dewey 1934　Dewey, John: *Art as Experience*, London: George Allen & Unwin 1934.

Dewey 1951　Dewey, John: *Democracy and Education* [1916], New York: MacMillan 1951.

Diederichsen/Franke 2013　Diederichsen, Diedrich/Franke, Anselm: „The Whole Earth. Kalifornien und das Verschwinden des Außen", in dies. (Hg.), *The Whole Earth. Kalifornien und das Verschwinden des Außen*, Berlin: Sternberg Press 2013, 8–9.

Dodd 2014　Dodd, Samuel Tommy: *Televising Architecture: Media, Public Engagement, and Design in America*, 2014 (Dissertation, University of Texas Austin).

Dogramaci 2019　Dogramaci, Burcu: „Zur Globalisierung des Bauhauses", in: *Aus Politik und Zeitgeschichte* 69,13/14 (2019), 38–47.

Dyckman 1961　Dyckman, John: „The Changing Uses of the City", in: *Daedalus* 90,1 (1961), 111–131.

Eckermann 1836　Eckermann, Johann Peter: *Gespräche mit Goethe in den letzten Jahren seines Lebens*, Bd. 2, Leipzig: Brockhaus 1836.

Ehrlich 2015　Ehrlich, Christof: *Architektur als symbolische Form. Die postmoderne Architektur Robert Venturis und Charles Moores als Erkenntnisgegenstand*, Hamburg: Verlag Dr. Kovač 2015.

Ehrmann 1966　Ehrmann, Jacques: „Introduction to Gaston Bachelard", in: *MLN* 81,5 (1966), 572–578.

Eliade 1998　Eliade, Mircea: *Das Heilige und das Profane. Vom Wesen des Religiösen* [1957], Frankfurt am Main u. a.: Insel 1998.

Erben 2019　Erben, Dietrich: „Erinnerung und erfundene Geschichte. Charles W. Moore in Italien", in: Kappel, Kai/Wegerhoff, Erik (Hg.), *Blickwendungen. Architektenreisen nach Italien in Moderne und Gegenwart*, München: Hirmer 2019, 283–302.

Evers 1987　Evers, Tilman: *Mythos und Emanzipation. Eine kritische Annäherung an C.G. Jung*, Hamburg: Junius 1987.

Frank 1910　Frank, Josef: *Über die ursprüngliche Gestalt der kirchlichen Bauten des Leone Battista Alberti, 1910* (Dissertation, TH Wien).

Frank 2004　Frank, Josef: „Das Haus als Weg und Platz", in: Lampugnani, Vittorio Magnago/Hanisch, Ruth/Schumann, Ulrich Maximilian/Sonne, Wolfgang (Hg.), *Architekturtheorie 20. Jahrhundert. Positionen, Programme, Manifeste*, Ostfildern-Ruit: Hatje Cantz 2004, 140–141.

Franz 1998　Franz, Michael: „Wahres/Gutes/Schönes", in: Witte, Bernd/Buck, Theo/Dahnke, Hans-Dietrich/Otto, Regine/Schmidt, Peter (Hg.), *Goethe Handbuch*, Bd. 4.2, Stuttgart u. a.: Metzler 1998, 1115–1117.

Friedberg 2009　Friedberg, Eva: *Action Architecture: Lawrence Halprin's Experiments in Landscape Design, Urbanism, and the Creative Process*, 2009 (Dissertation, University of California Irvine).

Fröbe 2004　Fröbe, Turit: „Weg und Bewegung in der Architektur Le Corbusiers", in: *Wolkenkuckucksheim* 9,1 (2004).

Fromm 1958　Fromm, Erich: „The Moral Responsibility of Modern Man", in: *Merrill-Palmer Quarterly of Behavior and Development* 5,1 (1958), 3–14.

Fromm 1963　Fromm, Erich: *The Sane Society* [1955], London: Routledge & Keegan Paul 1963.

Ghenoiu 2014　Ghenoiu, Erik: „Charles W. Moore and the Idea of Place", in: *Fabrications* 18,2 (2014), 90–119.

Giedion 1922　Giedion, Sigfried: *Spätbarocker und romantischer Klassizismus*, München: Bruckmann 1922.

Giedion 1954　Giedion, Sigfried: *Space, Time and Architecture. The Growth of a New Tradition* [1941], Cambridge, MA: Harvard University Press 1954.

Giedion 1956　Giedion, Sigfried: *Architektur und Gemeinschaft*, Hamburg: Rowohlt 1956.

Giedion 1962　Giedion, Sigfried: *The Eternal Present*, Bd. 1 (*The Beginnings of Art*), London: University Press 1962.

Giedion 2000　Giedion, Sigfried: *Bauen in Frankreich. Bauen in Eisen. Bauen in Eisenbeton* [1928], Berlin: Gebrüder Mann 2000.

Gruber 2005　Gruber, Bettina: „Romantische Psychoanalyse?", in: Alt, Peter-André/Leiteritz, Christiane (Hg.), *Traum-Diskurse der Romantik*, Berlin: De Gruyter 2005, 334–358.

Grüny 2018　Grüny, Christian: „Einleitung", in: Langer, Susanne K., *Fühlen und Form. Eine Theorie der Kunst*, Hamburg: Felix Meiner 2018, 5–54.

Günzel 2017　Günzel, Stephan: *Raum. Eine kulturwissenschaftliche Einführung*, Bielefeld: transcript 2017.

Halprin A 1975a　Halprin, Anna: *Movement Ritual I*, San Francisco: San Francisco Dancers' Workshop 1975.

Halprin A 1975b　Halprin, Anna: „Rituals of Space", in: *Journal of Architectural Education* 29,1 (1975), 26–27.

Halprin A 1981　Halprin, Anna: *Movement Ritual* [1979], San Francisco: San Francisco Dancers' Workshop 1981.

Halprin L 1958　Halprin, Lawrence: „Structure and Garden Spaces Related in Sequence", in: *Progressive Architecture* 39,5 (1958), 96–104.

Halprin L 1969　Halprin, Lawrence: *The RSVP Cycles. Creative Processes in the Human Environment*, New York: George Braziller 1969.

Halprin L 2002　Halprin, Lawrence: *The Sea Ranch … Diary of an Idea*, Berkeley: Spacemaker Press 2002.

Halprin L/Burns 1974　Halprin, Lawrence/Burns, Jim: *Taking Part. A Workshop Approach to Collective Creativity*, Cambridge, MA, u. a.: MIT Press 1974.

Hanisch 1970　Hanisch, Carol: „The Personal Is Political", in: Firestone, Shulamith/Koedt, Anne (Hg.), *Notes from the Second Year: Women's Liberation*, New York: Radical Feminists 1970, 76–78.

Harris 2002　Harris, Dianne: „Making Your Private World: Modern Landscape Architecture and House Beautiful, 1945–1980", in: Treib, Marc (Hg.), *The Architecture of Landscape, 1940–1960*, Philadelphia: University of Pennsylvania Press 2002.

Harris 2006　Harris, Dianne: „Race, Class, and Privacy in the Ordinary Postwar House, 1945–1960", in: Schein, Richard (Hg.), *Landscape and Race in the United States*, London u. a.: Routledge 2006, 127–156.

Harris 2013　Harris, Dianne: *Little White Houses. How the Postwar Home Constructed Race in America*, Minneapolis u. a.: University of Minnesota Press 2013.

H'Doubler 1957　H'Doubler, Margaret N.: *Dance. A Creative Art Experience*, Madison u. a.: The University of Wisconsin Press 1957.

Hederer 1976　Hederer, Oswald: *Klassizismus*, „Heyne Stilkunde", Bd. 1, München: Wilhelm Heyne 1976.

Heelas 1996　Heelas, Paul: *The New Age Movement. The Celebration of the Self and the Sacralization of Modernity*, Oxford u. a.: Wiley-Blackwell 1996.

Heidegger 1990　Heidegger, Martin: „Bauen, Wohnen, Denken", in: ders., *Vorträge und Aufsätze*, Pfullingen: Neske 1990, 139–156.

Hertzberger 2010　Hertzberger, Herman: *Space and the Architect*, „Lessons in Architecture", Bd. 2, Rotterdam: 010 Publishers 2010.

Hodgson 1999　Hodgson, Geoffrey: „William H. Whyte Obituary", in: *The Guardian*, 15. Januar 1999. Online unter: https://www.theguardian.com/news/1999/jan/15/guardianobituaries1 (abgerufen am 15. Mai 2024).

Horkheimer/Adorno 1988　Horkheimer, Max/Adorno, Theodor W.: *Dialektik der Aufklärung. Philosophische Fragmente* [1944], Frankfurt am Main: Fischer 1988.

Howard 2010　Howard, Ebenezer: *To-Morrow: A Peaceful Path to Real Reform* [1898], Cambridge u. a.: Cambridge University Press 2010.

Huxtable 1983　Huxtable, Ada Louise: „After Modern Architecture", in: *The New York Review of Books* 30, 19 (1983), 29–35.

Jackson 1969　Jackson, John B.: „1951–1968. Postscript", in: *Landscape* 18,1 (1969), 1.

Jackson 1997　Jackson, John B.: *Landscape in Sight*, New Haven u. a.: Yale University Press 1997.

Jacobi 1989　Jacobi, Jolande: *Die Psychologie von C.G. Jung. Eine Einführung in das Gesamtwerk* [1940], Frankfurt am Main: Fischer 1989.

Jencks 1977 Jencks, Charles: *The Language of Postmodern Architecture*, London: Academy Editions 1977.

Johnson 1986 Johnson, Eugene: „Performing Architecture: The Work of Charles Moore", in: ders. (Hg.), *Charles Moore. Buildings and Projects 1949–1986*, New York: Rizzoli 1986, 55–91.

Jung 1984 Jung, Carl Gustav: *Erinnerungen, Träume, Gedanken* [1962], Olten u. a.: Walter 1984.

Jung 1991 Jung, Carl Gustav: „Analytische Psychologie und Weltanschauung" [1927], in: *Die Dynamik des Unbewussten*, „Gesammelte Werke", Bd. 8, Olten u. a.: Walter 1991.

Jung 1995 Jung, Carl Gustav: „Psychologie und Religion" [1940], in: *Zur Psychologie westlicher und östlicher Religion*, „Gesammelte Werke", Bd. 11, Düsseldorf: Walter 1995, 17–125.

Kähler 1981 Kähler, Gert: *Architektur als Symbolverfall. Das Dampfermotiv in der Baukunst*, „Bauwelt Fundamente", Bd. 59, Braunschweig u. a.: Vieweg 1981.

Keim 1996 Keim, Kevin: *An Architectural Life. Memoirs and Memories of Charles W. Moore*, Boston: Bulfinch Press 1996.

Keim 2001 Keim, Kevin: „Introduction", in: Moore, Charles W., *You Have to Pay for the Public Life. Selected Essays of Charles W. Moore*, Cambridge, MA, u. a.: MIT Press 2001, ix–xxv.

Klotz 1984a Klotz, Heinrich: *Moderne und Postmoderne*, Braunschweig u. a.: Vieweg 1984.

Klotz 1984b Klotz, Heinrich: *Revision der Moderne. Postmoderne Architektur 1960–1980*, München: Prestel 1984.

Klotz/Cook 1973 Klotz, Heinrich/Cook, John W.: *Conversations with Architects*, London: Lund Humphries 1973.

Koepf 1974 Koepf, Hans: *Bildwörterbuch der Architektur*, Stuttgart: Alfred Kröner 1974.

Körner 2010 Körner, Stefan: *Amerikanische Landschaften. J. B. Jackson in der deutschen Rezeption*, Stuttgart: Franz Steiner 2010.

Kracauer 1977 Kracauer, Siegfried: „Das Ornament der Masse" [1927], in: ders., *Das Ornament der Masse. Essays*, Frankfurt am Main: Suhrkamp 1977, 50–63.

Kracauer 2017 Kracauer, Siegfried: *Die Angestellten. Aus dem neuesten Deutschland* [1930], Berlin: Suhrkamp 2017.

Küenzlen 1994 Küenzlen, Gottfried: *Der Neue Mensch. Zur säkularen Religionsgeschichte der Moderne*, München: Fink 1994.

Laing 1967 Laing, Ronald D.: *The Politics of Experience*, New York: Pantheon Books 1967.

Langer 1953 Langer, Susanne K.: *Feeling and Form. A Theory of Art*, New York: Scribner 1953.

Langer 1957 Langer, Susanne K.: *Problems of Art. Ten Philosophical Lectures*, New York: Scribner 1957.

Langer 1973 Langer, Susanne K.: *Philosophy in a New Key. A Study in the Symbolism of Reason, Rite, and Art* [1942], Cambridge, MA: Harvard University Press 1973.

Lasch 2018 Lasch, Christopher: *The Culture of Narcissism* [1978], New York: Norton & Company 2018.

Lavin 2007 Lavin, Sylvia: *Form Follows Libido. Architecture and Richard Neutra in Psychoanalytic Culture*, Cambridge, MA, u. a.: MIT Press 2007.

Lavin 2020 Lavin, Sylvia (Hg.): *Architecture Itself and Other Postmodernization Effects*, Montréal: Canadian Center for Architecture und Leipzig: Spector Books 2020.

Le Bon 1921 Le Bon, Gustave: *Psychologie des foules* [1895], Paris: Félix Alcan 1921.

Le Corbusier 1925 Le Corbusier: *Vers une architecture* [1923], Paris: Crès 1925.

Le Corbusier 1964 Le Corbusier: *When the Cathedrals Were White [Quand les cathédrales étaient blanches*, 1937], New York u. a.: McGraw-Hill 1964.

Lennon 2019 Lennon, Kathleen: „Feminist Perspectives on the Body", in: *The Stanford Encyclopedia of Philosophy*, Herbst 2019. Online unter: https://plato.stanford.edu/archives/fall2019/entries/feminist-body (abgerufen am 15. Juni 2023).

Lewis/Melton 1992 Lewis, James R./Melton, J. Gordon: „Introduction", in: dies. (Hg.), *Perspectives on the New Age Movement*, Albany: State University of New York Press 1992, ix–xii.

Littlejohn 1984 Littlejohn, David: *Architect. The Life and Work of Charles W. Moore*, New York: Holt Rinehart Winston 1984.

Long 2016a Long, Christopher: „Subjektive Wahrnehmung und dynamisches Erlebnis/Subjective Perception and Dynamic Experience", in: Thun-Hohenstein, Christoph/Czech, Hermann/Hackenschmidt, Sebastian (Hg.), *Josef Frank. Against Design*, Basel: Birkhäuser 2016, 122–139.

Long 2016b Long, Christopher: *The New Space. Movement and Experience in Viennese Modern Architecture*, New Haven u. a.: Yale University Press 2016.

Lütke/Wood 2016 Lütke, Petra/Wood, Gerald: „Das ‚neue' Suburbia?", in: *Informationen zur Raumentwicklung* 43,3 (2016), 349–360.

Lyndon/Moore 1994 Lyndon, Donlyn/Moore, Charles W.: *Chambers for a Memory Palace*, Cambridge, MA, u. a.: MIT Press 1994.

Lyndon/Moore/Quinn/Van der Ryn 1962 Lyndon, Donlyn/Moore, Charles W./Quinn, Patrick/Van der Ryn, Sim: „Toward Making Places", in: *Landscape* 12,1 (1962), 31–41.

Marcus/Whitaker 2013 Marcus, George H./Whitaker, William: *The Houses of Louis Kahn*, New Haven u. a.: Yale University Press 2013.

Marcuse 2023 Marcuse, Herbert: *Eros and Civilization. A Philosophical Inquiry Into Freud* [1955], London u. a.: Routledge 2023.

Martínez Martínez 2014 Martínez Martínez, Raúl: „Arquitectura y empatía. Charles W. Moore (1925–1993)", in *ZARCH* 2 (2014), 146–157.

Moholy-Nagy 1947a Moholy-Nagy, László: *The New Vision* [*Von Material zu Architektur*, 1929], New York: Wittenborn Schultz 1947.

Moholy-Nagy 1947b Moholy-Nagy, László: *Vision in Motion*, Chicago: Paul Theobald and Company 1947.

Moholy-Nagy 1968 Moholy-Nagy, László: *Von Material zu Architektur* [1929], Mainz u. a.: Florian Kupferberg 1968.

Moore 1958 Moore, Charles W.: „The Shapes of Our Time", in: *Architectural Record* 123, 6 (1958), 60/64/348.

Moore 1960 Moore, Charles W.: „Hadrian's Villa", in: *Perspecta* 6 (1960), 16–26.

Moore 1963 Moore, Charles W.: „*The Earth, the Temple and the Gods* by Vincent Scully", in: *Landscape* 13, 1 (1963), 35–36.

Moore 1965 Moore, Charles W.: „You Have to Pay for the Public Life", in: *Perspecta* 9/10 (1965), 57–65/68–106.

Moore 1967 Moore, Charles W.: „Plug It In, Rameses, and See If It Lights Up, Because We Aren't Going to Keep It Unless It Works", in: *Perspecta* 11 (1967), 32–43.

Moore 1973a Moore, Charles W.: „Schindler: Vulnerable and Powerful", in: *Progressive Architecture* 54, 1 (1973), 132/136.

Moore 1973b Moore, Charles W.: „Learning from Adam's House", in: *Architectural Record* 154, 2 (1973), 43.

Moore 1976a Moore, Charles W.: „Shape", in: ders./Allen, Gerald, *Dimensions. Space, Shape, and Scale in Architecture*, New York: Architectural Record Books 1976, 11–15.

Moore 1976b Moore, Charles W.: „The End of Arcadia", in: Woodbridge, Sally (Hg.), *Bay Area Houses*, Oxford u. a.: Oxford University Press 1976, 265–311.

Moore 1976c Moore, Charles W.: „Two Buildings by Joseph Esherick", in: ders./Allen, Gerald, *Dimensions. Space, Shape, and Scale in Architecture*, New York: Architectural Record Books 1976, 71–78.

Moore 1982a Moore, Charles W.: „Building Club Sandwiches", in: *Design Quarterly*, 118/119 (1982), 42–51.

Moore 1982b Moore, Charles W.: „Participation, California Style", in: *Language of Architecture. Lectures, Seminars and Projects, Urbino 1981*, Mailand: Sansoni 1982, 54–55.

Moore 1985 Moore, Charles W.: „The Temple, the Cabin, and the Trailer", in: ders./Smith, Kathryn/Becker, Peter (Hg.), *Home Sweet Home. American Domestic Vernacular Architecture*, New York: Rizzoli 1985, 132–135.

Moore 1986a Moore, Charles W.: „Recollections from a Watermelon or Six Flights from a Dialectic", in: *SD* 266 (1986), 6–48.

Moore 1986b Moore, Charles W.: „The Yin, the Yang, and the Three Bears", in: Johnson, Eugene (Hg.), *Charles Moore. Buildings and Projects 1949–1986*, New York: Rizzoli 1986, 15–20.

Moore 1987 Moore, Charles W.: „Reflections of a Less Critical Regionalism and Other Burdensome Matters", in: *Cite* 17 (1987), 12–13/16.

Moore 1994 Moore, Charles W.: *Water and Architecture*, London: Thames and Hudson 1994.

Moore/Allen 1976 Moore, Charles W./Allen, Gerald: „Action Architecture: The Santa Barbara County Courthouse and Le Corbusier's Carpenter Center", in: dies., *Dimensions. Space, Shape, and Scale in Architecture*, New York: Architectural Record Books 1976, 41–50.

Moore/Allen/Lyndon 2000 Moore, Charles W./Allen, Gerald/Lyndon, Donlyn: *The Place of Houses* [1974], Berkeley u. a.: University of California Press 2000.

Morawska 2021 Morawska, Kamila: „Gaston Bachelard's Problems with Psychoanalysis. Between Freud and Jung", in: *Bachelard Studies / Études Bachelardiennes / Studi Bachelardiani*, 2,2 (2021), 43–54.

Morton 2018 Morton, Patricia A.: „Charles Moore's Perspecta Essays: Towards Postmodern Eclecticism", in: Patteeuw, Véronique/Szacka, Léa-Catherine (Hg.), *Mediated Messages. Periodicals, Exhibitions and the Shaping of Postmodern Architecture*, New York u. a.: Bloomsbury 2018, 159–174.

Mota/Canto Moniz/Krüger 2014 Mota, Nelson/Canto Moniz, Gonçalo/Krüger, Mário: „From Alberti to Team 10: Towards a Welfare Humanism", in: Bovati, Marco/Caja, Michele/Floridi, Giancarlo/Landsberger, Martina (Hg.), *Cities in Transformation. Research and Design*, Mailand 2014, 713–721.

Mumford 1930 Mumford, Lewis: „Towards an Organic Humanism", in: Grattan, C. Hartley, *A Critique of Humanism. A Symposium*, New York: Brewer and Warren 1930, 337–359.

Mumford 1944 Mumford, Lewis: *The Condition of Man*, New York: Harcourt, Brace and Company 1944.

Mumford 1948 Mumford, Lewis: „Excerpt from the Skyline", in: *The Bulletin of the Museum of Modern Art* 15,3 (1948), 2.

Mumford 1964a Mumford, Lewis: „Authoritarian and Democratic Technics", in: *Technology and Culture* 5,1 (1964), 1–8.

Mumford 1964b Mumford, Lewis: *The Highway and the City*, New York u. a.: Mentor 1964.

Mumford 1967 Mumford, Lewis: *The Myth of the Machine*, Bd. 1 (*Technics and Human Development*), London: Secker & Warburg 1967.

Mumford 1970 Mumford, Lewis: *The Myth of the Machine*, Bd. 2 (*The Pentagon of Power*), London: Secker & Warburg 1970.

Nelson 1957 Nelson, George: *Problems of Design*, New York: Whitney Publications 1957.

Nicolaides/Wiese 2006 Nicolaides, Becky/Wiese, Andrew: „Introduction", in: dies. (Hg.), *The Suburb Reader*, New York: Routledge 2006, 1–11.

Norberg-Schulz 1971 Norberg-Schulz, Christian: *Existence, Space, and Architecture*, New York u. a.: Praeger Publishers 1971.

Norberg-Schulz 1979 Norberg-Schulz, Christian: *Genius Loci. Paesaggio, ambiente, architettura*, Mailand: Electa 1979.

Ortega y Gasset 1930 Ortega y Gasset, José: *La rebelión de las masas* [1929], Madrid: Revista de Occidente 1930.

Otero-Pailos 2010 Otero-Pailos, Jorge: *Architecture's Historical Turn. Phenomenology and the Rise of the Postmodern*, Minneapolis u. a.: University of Minnesota Press 2010.

Pedret 2013 Pedret, Annie: *Team 10: An Archival History*, London: Routledge 2013.

Peters 1976 Peters, Richard C.: „William Wilson Wurster: An Architect of Houses", in: Woodbridge, Sally (Hg.), *Bay Area Houses*, Oxford u. a.: Oxford University Press 1976, 121–153.

Reckwitz 2017 Reckwitz, Andreas: *Die Gesellschaft der Singularitäten. Zum Strukturwandel der Moderne*, Berlin: Suhrkamp 2017.

Reckwitz 2021 Reckwitz, Andreas: *Subjekt* [2008], Stuttgart: utb 2021.

Reynolds 2010 Reynolds, Nicole: *Building Romanticism. Literature and Architecture in Nineteenth-Century Britain*, Ann Arbor: University of Michigan Press 2010.

Rieff 1973 Rieff, Philip: *The Triumph of the Therapeutic. Uses of Faith After Freud* [1966], Harmondsworth: Penguin 1973.

Riesman/Denney/Glazer 1950 Riesman, David/Denney, Reuel/Glazer, Nathan: *The Lonely Crowd. A Study of the Changing American Character*, New Haven: Yale University Press 1950.

Ross 2007 Ross, Janice: *Anna Halprin. Experience as Dance*, Berkeley u. a.: University of California Press 2007.

Rossi 2018 Rossi, Aldo: *L'architettura della città* [1966], Mailand: Il Saggiatore 2018.

Rossinow 2002 Rossinow, Doug: „,The Revolution is About Our Lives': The New Left's Counterculture", in Braunstein, Peter/Doyle, Michael William (Hg.), *Imagine Nation. The American Counterculture of the 1960s and '70s*, London u. a.: Routledge 2002, 99–124.

Roszak 1969 Roszak, Theodore: *The Making of a Counter Culture. Reflections on the Technocratic Society and Its Youthful Opposition*, Garden City: Doubleday & Company 1969.

Rowe/Slutzky 1963 Rowe, Colin/Slutzky, Robert: „Transparency. Literal and Phenomenal", in: *Perspecta* 8 (1963), 45–54.

Ruhl 2014 Ruhl, Carsten: „Autobiographie und ästhetische Erfahrung. John Soanes Künstlerhaus in Lincoln's Inn Fields", in: Pisani, Salvatore/Oy-Marra, Elisabeth (Hg.), *Ein Haus wie Ich. Die gebaute Autobiographie der Moderne*, Bielefeld: transcript 2014, 129–156.

Safranski 2007 Safranski, Rüdiger: *Romantik. Eine deutsche Affäre*, München: Hanser 2007.

Safranski 2013 Safranski, Rüdiger: *Goethe. Kunstwerk des Lebens*, München: Hanser 2013.

Samson 1996 Samson, M. David: „Unser Newyorker Mitarbeiter': Lewis Mumford, Walter Curt Behrendt, and the Modern Movement in Germany", in: *Journal of the Society of Architectural Historians* 55 (1996), Nr. 2, 126–139.

Samuel 2012 Samuel, Flora: *Le Corbusier and the Architectural Promenade*, Basel: Birkhäuser 2012.

Schiller 1967 Schiller, Friedrich: *Über die ästhetische Erziehung des Menschen in einer Reihe von Briefen*, München: Fink 1967.

Schmarsow 2002 Schmarsow, August: „Das Wesen der architektonischen Schöpfung", in: Neumeyer, Fritz (Hg.), *Quellentexte zur Architekturtheorie*, München u. a.: Prestel 2002, 319–333.

Schmücker/Heubel 2013 Schmücker, Marcus/Heubel, Fabian: „Einleitung", in: dies. (Hg.), *Dimensionen der Selbstkultivierung. Beiträge des Forums für Asiatische Philosophie*, Freiburg u. a.: Alber 2013, 9–24.

Schubert 1814 Schubert, Gotthilf Heinrich: *Die Symbolik des Traumes*, Bamberg: Kunz 1814.

Scott 1914 Scott, Geoffrey: *The Architecture of Humanism. A Study in the History of Taste*, London: Constable and Company 1914.

Scott Brown 1968 Scott Brown, Denise: „Mapping the City: Symbols and Systems", in: *Landscape* 17, 3 (1968), 22–25.

Sennett 1992 Sennett, Richard: *The Fall of Public Man* [1977], New York u. a.: Norton & Company 1992.

Sert/Léger/Giedion 1993 Sert, Josep Lluís/Léger, Fernand/Giedion, Sigfried: „Nine Points on Monumentality" [1943], in: Ockman, Joan (Hg.), *Architecture Culture 1943–1968. A Documentary Anthology*, New York: Rizzoli 1993, 27–30.

Sitte 2002 Sitte, Camillo: *Der Städtebau nach seinen künstlerischen Grundsätzen* [1889], Basel u. a.: Birkhäuser 2002.

Smithson 1968 Smithson, Alison (Hg.): *Team 10 Primer*, London: Studio Vista 1968.

Song 1986 Song, Richard: „Charles Moore and His Clients: Designing St. Matthew's", in: Johnson, Eugene (Hg.), *Charles Moore. Buildings and Projects 1949–1986*, New York: Rizzoli 1986, 47–53.

Stabenow 2000 Stabenow, Jörg: *Architekten wohnen. Ihre Domizile im 20. Jahrhundert*, Berlin: Verlag Bauwesen 2000.

Stierli 2010 Stierli, Martino: *Las Vegas im Rückspiegel. Die Stadt in Theorie, Fotografie und Film*, Zürich: gta Verlag 2010.

Stierli 2011 Stierli, Martino: „,I am a Monument'", in: Ruhl, Carsten (Hg.), *Mythos Monument. Urbane Strategien in Architektur und Kunst seit 1945*, Bielefeld: transcript 2011, 99–122.

Strauven 1996 Strauven, Francis: *Aldo van Eyck's Orphanage. A Modern Monument*, Rotterdam u. a.: NAi Publishers 1996.

Summerson 1963 Summerson, John: „Heavenly Mansions: An Interpretation of Gothic", in: ders., *Heavenly Mansions and other Essays on Architecture*, New York: Norton & Company 1963, 1–28.

Susemichel/Kastner 2018 Susemichel, Lea/Kastner, Jens: *Identitäspolitiken*, „Konzepte & Kritiken in Geschichte und Gegenwart der Linken", Münster: Unrast 2018.

Turner 2006 Turner, Fred: *From Counterculture to Cyberculture. Stewart Brand, the Whole Earth Network, and the Rise of Digital Utopianism*, Chicago u. a.: The University of Chicago Press 2006.

Turner 2013 Turner, Fred: „Die Politik der Ganzheit um 1968 – und heute", in: Diederichsen, Diedrich/Franke, Anselm (Hg.), *The Whole Earth. Kalifornien und das Verschwinden des Außen*, Berlin: Sternberg Press 2013, 43–48.

Tzonis/Lefaivre 1975 Tzonis, Alexander/Lefaivre, Liane: „The Mechanical Body versus the Divine Body: The Rise of Modern Design Theory", in: *Journal of Architectural Education* 29,1 (1975), 4–7.

Tzonis/Lefaivre 1999 Tzonis, Alexander/Lefaivre, Liane: *Aldo Van Eyck. Humanist Rebel*, Rotterdam: 010 Publishers 1999.

van Eyck 2008a van Eyck, Aldo: *The Child, the City, and the Artist* [1962], „Writings", Bd. 1, Amsterdam: Sun 2008.

van Eyck 2008b van Eyck, Aldo: *Collected Articles and Other Writings*, „Writings", Bd. 2, Amsterdam: Sun 2008.

Venturi 1966 Venturi, Robert: *Complexity and Contradiction*, New York: Museum of Modern Art 1966.

Venturi/Scott Brown/Izenour 1977 Venturi, Robert/Scott Brown, Denise/Izenour, Steven: *Learning from Las Vegas* [1972], Cambridge, MA, u. a.: MIT Press 1977.

Vischer 2007   Vischer, Robert: „Über das optische Formgefühl", in: Friedrich, Thomas/Gleiter, Jörg (Hg.), *Einfühlung und phänomenologische Reduktion*, Berlin: LIT Verlag 2007.

Vogt 1996   Vogt, Adolf Max: *Le Corbusier, der edle Wilde*, Braunschweig u. a.: Vieweg 1996.

Voigt/Bresan 2022   Voigt, Wolfgang/Bresan, Uwe: „You Can't Be What You Can't See", in: dies. (Hg.), *Schwule Architekten. Verschwiegene Biografien vom 18. bis zum 20. Jahrhundert/Gay Architects. Silent Biographies from 18th to 20th Century,* Berlin: Wasmuth und Zohlen 2022, 8–32.

Voigt/Deschermeier/Cachola Schmal 2019   Voigt, Wolfgang/Deschermeier, Dorothea/Cachola Schmal, Peter (Hg.): *Neuer Mensch, neue Wohnung. Die Bauten des Neuen Frankfurt 1925–1933*, Berlin: DOM publishers 2019.

Webber 1971   Webber, Melvin M.: „The Urban Place and the Nonplace Urban Realm", in: ders./Dyckman, John W./Foley, Donald L./Guttenberg, Albert Z./Wheaton, William L. C./Wurster, Catherine Bauer (Hg.), *Explorations into Urban Structure*, Philadelphia: University of Pennsylvania Press 1971, 79–153.

Welter 2005   Welter, Volker M.: „In-between Space and Society: On some British Roots of Team 10's Urban Thought in the 1950s", in: Risselada, Max/van den Heuvel, Dirk (Hg.), *Team 10 1953–1981. In Search of A Utopia of the Present*, Rotterdam: NAi Publishers 2005, 258–263.

Whyte 1963   Whyte, William H.: *The Organization Man* [1956], Harmondsworth: Penguin 1963.

Winckelmann 1885   Winckelmann, Johann Joachim: *Gedanken über die Nachahmung der griechischen Werke in der Malerei und Bildhauerkunst* [1755], Stuttgart: Göschen'sche Verlagsbuchhandlung 1885.

Wittkower 1952   Wittkower, Rudolf: *Architectural Principles in the Age of Humanism* [1949], London: Alec Tiranti 1952.

Wojtowicz 1996   Wojtowicz, Robert: *Lewis Mumford and American Modernism*, Cambridge u. a.: Cambridge University Press 1996.

Woodbridge 1974   Woodbridge, Sally: „How to Make a Place", in: *Progressive Architecture* 55,5 (1974), 76–83.

Wurster 1995   Wurster, William W.: „The Twentieth-Century Architect", in: Treib, Marc (Hg.), *An Everyday Modernism. The Houses of William Wurster*, Berkeley u. a.: University of California Press 1995, 230–231.

Personenverzeichnis

Aalto, Alvar 206
Ackermann, Ute 75
Adler, Alfred 128
Albers, Josef 75-76
Alberti, Leon Battista 35, 179-182
Allen, Gerald 13, 55-57, 60, 68, 83, 85, 96-97, 136, 148
Andersson, Arthur 84
Arendt, Hannah 21, 185-188, 210
Aristoteles 166, 187
Arp, Hans 93
Astaire, Fred 57
Augustenburg, Friedrich Christian von 141, 147

Bachelard, Gaston 57, 137-138
Bakema, Jaap 182
Banham, Reyner 35, 159, 181
Barragán, Luis 64
Beauvoir, Simone de 19
Becker, Peter 105
Beebe, Bruce 98
Beebe, Tina 62
Behne, Adolf 106, 150, 212
Bergson, Henri 161
Beyer, Andreas 147
Bishop, Paul 140
Blavatsky, Helena 201
Bloomer, Kent 10, 17-18, 81-83, 90-93, 95, 123, 137-138, 143, 169, 178, 185
Bonaparte, Napoleon 11, 146
Bonham, Marylin 26, 34, 68
Born, Wolfgang 94
Borromini, Francesco 189
Brand, Stewart 200
Brandl, Anne 166-167
Braunstein, Peter 125
Bresan, Uwe 17-18
Breuer, Marcel 26-27
Buber, Martin 184
Buchanan, Marvin 98, 126-127, 168-169
Buchanan, Scott 156
Bunshaft, Gordon 90
Burchert, Linn 75
Burns, Jim 204-208
Burns, Leland 62, 64, 68, 207

Calderwood, Robert 126-127, 168-169
Candilis, Georges 182
Carus, Carl Gustav 149
Cassirer, Ernst 51
Chylinski, Richard 62-63, 69
Colomina, Beatriz 101
Colquhoun, Alan 102
Cook, John 12, 155, 165
Crook, Joseph Mordaunt 55, 148

Dailey, Gardner 154
De Carlo, Giancarlo 182, 204
Dengerink Chaplin, Adrienne 50-51
Denney, Reuel 116
Descartes, René 212
Dewey, John 72-75, 77
Dodge, Richard 84
Doyle, Michael 125
Dyckman, John 155-156

Eckermann, Johann Peter 140
Ehrlich, Christoph 14
Ehrmann, Jacques 137
Eichmann, Adolf 120
Eisenstein, Sergei 101
Ekstrom, Rurik 100
Eliade, Mircea 41-44, 54
Engels, Friedrich 20
Esherick, Joseph 145, 154
Eyck, Aldo van 49, 92-93, 156, 182-185, 188

Fanny 11
Faust, Heinrich 140
Fisher, Doris 58
Fisher, Norman 58
Fisher, Seymour 81
Floyd, Chad 207
Frank, Josef 94, 102, 180
Freud, Sigmund 127-128, 138, 149, 201
Frobenius, Leo 107
Fromm, Erich 117-121, 124, 199, 210
Fuller, Warren 32, 34

Geddes, Patrick 27
Ghenoiu, Erik 26
Giacometti, Alberto 93
Giedion, Sigfried 90-92, 95, 99, 139, 147-149, 157-158, 162, 182
Giedion-Welcker, Carola 93, 182-183

226

Glazer, Nathan 116
Goethe, Johann Wolfgang von 140–141
Gordon, Elizabeth 164
Gorer, Geoffrey 199
Graham, Martha 71, 95
Gropius, Walter 8–9, 26, 28, 36, 75–76, 78–79
Gruber, Bettina 149
Grunow, Gertrud 75
Günzel, Stephan 43
Gurdjieff, Georges 201
Gutmann, Rolf 182

H'Doubler, Margaret 73–74, 77, 82, 85
Hadrian 54
Häring, Hugo 106–107
Halprin, Anna 19, 69–79, 81, 85, 197, 204–205, 212
Halprin, Lawrence 69–71, 74, 78–79, 204–205, 207–208, 212
Hanisch, Carol 20
Harris, Dianne 154–155
Heelas, Paul 200–201
Hegel, Georg Wilhelm Friedrich 93
Heidegger, Martin 51–52
Hertzberger, Herman 188
Hồ Chí Minh 20
Hobbes, Thomas 212
Hopkinson, Peter 32
Horney, Karen 199
Howard, Ebenezer 27
Humphrey, Doris 71
Huxtable, Ada Louise 9–10, 14

Isham, Sheila 60
Itten, Johannes 75–76
Izenour, Steven 48, 160–163

Jackson, John Brinckerhoff 48–49, 64, 106, 160
Jaques-Dalcroze, Émile 75
Jacobi, Jolande 128, 134–135, 201, 212
Jefferson, Thomas 61, 105, 144
Jencks, Charles 90
Johnson, Eugene 26, 189
Jung, Carl Gustav 12–13, 21, 125, 128, 134–140, 149–150, 201–203, 211–213, 216

Kahn, Louis 38–39, 57–59
Kastner, Jens 16, 18
Keim, Kevin 14, 17, 59
Kerr, Clark 121

Klee, Paul 79
Klotz, Heinrich 12, 36, 59, 92, 155, 165
Körner, Stefan 106
Kracauer, Siegfried 116
Krüger, Mário 181

Labatut, Jean 36–38, 40, 57
Laing, Ronald 123–124
Langer, Susanne 49–54, 57, 64, 81, 96–97, 107, 126, 159, 171–172, 191, 211
Lasch, Christopher 198–199, 203, 213
Lauterer, Arch 71
Lavin, Sylvia 9
Le Bon, Gustave 116
Le Corbusier 29, 90–91, 95–97, 99–107, 148, 188, 212
Ledoux, Claude-Nicolas 189
Lefaivre, Liane 81
Léger, Fernand 157
Lenin, Wladimir Iljitsch 20
Lennon, Kathleen 19
Li Bai 145
Littlejohn, David 30, 35, 40, 59, 169
Locke, John 212
Long, Christopher 93–94, 102
Loos, Adolf 94–95, 102
Lütke, Petra 154
Lyndon, Donlyn 13, 40–41, 43, 49, 55–57, 60, 68, 70, 83, 85, 98, 100, 136, 148

MacLaine, Shirley 200
Mao Zedong 20
Marcuse, Herbert 117, 122, 127
Maritain, Jacques 36
Marx, Karl 20
May, Ernst 27
Maybeck, Bernard 29, 206
Mead, Margaret 199
Merleau-Ponty, Maurice 19
Mies van der Rohe, Ludwig 26, 28, 36
Moholy-Nagy, László 76–77, 79
Moniz, Gonçalo Canto 181
Mooser, William 97
Morawska, Kamila 137–138
Morgan, Julia 29
Mota, Nelson 181
Mumford, Lewis 27–29, 43, 119–121, 139–140, 154, 163, 210
Nelson, George 112–113, 118, 139

227

Nicolaides, Becky 154
Nolli, Giovanni Battista 162
Norberg-Schulz, Christian 52

O'Hara, Scarlett 57
Omolade, Barbara 19
Ortega y Gasset, José 116, 164
Otero-Pailos, Jorge 14, 36-37, 40, 137

Palladio, Andrea 35, 38, 61
Parsons, Talcott 122
Peressutti, Enrico 37-38
Peters, Richard 58
Picasso, Pablo 91
Piranesi, Giovanni Battista 144

Quinn, Patrick 49

Reckwitz, Andreas 16, 117, 212-214, 216
Rieff, Philip 201, 203, 213
Riesman, David 116-117, 199, 214
Rodes, David 60-62, 68, 83-84
Rogers, Ginger 57
Rorschach, Hermann 206
Ross, Janice 72
Rossi, Aldo 8, 52
Rossinow, Doug 20
Roszak, Theodore 122-123, 125, 128, 139, 142, 146
Rousseau, Jean-Jacques 103
Rowe, Colin 99-100
Ruble, John 62
Ruhl, Carsten 11-12

Safranski, Rüdiger 141, 146-147
Samson, David 28
Samuel, Flora 103
Savio, Mario 121
Scamozzi, Vincenzo 61
Scharoun, Hans 106-107, 150
Schiller, Friedrich 141-142, 147, 149
Schinkel, Karl Friedrich 105, 144
Schlemmer, Oskar 76
Schmarsow, August 93-94
Schubert, Gotthilf Heinrich 149
Schwarz, Rudolf 37
Scott Brown, Denise 48, 160-163, 165
Sert, Josep Lluís 157
Shankara, Adi 202
Sheffer, Henry 50

Sennett, Richard 196-199, 203
Simpson, Robert 126-127, 168-169
Sitte, Camillo 165-167, 171, 173, 191-192, 211
Slutzky, Robert 99-100
Smith, Kathryn 105
Smithson, Alison 163, 181-182
Smithson, Peter 163, 181-182
Soane, John 10-12, 105, 144, 147
Stabenow, Jörg 7
Stauffacher Solomon, Barbara 80-81, 101
Stierli, Martino 48, 157, 160, 165
Strnad, Oskar 94-95, 102
Summerson, John 34-35, 40, 54, 104, 145
Susemichel, Lea 16, 18
Swan, Simone 59-60

Talbert, Wilkie 26
Tempchin, Barbara 59
Tocqueville, Alexis de 198
Turnbull, William 70, 79, 98, 167, 178
Turner, Fred 125
Tyng, Anne 38
Tyrwhitt, Jaqueline 157
Tzara, Tristan 93
Tzonis, Alexander 81

Van der Ryn, Sim 49
Venturi, Robert 8-9, 15, 39, 48, 160-163, 165
Vignola, Giacomo Barozzi da 144
Vischer, Robert 93
Vogt, Adolf Max 102-103
Voigt, Wolfgang 17-18

Weber, Max 199
Whitaker, Richard 70
Whitehead, Alfred North 50
Whyte, William 113, 115, 117, 119-120, 199, 212, 214
Wiese, Andrew 154
Winckelmann, Johann Joachim 144, 146
Wittgenstein, Ludwig 51
Wittkower, Rudolf 35, 38, 181
Wood, Gerald 154
Woods, Shadrach 182
Wright, Frank Lloyd 29, 96, 105, 159, 164, 189
Wurster, William 29, 48, 58-59, 71, 154

Yudell, Robert „Buzz" 62, 95-96

Bildnachweis

Umschlagvorderseite: Foto: John Hill © John T. Hill
S. 13: Foto: Martin Gledhill
S. 61: Moore Ruble Yudell Architects & Planners
S. 63: Foto: Don Normark
S. 70: Foto: Achim Reese
S. 80: Foto: Morley Baer ©2024 The Morley Baer Photography Trust, Santa Fe. All rights reserved. Used by permission.
S. 84: Courtesy Andersson / Wise
S. 98: Turnbull/MLTW Collection, Environmental Design Archives, University of California, Berkeley
S. 127: Foto: Charles W. Moore. Courtesy of the Charles Moore Foundation
S. 171: Foto: DAM, Frankfurt am Main © Deutsches Architekturmuseum (DAM) und Charles Moore
S. 179: Foto: Ezra Stoller © Photographer/Esto. Licensing agreement as per email correspondence with Esto sales agent.
S. 190: Williamstown College Museum of Art, Gift of Charles W. Moore
S. 192: Foto: Achim Reese
S. 205: Moore Ruble Yudell Architects & Planners
Umschlagrückseite: Foto: Achim Reese